GUIDE DE SURVIE
EN MILIEU HOSTILE

Shane Kuhn

GUIDE DE SURVIE EN MILIEU HOSTILE

Traduit de l'anglais (États-Unis)
par Karine Lalechère

SONATINE ÉDITIONS

Directeur de collection : Arnaud Hofmarcher
Coordination éditoriale : Marie Labonne

Titre original : *The Intern's Handbook*
Éditeur original : Simon & Schuster

Sonatine Éditions
21, rue Weber
75116 Paris
www.sonatine-editions.fr

À Amanda D.

... Ma Ville lumière. Tu es le rêve devenu réalité.

Les stagiaires sont invisibles. Vous pouvez répéter votre nom cent fois à un cadre supérieur, il ne s'en souviendra jamais, parce que ces gens-là n'ont aucun respect pour ceux qui sont en bas de l'échelle et qui travaillent gratuitement. [...] L'ironie, c'est qu'[...]ils vous enseveliront sous les tâches importantes et se reposeront entièrement sur vous. [...] Plus vous irez au-devant de ces corvées, plus vous obtiendrez facilement les clés du royaume, autrement dit LA CONFIANCE ET L'ACCÈS. Pour finir, votre cible sera prête à mettre sa vie entre vos mains et c'est là que vous la lui ôterez.

Le Guide de survie à l'usage des jeunes stagiaires

Ministère de la Justice des États-Unis
FBI
Washington, D.C. 20535

Note de service prioritaire

TOUTES LES INFORMATIONS CI-INCLUSES
SONT CONFIDENTIELLES.

Destinataire(s) : tous les agents de terrain
Émetteur : William Cummings, directeur
Sujet : JOHN LAGO
Dossier 36-F42
Âge : 25 ans
Taille/Poids : 1,77 m / 79 kg
Cheveux : bruns
Yeux : bleus
Localisation : inconnue

Le ministère de la Justice des États-Unis a lancé un mandat d'arrêt national et international contre John Lago. Cet individu travaille pour une agence appelée « Ressources humaines Inc. » censée fournir des stagiaires aux entreprises. On soupçonne ces prétendus stagiaires d'être en fait des tueurs à gages chargés d'infiltrer les multinationales et les administrations pour éliminer des cadres supérieurs et des dirigeants bénéficiant d'un important service de protection. Le nombre de contrats exécutés par RH Inc. demeure inconnu à ce jour.

Le FBI surveille cette société depuis un certain temps déjà, dans le but d'identifier et d'appréhender son directeur ainsi que ses principaux clients, et de mettre un terme à toutes ses opérations.

Jusqu'à récemment, cependant, malgré des centaines d'heures d'écoute et de surveillance vidéo, nous ne disposions d'aucune preuve concrète.

Néanmoins, il y a dix-huit heures, nous avons intercepté une communication électronique du dénommé John Lago. Ce message, adressé à plusieurs destinataires soupçonnés d'être de nouvelles recrues de RH Inc., s'intitule *Le Guide de survie à l'usage des jeunes stagiaires*. Il s'agirait d'un manuel officieux à l'intention des apprentis tueurs. En raison des révélations que contient le document, cette enquête est désormais prioritaire. Le FBI et la CIA recherchent activement Lago. Vous trouverez ci-joint une copie du *Guide de survie*. Sa lecture est obligatoire.

Lago étant à présent notre principal suspect, nous vous transmettons également une transcription des bandes de surveillance audio et vidéo. Nous nous efforçons d'identifier les victimes et les complices impliqués, et dont les noms étaient jusque-là censurés. Toute personne en contact avec Lago est désormais considérée comme suspecte ou témoin clé et devra être interrogée.

J'espère que les informations contenues dans ce dossier nous permettront d'appréhender Lago avant qu'il ne commette un autre meurtre.

Bonne chance à tous,

William Cummings, directeur

LE SUSPECT JOHN LAGO EST SANS DOUTE ARMÉ. IL EST TRÈS DANGEREUX. LES AGENTS DOIVENT SE CONFORMER AU PROTOCOLE ET NE TENTER DE L'APPRÉHENDER QU'AVEC L'ASSISTANCE D'UNE ÉQUIPE D'INTERVENTION ET DES RENFORTS DE LA POLICE LOCALE.

Le Guide de survie à l'usage des jeunes stagiaires

John Lago

Chapitre 1

La vie est une chienne

Si tu lis ces mots, c'est que tu es un nouvel employé de RH Inc. Félicitations. Et condoléances. Le moins que l'on puisse dire est que tu te lances dans une carrière que tu ne pourras jamais qualifier d'ennuyeuse. Tu visiteras des lieux intéressants. Tu rencontreras des personnages hors du commun et stimulants, venant de tous les horizons. Et tu les assassineras. Tu gagneras beaucoup d'argent, mais cela ne signifiera plus rien pour toi une fois ta première mission accomplie. Tuer, c'est facile au cinéma. Dans la vraie vie, c'est la profession la plus pénible, la plus stressante et la plus solitaire qui soit. Désormais, chaque fois que tu entendras quelqu'un se plaindre de son travail, il te faudra faire un effort surhumain pour ne pas lui rire au nez. Tout le monde n'est pas taillé pour ce job. Toi et tes condisciples ne tarderez pas à l'apprendre à vos dépens, car vous serez presque tous morts avant la fin du mois. Et il ne s'agit que de la phase de formation.

Tu hésites ? C'est une réaction naturelle. S'il y a une chose qui doit faire hésiter, c'est bien l'idée de tuer pour gagner sa vie. Et au cas où tu te demanderais si parfois tu seras écœuré et découragé, si tu auras constamment la peur au ventre et si tu songeras même à mettre fin à tes jours, je n'ai qu'une réponse à te donner : oui. Tous tes pires cauchemars vont se réaliser, et à un point que tu n'imagines même pas. Soit tu surmonteras l'épreuve, soit tu finiras par te faire sauter le caisson. D'une manière ou d'une autre, après, tu seras tranquille.

Aux heures les plus sombres – autrement dit, environ une fois par jour –, dis-toi que de toute façon tu n'avais pas le choix.

Comme moi, tu as grandi dans le caniveau, tu es un bébé-poubelle à qui on filait une bouteille de bière brisée en guise de tétine. On nous a rangés dans la case « enfant défavorisé ». On a diagnostiqué chez nous un « retard du développement psychomoteur ». On nous a trimballés d'orphelinats en familles d'accueil, de services psy en maisons de correction. Pupilles de la nation. Je parie que ça te rappelle des choses. Tu te souviens de la comédie musicale *Annie* ? Eh bien, Annie la petite orpheline, elle aurait pu être notre frangine :

Personne pour te rassurer quand tes rêves tournent au cauchemar !

Personne pour savoir si tu grandis... ou si tu dépéris !

Personne pour sécher tes larmes quand tu pleures et que tu en as marre !

Snif ! On n'a jamais connu nos parents et on est sur une voie de garage depuis notre âge le plus tendre. Et alors, qu'est-ce que tu comptais faire de ta vie ? Regarder défiler le bétail humain à la caisse de Walmart pour un salaire de misère ? Vendre ton cul à des hommes d'affaires japonais ? Fourguer de la meth à la sortie des collèges ? À d'autres. Pour la première fois, ton enfance de merde va être un avantage, parce que les orphelins font les meilleurs assassins. Quand tu videras le chargeur de ton Beretta sur la limousine d'un milliardaire, sifflote la chanson d'Annie et tu verras à quel point la vengeance est douce.

Si tu lis ce document, c'est que tu es un tueur-né et les chasseurs de têtes qui t'ont recruté le savent. Tu as toutes les qualifications requises. En premier lieu, l'amour t'est totalement étranger, tu n'éprouves donc aucune compassion pour ceux que tu vas endeuiller. Pour que tu comprennes ce que signifie la perte d'un être cher, il faudrait déjà que tu aies quelque chose à perdre. Mais tu n'as jamais rien ressenti qui ressemblait de près ou de loin à de l'amour et tu ne connais aucune émotion, hormis la colère.

La colère, parlons-en. Le trouble explosif intermittent, ça te dit quelque chose ? Même si tu n'as jamais entendu le terme, tu y es sujet sans le savoir. C'est cette rage aveugle qui te transforme soudain en fou furieux aux instincts meurtriers. Peut-être que tu as battu jusqu'au sang ton frère adoptif pour avoir bu le dernier Pepsi. Peut-être que tu t'es déchaîné sur ton compagnon de cellule à l'établissement pénitentiaire pour mineurs où tu étais interné, et que, grâce à tes bons soins, il a bénéficié d'une libération anticipée – dans une housse mortuaire. Tous les travailleurs sociaux, les conseillers d'insertion et les psys, avec leurs doigts tachés de nicotine et leur tremblote chronique due aux excès de caféine, t'ont relégué dans la catégorie « dangereusement antisocial », en rajoutant en note de bas de page que tu n'avais rien de constructif à apporter à la société. C'est précisément ce qui jusque-là te mettait au ban de l'humanité qui fera de toi un professionnel à Ressources humaines Inc.

Passons à l'intelligence. On t'a viré avec perte et fracas de toutes les écoles où tu es passé. Mais si tu lis ça, tu es un génie, même si tu as pété la gueule de tous les premiers de la classe de ta ville. Comment crois-tu que tu serais encore là, sinon ? Il faut carburer des neurones pour survivre quand le monde entier pense que tu devrais être mort. Tu es le dernier maillon de la chaîne alimentaire, mais tu as une telle faculté d'adaptation que le petit père Darwin, il en aurait pissé dans son pantalon en tweed.

Enfin, tu as sans doute remarqué que tu as des capacités physiques hors du commun. Je ne parle pas de superpouvoirs, c'est bon pour les attardés qui prennent comme modèles les héros de bandes dessinées. Si tu n'avais pas été élevé par des loups, tu aurais peut-être joué au foot, au basket ou tu aurais pu être ceinture noire d'un art martial quelconque. Tu aurais excellé parce que tu es plus fort, plus rapide et plus agile que la moyenne. Tu réagis à la vitesse de l'éclair et tu enregistres tout ce qu'il y a autour de toi. C'est une des raisons pour lesquelles tu évites la foule. Se concentrer sur les mouvements les plus infimes de centaines de personnes, ce n'est pas seulement épuisant, ça accentue encore la haine que t'inspire l'humanité. En résumé, tu n'as pas choisi cette carrière, c'est elle qui t'a choisi.

Ce recueil t'est destiné, c'est ton guide, *Le Guide de survie à l'usage des jeunes stagiaires*. Il ne fait pas partie de ton kit de bienvenue. En fait, si tu te fais choper en train de le lire, tu seras mort avant d'avoir tourné la page et ton cadavre sans visage et sans doigts sera divisé entre six sacs-poubelle et dissous dans une cuve d'acide sulfurique d'une usine chimique anonyme au fin fond du New Jersey. Alors fais-moi plaisir, sois discret, parce qu'il y a de fortes chances que ce petit manuel te sauve la vie.

Je m'appelle John Lago. Bien sûr, ce n'est pas mon vrai nom, car mes parents biologiques étaient trop pressés de m'abandonner pour remplir mon acte de naissance. « Enfant de sexe masculin » : c'est tout ce qu'il y a d'écrit dessus. Dans ma famille d'accueil, j'étais le petit con, le merdeux, le mongolito, le bâtard et tout ce qu'ils parvenaient à articuler quand ils n'étaient pas en train de me filer des baffes ou de se bourrer la gueule. Si bien que, dès que j'ai pu réunir une centaine de dollars, j'ai payé un mec pour me fabriquer un nouvel acte de naissance.

Pourquoi John Lago ? Je n'avais que l'embarras du choix. Pas évident de prendre une décision pareille. Mais j'ai un faible pour les vieux films. Le seul ami que j'aie jamais eu lorsque j'étais gosse, c'était le projectionniste du cinéma porno à côté de chez moi. Le soir, après la fermeture, quand les pervers rentraient à la maison en rasant les murs, Quinn sortait une pépite de son incroyable collection. J'ai grandi avec Stanley Kubrick et Akira Kurosawa. Je savais qui était Clint Eastwood avant de connaître le nom du président des États-Unis. Pour moi, le cinéma, c'était la grande évasion (un excellent film soit dit en passant) et je ne peux que te recommander de t'y mettre aussi, parce que tu vas avoir besoin de quelque chose pour te changer les idées entre deux cauchemars abjects et dégradants. Et surtout, c'est comme ça que les monstres de notre espèce peuvent apprendre ce qu'est un être humain. Tout ce qu'on n'a jamais connu, on peut le découvrir au cinéma. C'est un véritable traité des émotions, le mode d'emploi pour s'insérer dans la société parmi les gens normaux. Alors, ta mission, si tu l'acceptes, est de regarder autre chose que des bêtisiers et des vidéos zoophiles sur YouTube. Évite seulement les histoires de tueurs, ça risque de te donner des idées débiles.

Mais revenons aux résonances hollywoodiennes de mon pseudonyme. Mon nom de famille, il vient d'un film des années 1970 – l'âge d'or du cinéma américain, à mon sens. Lago, c'est ce village de l'Ouest tombé sous la coupe des malfaiteurs que Clint Eastwood va nettoyer dans *L'Homme des hautes plaines*. Ce film, c'est mon histoire. Et John, je l'ai choisi à cause de Jean le Baptiste : je suis un fan, même si je suis voué à la damnation éternelle. Il a préparé les foules impures à la venue du Messie, et le Coran salue en lui un homme qui a mené une vie exemplaire. En plus, lui, il n'a pas demandé à Dieu de le sauver quand Salomé a réclamé sa tête sur un plateau. J'ai appris tout ça en regardant Charlton Heston lancer des imprécations dans un péplum biblique : *La Plus Grande Histoire jamais contée.*

En ce qui concerne les marionnettes de chair de la parabole tragique que tu vas lire, certains noms ont été modifiés pour protéger les coupables. Ce n'est pas en criant sur les toits l'identité de mes collègues et de mes cibles que j'ai réussi à passer entre les balles et à éviter le quartier de haute sécurité jusque-là. Et je ne vais pas commencer à balancer maintenant. Pour rester dans le thème, je leur ai donné des noms tirés d'œuvres du septième art, classiques ou contemporaines. Si tu parviens à deviner lesquelles, tu auras un bon point.

Je suis employé de RH depuis l'âge de 12 ans. J'en ai 24 à présent, bientôt 25. J'ai « terminé le cursus », pour reprendre l'expression consacrée. À mon arrivée, ma promo se composait de vingt-sept délinquants juvéniles, des petits malins qui ne savaient pas qu'ils étaient des morts en sursis – moi y compris. Nous ne sommes plus que trois. On peut donc dire que j'ai appris deux ou trois trucs en chemin. Ou, dans ton jargon – celui du petit malin d'aujourd'hui –, « le keum, il assure grave sa race, yo ! ». Le hip-hop a tué l'anglais de la reine. Et c'est pas plus mal.

Si tu me ressembles un tant soit peu, tu es convaincu que tu vivras éternellement. J'ai un scoop à te révéler. La distance la plus courte entre la vérité et les illusions, c'est six pieds sous terre. Que tu me croies ou non, peu importe, parce que rien ne vaut une balle à pointe creuse calibre .45 de 230 grains qui te pénètre dans le crâne à 257 mètres par seconde pour te remettre les idées en place.

Alors ravale ta fierté et lis ce livre. Je te fais une fleur. Je ne sais même pas qui tu es et je risque ma peau pour toi. Rien ne m'oblige à écrire tout ça. Personne ne m'a montré les ficelles quand j'ai débuté. Bien sûr, j'ai eu droit à une formation. Mais j'ignorais tout des dessous du métier. Dans la majorité des boulots, on apprend ça auprès des collègues plus expérimentés. Pas chez nous. Même à sa propre femme, Bob, notre intrépide leader, ne révélerait aucune information qu'il ne jugerait pas indispensable au bon déroulement d'une mission. C'est à cause de son obsession du secret que la plupart de mes copains de classe bouffent les pissenlits par la racine à présent. Il se présente comme un type qui privilégie le long terme et ne se laisse pas aveugler par les détails. Dans le sabir du business 3.0, ça veut dire que la seule chose qui compte pour lui, c'est le résultat. Et qu'il n'en a rien à foutre de ta pomme. Les mecs dans notre genre, ça pousse comme le chiendent et, quand quelqu'un disparaît, il en arrive tout de suite un pour prendre sa place. Bob n'a qu'une priorité : protéger les intérêts de ses « clients » – les buveurs de scotch boursouflés qui ont tous fait les mêmes écoles prestigieuses et qui constituent aujourd'hui la nouvelle aristocratie américaine. Tout le reste passe par pertes et profits.

Ma priorité, c'est toi et tes semblables. Si je peux sauver quelques-uns d'entre vous – les plus grands souffre-douleur de l'humanité, juste après les orphelins indiens qui pataugent dans des rivières d'excréments –, alors je finirai peut-être dans le septième cercle de l'enfer au lieu du huitième. Et si tu t'en sors, il n'est pas impossible que tu fasses quelque chose de ta vie, que tu secoues le tapis cradingue sous lequel on t'a fourré et que tu transcendes les parcs de mobile homes, les torgnoles des tuteurs avinés et la prostitution. Nous ne nous rencontrerons sans doute jamais. Pourtant, d'une certaine manière, nous sommes les uns pour les autres la famille que nous n'avons jamais eue et nous devons nous serrer les coudes. Ce n'est peut-être pas grand-chose, mais ce petit manuel signifie qu'il y a au moins une personne qui se soucie de ton sort.

Bien que personne ne se soit jamais soucié du mien, mon vingt-cinquième anniversaire approche rapidement. Peu d'entre vous atteindrez cet âge canonique. Alors que dans les autres métiers, on débute tout juste, à RH, c'est l'âge de la retraite obligatoire. Selon Bob, c'est le seuil au-delà duquel les entreprises risquent de trouver bizarre qu'on continue à travailler gratos. Attention, je cite:

« Même si vous pouvez encore vous faire passer pour des stagiaires à 25 ans, vous vous ferez remarquer. On pensera que vous êtes des nases dont la carrière piétine. Et dans votre situation, attirer l'attention, c'est une condamnation à mort. »

RH part du principe qu'un stage est la couverture idéale pour un tueur. Bob, toujours lui:

« Les stagiaires sont invisibles. Vous pouvez répéter votre nom cent fois à un cadre supérieur, il ne s'en souviendra jamais, parce que ces gens-là n'ont aucun respect pour ceux qui sont en bas de l'échelle et qui travaillent gratuitement. Les relations qu'ils entretiennent avec leur urinoir resteront plus intimes que celles qu'ils auront avec vous. L'ironie, c'est que si vous vous montrez consciencieux et zélés, ils vous enseveliront sous les tâches importantes et se reposeront entièrement sur vous. Ces tâches que leurs subalternes directs et leurs secrétaires paresseux ne se résoudraient à exécuter que sous la menace d'une arme sont pourtant les petits gestes quotidiens qui permettent à une entreprise de tourner. Elles donnent en outre accès aux données confidentielles, aux informations personnelles et aux zones réservées. Plus vous irez au-devant de ces corvées, plus vous obtiendrez facilement les clés du royaume, autrement dit LA CONFIANCE ET L'ACCÈS. Pour finir, votre cible sera prête à mettre sa vie entre vos mains et c'est là que vous la lui ôterez. »

Ça m'énerve de tresser des couronnes à Bob, pourtant, je dois reconnaître que ce concept est génial. Mais tu dois te demander : pourquoi se casser la tête à ce point simplement pour dégommer quelqu'un ? Nikita peut tuer un gars avec un fusil à lunette d'une fenêtre d'hôtel tout en se faisant couler un bain. Pourquoi ne pas se planquer sur le toit d'un immeuble avec un fusil de précision L115A3 ? On pourrait abattre nos cibles les doigts dans le nez. En Afghanistan, un tireur d'élite britannique a descendu deux soldats talibans à deux mille cinq cents mètres avec ce bijou. Imagine que tu flingues quelqu'un qui se trouve à Battery Park pendant que tu manges des raviolis aux crevettes à Chinatown.

Mais si on ne fait pas comme au cinéma ou à la guerre, ce n'est pas pour rien. *Primo*, même un SEAL des forces spéciales peut rater sa cible, pourtant ils sont censés être les meilleurs. Les balles et la physique, ça joue parfois des tours et on n'a pas droit à l'erreur. Deuxio, si des gros pourris haut placés commencent à tomber comme des mouches dans les rues de la plus grande ville américaine, abattus à l'aide d'armes habituellement réservées aux militaires, ça va alerter le FBI et on est mal barrés. Pour peu que la politique s'en mêle, la situation va devenir tellement explosive qu'on ne pourra plus tirer un pigeon sans se faire expédier ni vu ni connu à Guantanamo. Et là, c'est le grand jeu, interrogatoire et torture en prime. Ça peut sembler paradoxal, mais ce boulot requiert beaucoup de doigté. C'est ce qui fait la différence entre les pros et les crétins torse poil qui se font arrêter dans une émission de télé pour beaufs genre « COPS ».

Quand on peut fournir un service haut de gamme à un prix raisonnable, le marché du meurtre est énorme. Si tu évites de te répéter et que tu te débrouilles pour qu'on croie que les ennemis de ta cible sont les coupables, alors, désolé pour le jeu de mots pourri, mais tu seras un tueur trop mortel.

Dans ce secteur d'activité, tout repose sur la qualité du personnel. Toi, moi, nous. RH Inc. dispense une formation d'excellence. Il faut des années pour peaufiner notre art, et c'est pour cette raison qu'on nous recrute jeunes. Le problème, c'est qu'il ne suffit pas d'être bien préparé pour réussir ni même pour survivre. J'ai vu des cracks à l'entraînement se faire régler leur compte dès leur première mission. Une école sérieuse, ça te donne des outils pour bien faire ton boulot, mais si tu es bon et mort, au final, tu es toujours mort. Il y a un moment où il faut savoir mettre de côté les leçons pour écouter son instinct.

C'est ce que l'expérience m'a appris et, pour que tu aies une idée de ce qui t'attend, je vais tenir ici la chronique détaillée de mon ultime contrat. En lisant ce récit, tu découvriras le boulot tel qu'il est vraiment, pas comme dans les « scénarios types » du monde théorique de Bob. Je suis désolé, mais il n'y a pas de « scénario type » quand tu planifies et exécutes le meurtre d'un personnage important qui bénéficie d'une protection renforcée. Bob va te former, puis te former à faire confiance à ta formation. C'est une approche militaire et elle est très efficace dans les opérations... militaires – la plupart du temps. Je t'apprendrai à penser en prédateur et à maîtriser les techniques de traque improvisées qu'on emploie pour tuer sans bavure – et survivre. Il y a une grosse différence entre les deux, et les seules fois où j'ai réellement frôlé la mort, c'était au début. Quand j'appliquais à la lettre les instructions de Bob sans me poser de question.

Ce guide ne sera pas seulement la chronique de ma dernière mission. Ce sera un manuel pratique pour le travail sur le terrain, avec des règles simples et faciles à retenir, illustrées par des exemples vécus. En huit ans de service – oui, j'ai commencé à tuer à 17 ans –, j'ai mené à bien trente-quatre contrats. Je n'ai peut-être pas tout vu, mais pas loin.

Chapitre 2

« Tu vas nous manquer, John »

Aujourd'hui, Bob va me confier mon ultime mission. Ça fait un peu bizarre. Je travaille ici depuis ma puberté et, dans quelques semaines, tout sera fini. Je recevrai mon dernier virement et je brûlerai tout ce qui me relie à cet endroit : papiers, armes, vêtements. Tout. Je ne pourrai même pas retourner à mon appartement. On m'attribuera un autre nom, une somme d'argent pour recommencer à zéro et de nouveaux habits. La seule trace que je garderai de mon ancienne vie à RH Inc., ce sera mes numéros de compte – mes meilleurs amis. J'aurai le petit pécule que j'ai économisé, avec une prime à sept chiffres. Ce sera plus que suffisant pour disparaître et me réinventer une dernière fois – j'espère du moins que ce sera la dernière.

Les quelques employés de RH qui ont survécu jusqu'à l'âge de la retraite restent généralement dans la profession, en free-lance. Ce n'est pas mon intention. Je n'ai peut-être jamais exercé d'autre métier, mais plutôt crever que de continuer parce que je n'ai pas le cran d'apprendre autre chose. Ça me fait penser à ce vieux détenu dans *Les Évadés*, de Frank Darabont : le type sort enfin de prison au bout de cinquante ans et il se pend, car il n'est pas capable de lacer ses chaussures s'il n'y a pas un maton derrière lui. Tu parles d'une fillette ! C'est vraiment du sentimentalisme à deux balles. Le scénariste mériterait de s'étrangler avec les cordes de son violon. En ce qui me concerne, j'ai d'autres projets. J'ai dû convaincre des gens parmi les plus brillants de New York que j'étais qualifié pour travailler dans des cabinets d'avocats, des établissements financiers, des sociétés de technologie militaire, des entreprises de sécurité, des agences immobilières, des multinationales pétrolières et j'en passe. Je peux faire illusion dans un tas de domaines, alors j'en choisirai un et je mettrai le paquet. Ça a marché jusqu'ici et il n'y a pas de raison que ça change.

La différence, c'est que je serai un employé normal qui mangera des cochonneries réchauffées au micro-ondes, râlera à cause des impôts et fera des scores pitoyables au golf. Et ce sera le bonheur. Adieu la paranoïa, la peur d'être pris ou zigouillé. Plus besoin d'essayer d'éliminer l'odeur de la poudre et les taches de sang sur mes vêtements. Je pourrai avoir des amis que je n'aurai pas à tuer s'ils découvrent ce que je fais. Mais le plus cool, c'est que je n'aurai plus à regarder les yeux vides d'un autre « jeune retraité » dont la cervelle mouchette un mur de chiottes dégueulasse parce que son parachute doré ne s'est pas ouvert à temps.

« Tu vas nous manquer, John. »

C'est Bob, et c'est avec ces mots qu'il m'accueille tandis que je m'assois pour prendre connaissance de ma dernière mission. Il me prend presque au dépourvu. Bob aime bien prendre les gens au dépourvu, surtout quand il essaie de faire croire qu'il est un gars normal qui se préoccupe de ce que ressentent les autres, alors qu'il s'en fout comme de sa première chemise. J'ai beau savoir tout cela, pendant un quart de seconde, j'ai un pincement de nostalgie.

Et je ne peux pas m'empêcher de penser : *Si ça se trouve, je vais vraiment lui manquer. Je suis peut-être le fils qu'il n'a jamais eu.*

Puis il m'adresse son sourire cynique qui me révulse et la nostalgie tourne à la nausée. Ce qu'il veut dire, c'est qu'il aura du mal à dénicher un tueur aussi impitoyable et increvable que moi. Et il a raison. Ça va lui manquer de ne plus avoir de bouton humain qu'il n'a qu'à presser pour déclencher l'apocalypse et qui s'évanouit sans laisser aux flics ne serait-ce qu'une fibre de tapis à renifler.

– Toi aussi, tu vas me manquer, Bob.

– Pour combien de cabinets d'avocats as-tu travaillé ? demande-t-il, ignorant cette manifestation d'amitié hypocrite qui rivalise avec la sienne.

– À vue de nez, je dirais dix-sept.

– Tu te sens toujours sûr de toi et suffisamment versé en la matière ?

– J'ai passé l'examen du barreau quatre fois au cours des cinq dernières années...

– Je ne préjuge de rien, tu me connais, John.

– Je sais. Alors de quoi s'agit-il ?

– Tu es pressé de te tirer d'ici ?

– J'ai hâte de me mettre au travail.

– Tant mieux. Car ce contrat ne va pas être facile.

– Parce que les autres l'étaient ?

– Est-ce que ce genre de fanfaronnade est indispensable ?

– Ça doit être le blues du retraité.

– Laisse tomber l'humour. Tu n'es pas doué.

Il me donne un épais dossier. Je le parcours, cherchant ce que j'appelle mes points d'impact : profil de la cible, plan du lieu, ennemis, vulnérabilités... Je hausse les sourcils parce que Bob m'envoie chez Bendini, Lambert & Locke, le cabinet le plus célèbre de la ville. Ils ont la réputation de ne représenter que le gratin et d'avoir une influence politique énorme. Mais ce n'est pas le plus intéressant. Je passe les informations en revue et tout a l'air parfaitement en règle. À l'exception d'un détail.

– Qui est la cible ? Je ne trouve son nom nulle part.

– C'est parce qu'il ne figure nulle part.

Je le regarde, m'attendant à voir apparaître son sourire habituel. Au lieu de quoi, il affiche une expression vaguement contrite. C'est tout ce qu'on obtient de lui quand il est gêné.

– C'est... irrégulier.

NB : ne jamais critiquer ouvertement un aspect de la mission devant Bob. Il était dans la marine et les geignards le rendent malade. Tu peux à la rigueur relever des « irrégularités » pour : a) lui montrer que tu suis, et b) lui soutirer les infos qui te sauveront peut-être la vie. Mais il faut toujours donner l'impression de se renseigner d'une manière détachée, parce qu'il a besoin de croire que s'il te demandait de liquider quelqu'un avec un bandeau devant les yeux et une main attachée dans le dos, ta seule question serait : « Quelle main ? »

– Je m'excuse, John. C'est une affaire complexe. Plus que d'habitude. La cible est l'un des trois partenaires. Mais il s'est débrouillé pour garder son identité secrète... ce qui est compréhensible.

Je poursuis ma lecture.

– Je vois ce que tu veux dire, Bob.

Autre remarque : essaie de prononcer son nom aussi souvent que possible, sans que cela devienne trop évident. Les hommes de son espèce s'adorent et la mention du nom de la personne aimée inonde d'endorphines le point G cérébral.

– Vendre la liste des témoins sous protection du FBI au plus offrant. Ce n'est pas le genre d'exploit dont on a envie de se vanter.

– Ses « clients » sont tous les pourris que tu imagines. Familles maffieuses, gangs, cartels de drogue étrangers et j'en passe.

– La crème de la crème.

– Ton cynisme m'inquiète, John.

– Comment ça ?

– Un cynique est quelqu'un qui connaît le prix de tout et la valeur de rien.

– Oscar Wilde. Tu deviens poétique, Bob.

– Au moins, on t'aura inculqué un peu de culture, à défaut de raffinement.

– Et comment obtient-il les noms ?

– De la manière dont les gens comme lui obtiennent ce qu'ils veulent. L'argent, les privilèges et des partenaires de golf choisis avec discernement.

– Pour le coup, c'est toi qui me sembles cynique, Bob.

– Tu commences lundi. Les adresses de tes contacts sont dans le dossier, avec toutes les informations concernant ta nouvelle identité.

– Voyons ça...

Je lis un peu, comme si ça m'intéressait.

– Faculté de droit du Michigan. Une des dix meilleures du pays, mais pas trop ostentatoire. Bien vu.

– Pas la peine de prendre de risques inutiles. Tu seras entouré d'anciens étudiants des meilleures universités de la côte Est. Ils reconnaissent les leurs.

– Ils ont eu des « pères », moi à la place j'ai eu un « papa », dis-je avec un soupir.

– Une citation intéressante. Mark Twain ?

– Kurt Cobain.

– Dehors, John.

Chapitre 3
La firme

J'épluche mon dossier et je passe le week-end à me familiariser avec ma nouvelle identité. Je change de nom de famille, mais je garde mon prénom, John. D'une part, il n'y a pas plus anonyme et d'autre part je préfère ne pas devoir apprendre à répondre à un prénom inconnu, comme un chien sauveteur ou un étudiant chinois dans un programme d'échange. Je découvre donc que je suis passé par un lycée public (un garçon qui a réussi à la force du poignet), que j'ai fait mon premier cycle à Notre-Dame (une fac catho respectée qui dispense une solide instruction), puis mon droit à Michigan (la tête bien faite, mais pas de relations). En bref, un jeune catholique blanc sans lien avec l'élite protestante de la côte Est, admissible dans le cadre des quotas d'égalité des chances sans pour autant appartenir à une minorité visible. Le candidat idéal pour un cabinet comme Bendini, Lambert & Locke. On veut bien paraître progressistes, mais faut pas pousser non plus.

Bob m'a concocté une identité parfaite. Je serai ignoré et classé sans intérêt du point de vue relationnel par mes riches collègues WASP issus des facs prestigieuses de l'Ivy League, sans être méprisé. Je serai toléré par mes supérieurs, qui attendront que je commette une erreur qu'ils font eux-mêmes régulièrement pour me « renvoyer chez les ploucs de Peoria », une ville de l'Illinois qui aux yeux de ces gens-là est le symbole de l'Amérique profonde. Cela leur permettra de conserver leur image politiquement correcte sans m'avoir dans les pattes assez longtemps pour que je mette la honte à tous ces gras du bide émasculés qui dégoulinent sur le court de squash. De toute manière, qu'ils dorment tranquilles: je ne compte pas m'éterniser.

Après avoir étudié le dossier, je le brûle et je regarde ma dernière mission se consumer. Je peux remercier Bob. Descendre un type qui porte des mocassins à glands et mange un tournedos Rossini à midi, c'est du gâteau. Peut-être même que ça va être agréable, pour changer. Bien sûr, il aurait pu me donner un défi en guise de cadeau d'adieu, mais c'est Bob tout craché. Je suis déjà rayé des listes. Il m'a filé un job peinard qui ne présente aucun caractère prioritaire et il réserve les contrats délicats aux jeunes talents. Je ne vais pas me plaindre. Je vais m'occuper de ce costard-cravate et je mangerai un cheeseburger sur une île paradisiaque d'ici la fin du mois.

Le seul bémol, c'est que j'ignore qui je suis censé éliminer. Je ne suis pas flic. Je ne fais pas de planque dans des berlines beiges avec des gobelets de café vides et des papiers gras sur le tableau de bord. Et je ne m'amuse pas à fourrer mon nez là où il ne faut pas. En d'autres mots, je ne suis pas un chien qui se balade et va renifler les entrejambes pour départager les bons des méchants. En ce qui me concerne, tous les gens que je croise sont des menaces potentielles, y compris ceux qui m'aident – sans le savoir bien sûr – à atteindre mon objectif. C'est plus clair comme ça. De toute manière, quand on a grandi dans un foyer d'accueil, ce qui est sans doute ton cas, on a appris à fonctionner ainsi. C'est une question de survie. Tout individu est coupable tant que son innocence n'est pas prouvée – et même après, il peut encore rejoindre la liste des coupables à chaque instant.

Mais peu importe. J'ai une tâche à accomplir et me plaindre ne m'avancera à rien. Ça ne réussira qu'à me distraire de mon objectif. Dans ce boulot, il faut être capable d'agir sans porter de jugement. Je te conseille de ne jamais l'oublier. Tu n'as pas droit à l'erreur. J'ai vu des recrues refuser des missions sous un tas de prétextes, certains parfaitement valables, et finir par se prendre un pruneau avant l'heure de l'apéro. Ça peut sembler cruel, mais ça a le mérite d'être clair. Avant RH Inc., ma vie était d'une incertitude exaspérante. Maintenant, il n'y a aucune équivoque. Soit je tue ma cible, soit je tombe au combat. La clarté, c'est le succès. Regarde les gens qui réussissent. Est-ce que tu crois qu'ils mettent en pratique les consignes des livres de développement personnel, genre *Sept habitudes pour être efficace*? Tu rêves. Ils ont mieux à faire. Ils n'ont qu'une habitude efficace: agir. Quand tu agis, tu laisses le troupeau loin derrière.

Donc j'accepte la mission sans réserve ni jugement et je m'applique à la tâche fastidieuse de récolter des informations sur le Net. Commençons par Bendini. Son grand-père était un riche Sicilien qui a construit la plus grosse partie du quartier de Bensonhurst, à Brooklyn. Son père a étudié à Princeton et a repris l'entreprise familiale. Mais il a fricoté avec la maffia et il a fini par se brûler la cervelle à la suite de transactions immobilières qui avaient mal tourné. Le grand-père Bendini a envoyé son petit-fils dans une bonne prépa, puis à Yale et à Harvard. Les autres informations concernent sa carrière d'avocat et sont plus soporifiques qu'une anesthésie générale. Les liens du père de Bendini avec la maffia offrent peut-être une piste, mais c'est un peu léger.

Si Bendini semble ennuyeux, à côté de Lambert, c'est Bozo le clown. Lambert est arrivé d'Allemagne avec ses parents quand il était bébé. Il devait être un gosse surdoué parce qu'il est entré au MIT directement après la troisième. Il a fait un doctorat en droit et en médecine. Après avoir été conseiller auprès d'un gros labo pharmaceutique, il a été débauché par Bendini qui a fait de lui le plus jeune associé dans l'histoire du cabinet. Il rapporte des millions à la firme grâce à l'industrie du médicament et aux sociétés de biotechnologie. Il n'a pas le profil de la cible, mais c'est pour ça qu'il m'intéresse. Mettre la main sur les informations relatives aux témoins sous protection est le genre de farce dont un petit génie comme Lambert serait bien capable. À la différence de ses associés, ce n'est pas un personnage public et il pourrait faire un tas de choses sans attirer l'attention. C'est toujours le mec réservé chez qui tu vas prendre un thé glacé qui finit par fourrer ton corps tronçonné en morceaux dans le vide sanitaire sous la maison.

Enfin, je fais des recherches sur Locke. Un ancien militaire médaillé envoyé deux fois au Vietnam et rendu à la vie civile avec tous les honneurs en 1975. Il a fait l'université de Pennsylvanie, comme papa, puis son droit à Harvard, comme maman. Aujourd'hui, il collectionne les victoires au tribunal. Sans conteste, la figure la plus médiatique de la firme, mais jamais il n'accorde une interview. La presse le surnomme « l'homme en noir ». Je parcours les articles sur ses clients – stars de cinéma, sportifs de haut niveau, musiciens célèbres. J'ai du mal à l'imaginer prendre le temps de débusquer des informateurs planqués dans l'Iowa, toutefois il ne faut pas négliger l'angle « avocat de la défense » : pour ces gens-là, les témoins de l'accusation sont de vulgaires cafards qu'ils rêvent d'écrabouiller.

Ce qui est tordu, c'est que tous ces types sont déjà bourrés de fric, puissants et promis à une retraite dorée. Je ne vois pas lequel d'entre eux serait assez débile pour tremper dans une affaire aussi puante. Le mec qui fait ça met en danger des générations de richesse future, mais également sa vie et celle de sa famille, vu les fumiers avec lesquels il doit traiter. Néanmoins, on dit que l'appât du gain et la soif de pouvoir pourraient transformer Gandhi en Murdoch. Et ce sont des avocats, après tout. Je ne devrais pas être surpris.

Chapitre 4
L'homme invisible

Entrer dans la peau de son personnage est sans doute la partie la plus délicate de l'opération. Jusque-là, tu n'avais qu'à être toi. Mais à partir de maintenant, tu vas devoir jouer un tas de rôles. Si l'idée t'amuse, tant mieux. Le secret est de s'identifier à son personnage au point où on finit par y croire soi-même. Comme ça, on n'a jamais l'impression de mentir et on ne risque pas de se trahir.

Première étape : l'aspect. Tu ne peux pas savoir à quel point c'est important de trouver le look adéquat. Tu te dis peut-être que ce ne doit pas être sorcier de ressembler à un intello coincé qui bosse dans un bureau. Eh bien, détrompe-toi. Et il ne faut pas que tu aies l'air d'un intello coincé de toute manière. Parce qu'on les remarque. Tout le monde se paie leur tête, même si Hollywood et la téloche essaient de te convaincre du contraire. Je me souviens de la tronche de tous les intellos coincés que j'ai amochés durant mes trois glorieuses années de collège, parce que je voulais me venger de ma vie de merde, et de préférence sur un pauvre mec incapable de se défendre. Dans notre cas, il faut être invisible. Se fondre dans son environnement et devenir oubliable.

Comme le dit Bob lui-même : « Les stagiaires n'ont pas de visage. Ils peuvent être assis à côté de vous pendant des années, mais, malgré tous vos efforts, vous ne vous souviendrez jamais de leur nom. »

Si tu en veux une preuve, rends-toi à une réunion d'anciens du lycée. Il y a ceux qui rayonnent et ceux qui leur tournent autour. Ces anonymes sans conséquence croient que, maintenant qu'ils sont adultes, ils auront enfin l'occasion de se lier avec quelqu'un qui ne serait pas capable de les distinguer dans une séance d'identification chez les flics. « Tu t'appelles comment déjà ? »

Voilà pourquoi ils doivent être une référence pour nous. Ces invisibles ne possèdent aucun trait distinctif susceptible de stimuler le cerveau de leurs congénères. On se souvient de ce qui nous plaît ou nous déplaît. Les affects, qu'ils soient positifs ou négatifs, sont un facteur de renforcement mémoriel. On retient mieux les seconds, pour des raisons liées à l'instinct de survie. Mais on oublie facilement quelqu'un qui ne nous touche ni en bien ni en mal. Et c'est vers cela que nous devons tendre. Il faut s'inspirer des invisibles, les archétypes involontaires du tueur à gages parfait.

Règle n° 1 : « Être neutre. »

Ma cinquième mission s'est avérée l'une des plus dures. On m'avait envoyé chez un grand nom de la mode où, bien entendu, tout le monde rivalisait d'élégance. Mais quand j'ai demandé à Bob un budget fringues en conséquence, il a refusé tout net. Il a souligné que, malgré mes efforts pour m'intégrer, je n'appartiendrais jamais au sérail. Au contraire, je serais l'objet de critiques impitoyables. Mes chers collègues murmureraient des horreurs sur moi – un des passe-temps favoris des gens qui travaillent ensemble. Autrement dit, je ne serais plus invisible.

Alors j'ai cherché l'employé le plus anonyme de la boîte et peu à peu j'ai compris ce que Bob voulait dire. Pour finir, j'ai découvert mon homme, celui qu'on voit tous les jours et à qui on s'adresse régulièrement, mais dont on serait incapable de retrouver le nom, même avec un pistolet pointé sur la tempe : le coursier.

J'ai fait l'emplette de quelques livres sur la théorie des couleurs et, comme on pouvait s'y attendre, j'ai appris que le marron était la teinte qui déclenchait le moins de réactions au niveau des neurones. Il est associé à la solidité et à la sécurité, des caractéristiques essentielles pour qui veut gagner la confiance de ses supérieurs et un laissez-passer. J'ai donc bâti ma garde-robe dans cette nuance, sans m'autoriser trop d'écarts. Gris-brun, vert-brun, noir-brun... Toute une palette qu'on trouve sans mal au rayon soldes des grands magasins, car en général les gens n'achètent pas volontairement des couleurs qui les effacent du paysage. Mais si on se compose une tenue dans les tons marron, on devient un véritable caméléon, qui possède le camouflage parfait en toute circonstance.

En ce qui concerne les cheveux, l'idéal, c'est SuperCuts, une enseigne qui fait des coupes à la chaîne. C'est La Mecque de l'ordinaire. Et je conseille vivement les lunettes, car les gens ont tendance à se lier plus facilement quand ils voient bien tes yeux. Ce qu'il faut, c'est une monture banale et passe-partout, fine, un métal terne, des verres non teintés. Je te recommande LensCrafters : *des lunettes oubliables en moins d'une heure.*

Mais revenons à nos moutons de la mode. Ils avaient un P-DG qui trafiquait de la pornographie enfantine à partir de son usine textile en Thaïlande. Je dois reconnaître que je me réjouissais de tuer cette ordure. Je n'ai eu aucun mal à obtenir une place à son étage, car, dans la *fashion*, il semblerait que les gens soient encore plus paresseux et privilégiés qu'ailleurs, au point où on se demande comment le travail se fait. Le plus difficile a été de trouver un profil d'ennemi valable. Bob insiste pour qu'on exécute nos contrats de manière qu'on puisse attribuer le crime aux ennemis de la victime. Bombe, pistolet, empoisonnement, électrocution, matraque, arme blanche, feu, noyade... Il en faut pour tous les goûts. L'Ira aime mieux faire sauter un emmerdeur que de le poignarder et devoir sentir les relents de la saucisse purée qu'il a mangée à midi quand il rend son dernier soupir. Les cartels ont un faible pour la décapitation. La maffia préfère la corde à piano ou le pic à glace, mais ne rechigne pas à enterrer vifs les gêneurs à l'occasion. Bob passe son temps à étudier ces trucs-là. Dans ce cas, néanmoins, c'était différent. Les magnats de la mode pédophiles sont haïs et méprisés, mais ils n'ont pas d'ennemi type – ou du moins pas le genre qui a le cran ou l'argent pour embaucher un tueur à gages. Il fallait donc lui en fabriquer un.

Je lui ai demandé si je pouvais amener au bureau mon « neveu » de 11 ans, Andy, qui venait du Midwest, afin de lui montrer où je travaillais. Je suis sûr qu'il a bavé un peu dans son expresso quand j'ai dit ça. Bien entendu, Andy faisait partie de la maison. Il ressemblait à un gosse à cause d'une maladie qui retardait sa croissance. Bob ne l'utilisait que pour des missions particulières comme celle-ci, car un stagiaire de 11 ans se ferait remarquer n'importe où, sauf dans un think tank de la Nasa.

Lorsque je l'ai amené, le P-DG lui a proposé un tour de la maison. Il m'a assuré que je pouvais lui confier le petit et qu'il s'occupait de tout. Il avait même prévu des biscuits roses en forme d'éléphant et un cocktail sans alcool à l'ananas. Ce tordu a dû se faire violer par des clowns dans un camion de cirque à un moment ou un autre de sa misérable vie. Il lui a fait son petit numéro à la Willy Wonka et, quinze minutes plus tard, notre agent lui injectait une dose d'adrénaline et de Viagra suffisante pour faire exploser son cœur déjà bouffé par la coke, le laissant avec une érection si dure que le coroner a certainement recouru à une équipe de bûcherons. Voilà ce que j'appelle « une victoire de la guerre d'improvisation ». On a placé tonton la Trique devant son ordinateur, mis un des films de sa collection de pornos personnelle, et on s'est éclipsés avec des Chupa Chups à la fraise entre les dents.

Chapitre 5

L'Intox Express

Je passe la journée à réviser toutes les conneries que j'ai apprises au cours de mes différents stages juridiques. Ce n'est pas bien compliqué. La plupart du temps, il faut veiller à ce que tes supérieurs ne foutent pas en l'air une affaire à cause de textes mal écrits, voire bourrés de fautes, ou recopiés sur d'anciens contrats sans avoir été adaptés au nouveau. Et crois-moi, tu n'as pas le temps de t'ennuyer. Avec les avocats, tu as l'impression de devoir gérer une classe pleine de gamins souffrant de graves troubles de l'attention et d'hypoglycémie. Ils ont tellement l'habitude de dédaigner les détails que, à force, ils les ignorent carrément, à dessein ou non. La plupart sont des bambocheurs sans aucun scrupule qui comptent sur nous pour que le navire ne sombre pas, et leur villa d'East Hampton avec.

Après mon cours de droit accéléré, je m'immerge avec délice dans mon nouveau rôle. Récapitulons. Pourquoi les orphelins font-ils de bons tueurs ? Jamais au cours de notre vie on ne nous a donné l'occasion de développer une identité propre. La plupart d'entre nous n'ont jamais eu de vrai nom et aucun n'a eu de véritables parents ni le moindre lien avec sa généalogie ou sa culture d'origine. Nous n'avons même jamais eu de chambre à nous – le grand diorama de la personnalité bourgeonnante décoré de posters, de photos et de tous les totems et les icônes qui représentent les sentiments, les espoirs et les rêves de l'adulte en devenir. Nous sommes une page blanche. La *tabula rasa* d'Aristote. Le loup qui se déguise en mouton, c'est nous.

Être un autre est sans doute ce qui me plaît le plus dans le métier. Ça lève les inhibitions et permet de faire et dire des choses qu'on ne s'autoriserait jamais autrement. C'est un exercice qui peut être assez amusant avec les femmes. Et qui donne une idée, même fugace, de ce que doit être la vie normale. C'est bizarre, mais j'ai ainsi échappé plusieurs fois à la cellule capitonnée. En plus, ce talent me sera très utile quand je ferai enfin ma mue et que j'abandonnerai la dépouille de John Lago pour rejoindre le monde réel de la retraite.

Ce soir, je vais faire un tour à bord de l'Intox Express. C'est l'un de mes rituels avant chaque mission et je te recommande fortement de l'adopter. J'entre dans un bar, je paie un verre à n'importe qui et je commence à bavarder. Quand tu offres à boire à quelqu'un, l'autre engage généralement la conversation et te pose plein de questions sur toi, surtout parce qu'il attend que tu en fasses autant en retour. Les gens adorent parler d'eux-mêmes, les Blancs en particulier. Et ça te permet de voir si tu es prêt pour ton nouveau rôle. Tu seras surpris de constater comme on se prend au jeu. Plus tu paieras de verres, plus tu auras de pratique et plus tu étofferas ton histoire. C'est une technique de mémorisation que j'appelle l'appropriation. Quand tu t'appropries ton discours, tu arrives à un point où tu penses que c'est vrai, et là, tu es tranquille. Après tout, les mensonges qu'on se raconte sont les seules choses auxquelles nous croyons vraiment.

Je passe quelques heures à observer l'immeuble où se trouve le cabinet, une vénérable forteresse dans l'enclave huppée au sud de Central Park, puis je pousse la porte d'un bar à l'heure où l'on sort du bureau. Si j'en juge aux lambris de bois sombre, à l'Heineken à quinze dollars et aux call-girls à mille cinq cents, il y a de fortes chances que ce soit un lieu où viennent décompresser les employés de Bendini, Lambert & Locke. Je vais peut-être en croiser un. Ce serait parfait pour me mettre à l'épreuve. Je regarde à droite et à gauche, en quête d'une oreille charitable.

Au bar, mon terrain de chasse préféré, je remarque une jeune femme de 25 ou 30 ans, les cheveux blonds et les yeux marron, jolie dans son genre, entre *Vacances romaines* et *True Romance*. Elle a des traits plutôt classiques, mais on devine un certain exotisme sous la surface, quelque chose de sombre et sexy qui rappelle Liz Taylor jeune. Ses chaussures et son sac de marque, qui jurent avec son tailleur et sa mallette sans intérêt, me disent qu'elle sait où sont ses priorités. Sans compter que c'est une femme assise seule au comptoir. Il faut du cran pour faire ça dans une ville comme New York. C'est une fille qui n'a pas froid aux yeux. Elle me plaît immédiatement. En voiture !

Ministère de la Justice des États-Unis
FBI
Washington, D.C. 20535

TOUTES LES INFORMATIONS CI-INCLUSES
SONT CONFIDENTIELLES.

Transcription de surveillance : enregistrement sonore – micro parabolique mobile.
Lieu : The Bull on Thames, Central Park South, Manhattan.
Sujets : John Lago et Alice (censuré).

Lago : Est-ce que ce siège est libre ?

Alice : Ça se dit encore ?

Lago : En tout cas, moi je le dis. Mais je dis aussi un tas de trucs que les gens ne disent plus.

Alice : Ah oui ? Quoi par exemple ?

Lago : Pour moi, la musique, c'est un album ou rien.

Alice : J'aime bien les vinyles. Asseyez-vous. Mais encore ?

Lago : Camionnette plutôt que SUV.

Alice : Pas mal. Mais un peu provincial. Trouvez-m'en un bon et je vous paie un verre.

Lago : Une aventure d'un soir plutôt que pécho.

Alice : Mike ! Sers à monsieur la même chose que moi.

Lago : Et vous buvez quoi ?

Alice : Un Wild Turkey. Sec.

Lago : Une marque très sous-estimée.

Alice : Voire incomprise.

BRUITS DE VERRES SUR LE COMPTOIR.

Barman : Deux doigts. Santé !

Alice : Merci, Mike.

SILENCE. LAGO TOUSSE. ALICE RIT.

Alice : Alice.

Lago : John.

Alice : Vous habitez le quartier ? Non, attendez. J'essaie de deviner et vous aussi. D'accord ?

Lago : Honneur aux dames.

Alice : Honneur aux dames ? Hum, vous n'êtes pas de Manhattan.

Lago : Qu'est-ce qui vous fait dire…

Alice : Stop ! Vous allez vous trahir.

Lago : OK. Continuez.

Alice : Je dirais que vous êtes du Midwest, mais que vous avez fait de bonnes études.

Lago : Et moi je parie que vous êtes de la côte Est, parce que vous avez dit que j'étais du Midwest, MAIS que j'avais fait de bonnes études.

ALICE RIT.

Alice : Je suis peut-être snob, mais devinez quoi ?

Lago : Allez-y.

Alice : Je suis du Midwest.

Lago : Vous rigolez. Vous n'avez pas le cul qui faut.

ALICE FRAPPE LAGO.

Lago : Aïe ! La vache ! C'était très… énergique.

Alice : Tu trouves que ça fait mal, mon gars ? Continue de parler de mon cul et tu vas voir.

Lago : Mon gars ? Tu es vraiment du Midwest. Qu'est-ce que tu fais à New York, à part tabasser les mecs dans les bars ?

Alice : Je suis ici pour le travail. Je viens de terminer mes études de droit. Allez, vas-y, libère-toi, ça ira mieux après.

Lago : Me libérer de quoi ?

Alice : Des blagues sur les avocats.

Lago : Je n'en connais aucune.

Alice : Sérieux ?

Lago : Ce n'est pas mon truc. Sans doute parce que je suis avocat moi aussi.

Alice : Tu plaisantes ?

Lago : Pas du tout.

Alice : Quel cabinet ?

Lago : (Censuré.) Je sors de la fac. Je fais un stage là-bas.

Alice : Dehors !

ALICE FRAPPE ENCORE LAGO QUI POUSSE UN CRI DE DOULEUR.

Lago : Hé ! Ça fait vraiment mal.

Alice : C'est mon cabinet, l'endroit où je travaille.

Lago : Non ? C'est cool. Depuis combien de temps ?

Alice : Je termine mon stage. J'espère qu'on va me proposer un contrat.

Lago : Bonne chance. J'ai entendu dire qu'être embauché… et payé… c'était presque impossible pour la plupart des gens.

Alice : C'est vrai. Mais je ne suis pas la plupart des gens.

Lago : Je vois ça.

Alice : Tu veux en voir plus ?

Lago : Ça veut dire quoi ?

Alice : Je pense que tu sais très bien ce que je veux dire, maître. Au fait, personne ne dit « maître » ici. C'est bon pour la télé.

Lago : D'accord, je pense savoir ce que tu sous-entends, et si je ne me trompe pas, soit tu es une tueuse en série, soit toutes mes planètes sont alignées et il y a un truc dément qui se passe dans mon horoscope.

Alice : C'est peut-être les deux. Viens.

Lago : Euh… En fait, non.

Alice : Tu ne veux pas être ma prochaine victime ?

Lago : Je ne rêve que de ça… mais on va travailler dans le même bureau et…

Alice : C'est bon, c'est bon. Arrête, s'il te plaît. Je suis en train de dégriser et je n'aime pas me prendre un vent.

Lago : Je ne te rejette pas.

Alice : Je te fais des avances et tu réponds non. Tu appelles ça comment ?

Lago : Ce n'est pas contre toi, tu ne devrais pas le prendre de manière personnelle.

Alice : Tu vas faire un super avocat.

Lago : Attends, tu n'as pas terminé ton verre.

FIN DE LA TRANSCRIPTION

Chapitre 6
Va chercher la boîte à cirage

Lundi matin, une fraîche journée d'automne. Ma saison préférée. New York est spectaculaire à cette période de l'année. La puanteur estivale des ordures a dérivé vers l'Europe grâce au Gulf Stream pour céder la place aux émanations des feuilles mouillées qui se décomposent dans le caniveau. Dit comme ça, ce n'est pas super alléchant, mais j'adore cette odeur. Un mélange de terre et de pourriture qui me rappelle la première fois où je me suis senti bien à l'idée que j'étais seul au monde et que ce serait ainsi jusqu'à la fin de mes jours.

J'avais 6 ans et je dépérissais dans un centre de redressement à côté de Reno, dans le Nevada. Les feuilles mortes descendaient des sierras pour atterrir au pied de ma fenêtre. Je me souviens avoir pensé qu'elles étaient plus belles mortes que vivantes. Et j'ai arrêté de pleurer sur les choses que je n'aurais jamais parce que j'ai compris qu'elles ne signifiaient rien.

Premier jour de ma dernière mission. Ça fait un peu bizarre. J'essaie de ne pas verser dans le sentiment à propos d'une existence qui était définie par le nombre de ses cadavres, mais c'est plus fort que moi. C'est tout ce que je connais. Heureusement, je sais aussi que plus vite j'en aurai fini avec ce contrat, plus vite ma nouvelle vie pourra commencer.

Bon, trêve de considérations, on a un gus à liquider.

Je me présente chez Bendini, Lambert & Locke dans un costume maronnasse aux reflets gris-vert et des chaussures à bouts renforcés mats, des lunettes LensCrafters sur le nez.

Le bâtiment est le monolithe habituel des titans de l'industrie, chauffé par une chaudière vieille de deux cents ans qui brûle à la pelle les billets durement gagnés. La couleur rougeâtre de l'eau du robinet, c'est le sang des travailleurs irlandais qui se sont cassé le dos pour construire ce gratte-ciel.

Tandis que j'attends dans l'entrée revêtue de marbre et de platine, j'examine tous les aspects du système de sécurité. Soudain, je remarque que la réceptionniste me reluque. Elle est telle qu'on imagine une réceptionniste dans une grosse boîte dirigée par des vieillards au teint cireux qui comptent leur argent plus souvent que le vieux Scrooge de Dickens. Mignonne, mais sévère. Des bonnets E qui détonnent anatomiquement avec ses hanches étroites. Elle s'est sans doute payé ses seins avec sa prime de Noël. Malgré mes commentaires mesquins, je ne suis qu'un homme, et elle me mate, c'est évident – cette manière de passer la main sur sa robe ou dans ses cheveux, comme un oiseau tropical qui se lisse les plumes, ça ne trompe pas. Hélas, il n'est pas question que je réponde à ses avances ! Je ne veux pas attirer l'attention, surtout le jour où j'inaugure mon nouveau rôle.

Heureusement, elle me rend un service immense : elle a une voix si irritante que les morts se réveilleraient juste pour lui demander de se taire. Cela me fait l'effet d'un diffuseur de laideur qui retomberait en pluie sur elle.

– Alors comme ça...

C'est abominable : un gosse de dessin animé à laquelle on aurait refilé un traitement hormonal. J'entends en outre qu'elle fume au raclement caverneux qui s'échappe de son larynx.

– ... vous avez été accepté en stage ici ?

– Oui.

– Impressionnant.

Je dois la décourager. Je fais donc la chose la plus grossière qui soit quand une femme séduisante essaie d'attirer l'attention d'un homme : je sors mon téléphone. Et je m'absorbe dans la contemplation de l'écran coloré, comme un corbeau fasciné par des décorations de Noël. Tu as déjà dû voir cette grimace. C'est la moue méprisante du mec accro aux apps et aux réseaux sociaux qui s'injecte sa dose quotidienne. L'un des phénomènes culturels les plus abjects de la société contemporaine. D'ailleurs, je note que je lui plais soudain beaucoup moins. En fait, elle me planterait volontiers ses ongles dans les yeux.

– Vous ne durerez pas une semaine.

Je ne réponds pas. C'est le genre de conversation qui pourrait faire de moi un salaud mémorable.

– Ils sont impitoyables ici. Les stages sont impossibles à obtenir et impossibles à garder. Je suis surprise qu'un plouc comme vous ait été pris. D'où venez-vous ? Peoria ?

En fait, c'est parfait. À présent, elle me sous-estime parce qu'elle me croit trop timide pour répliquer. Tant que je la ferme et que je souris, elle m'oubliera sans hésiter. Au fait, ne montre jamais tes dents quand tu souris. Les concours de beauté ont tout faux. Montrer ses dents est perçu comme un signe d'agressivité. Pas étonnant que Miss Amérique soit l'être humain le plus haï de la planète.

Ding ! La porte de l'ascenseur s'ouvre et ma sauveuse apparaît. Une petite bonne femme qui ressemble à un bouton boursouflé muni d'un iPad me regarde par-dessus ses lunettes de lecture.

– John ?

– Oui ?

– Vous avez quinze minutes de retard. Ça commence bien.

Règle n° 2 : « Dites-nous seulement qui a tué M. Lincoln. »

La première impression est essentielle. Lorsque tu rencontres quelqu'un, ton apparence, les quelques paroles échangées en disent plus long que si cette personne avait passé une vie entière avec toi. J'exagère, tu crois vraiment ? Le coup de foudre n'a rien de romantique, c'est un axiome basé sur la puissance de la première impression. C'est pour ça que le *speed dating* est encore ce qu'on a inventé de plus valable dans le genre. Un chien n'a qu'à renifler le cul d'un autre chien pour se faire une opinion. Il faut savoir qu'on a en gros soixante secondes pour susciter l'affection, la haine ou l'indifférence.

L'indifférence, voilà ce vers quoi nous tendons. C'est pourquoi je préconise la technique de la pyramide inversée. Un vieux truc de journaliste qui consiste à faire figurer les informations essentielles dans le premier paragraphe. De cette manière, même si on ne lit que le début, on comprend de quoi il s'agit. C'est un style à des années-lumière du journalisme dit d'opinion tel qu'il est pratiqué à la télé aujourd'hui – quand il faut se taper le reportage en entier avant d'avoir une idée du sujet. Si tu ne me crois pas, regarde Bill O'Reilly sur Fox News ou Anderson Cooper sur CNN, tu pigeras tout de suite. Maintenant, télécharge un vieux « NewsHour » de PBS, du temps où l'émission était présentée par Jim Lehrer. Il ne donne pas son avis. Il garde un ton sobre, qu'il parle d'une baisse infime du marché ou de nettoyage ethnique. L'auditeur peut alors se concentrer sur le message au lieu d'être parasité par le messager. Pour l'anecdote, cette conception de l'information est née d'un meurtre. Celui de Lincoln. Lorsqu'il a été abattu, Reuters a diffusé la nouvelle par télégraphe, réalisant ainsi son premier scoop. « ÉTATS-UNIS. ASSASSINAT DU PRÉSIDENT LINCOLN. » Plus objectif, tu meurs.

Dans notre cas, cela signifie qu'on ne parle que lorsqu'on s'adresse à nous. Tu ne donnes pas ton avis sans être sollicité, tu ne fais pas de remarques anodines, tu ne racontes pas de blagues. Sinon, tous les cerveaux autour de toi commencent à t'analyser. Je ne dis pas non plus qu'il faut être muet comme une carpe. Quand quelqu'un fait une plaisanterie, souris, mais ne ris pas aux éclats. Si ça se trouve, ton rire est ridicule et du jour au lendemain tu seras pour tout le monde « le mec qui a un rire bizarre ». Alors plus personne ne pourra t'oublier.

Lorsque les autres donnent leur opinion, hoche la tête, montre que tu écoutes. On pensera que tu es réservé. Un être falot et sans intérêt. Est-ce que les gamins au square regardent seulement l'enfant timide assis tout seul dans le bac à sable ? Bien sûr que non. Et quand on te demande ton avis, ou même si on te pose une simple question, réponds comme une dépêche d'agence de presse. Les faits essentiels, sur un ton égal, détendu et dépourvu d'émotion. Une fois les renseignements obtenus, on te laissera tranquille. Et le plus beau, c'est qu'on croira toujours que c'est quelqu'un d'autre qui les a donnés, quelqu'un de plus apprécié. Notre esprit ne se soucie pas de la vérité. C'est une chaîne d'information en continu qui déforme constamment la réalité. Comme dans *Matrix*. Tout le monde est branché sur l'Intox Express.

– Espèces de larves, vous me donnez envie de gerber.

C'est Hartman, le responsable des stagiaires, un petit chef quinquagénaire qui joue au sergent instructeur. Il veut nous faire croire qu'il est un ancien militaire avec ses cheveux ras et ses rangers étincelants. J'ai vu des scouts qui avaient plus de niaque. Bob le mangerait au petit déj, puis il boufferait ses propres tripes et demanderait du rab. Ce type ferait dans son froc si je sortais l'arme que j'ai à la cheville. C'est un minuscule calibre .22 qui ressemble à un jouet, mais Hartman se liquéfierait rien qu'à sa vue.

Il y a vingt-trois rejetons propres de l'élite blanche, une Asiatique et moi, dans ce qu'Hartman appelle le « baraquement ». En fait, c'est la salle de repos réservée à la piétaille, un réduit qui sent l'humidité, avec des machines à soda et un grand frigo commun. Hartman, qui se prend pour Patton, arpente la pièce à grandes enjambées.

– Vous êtes vingt-cinq devant moi aujourd'hui – le record mondial du nombre de taches de merde côte à côte.

Il longe le mur devant lequel nous sommes alignés comme des condamnés au peloton d'exécution, inspectant les rangs.

– Je vois que ce ne sont pas les cossards blancs qui manquent dans ce pays.

Il s'arrête devant l'Asiatique.

– Vous parlez anglais ?

– Oui, dit-elle, trop effrayée pour s'offusquer du sous-entendu raciste.

– Bien. Vous êtes déjà au-dessus de la moyenne.

– Oui, monsieur.

– Taisez-vous. Ici, vous n'ouvrez la bouche que quand on vous pose une question. Sinon, vous écoutez et vous prenez des notes. Tout le monde se contrefout de votre opinion. Vous êtes des mouches sur le mur et si je vous entends bourdonner, je vous écrase avec le journal d'hier.

Il s'arrête et m'examine. Il me jauge. Je regarde droit devant moi, pas le sol comme les autres. Baisser la tête signifie qu'on feint la servilité, car ce type sait que nous sommes tous des salopards égocentriques. Je n'attire pas l'attention sur moi en faisant semblant d'avoir peur de lui, mais je ne le fixe pas dans les yeux non plus pour ne pas lui manquer de respect.

– Vous avez fait l'armée ?

– Non, monsieur.

Il a une moue de dédain. S'il a cru un instant que j'étais à part, c'est fini. Son mépris se transforme vite en royale indifférence. Dans son esprit, je suis déjà plus bas que la boulette de gomme pleine d'œufs de cafard juste derrière son talon.

– À l'issue de la sélection, trois d'entre vous resteront pour faire leur stage chez Bendini, Lambert & Locke. Les autres seront ôtés de mes chaussures par le monsieur afro-américain qui attend au coin de la rue avec sa boîte à cirage.

La poisse ! Ou Bob ignorait qu'il fallait faire le parcours du combattant pour obtenir le stage, ou, ce qui est le plus probable, il était au courant et n'a rien dit, histoire de m'apprendre à « fanfaronner ». Quoi qu'il en soit, c'est mal barré pour moi. La loi, ça me connaît, mais tous les autres sont diplômés des facs les plus prestigieuses. Ils en ont sans doute plus dans le crâne que la plupart des collaborateurs du cabinet. Quant à l'ambition, je ne t'en parle même pas. Ils vendraient leurs parents à un abattoir de zombies s'ils pensaient que ça leur vaudrait un rendez-vous avec Mark Zuckerberg.

Pendant un bref instant, j'envisage de les tuer un par un pour être sûr d'être pris. Mais, bien que RH Inc. tolère les dommages collatéraux dans les cas d'urgence, je me suis toujours efforcé de les éviter. Imagine un peu : tu es un mec peinard qui se mêle de ses affaires, se décarcasse pour payer ses factures et emmener ses gosses voir *Disney sur glace*, quand un connard dans mon genre se pointe et te colle un pruneau dans la tête. Tu trouverais ça cool ? Non, bien sûr que non. Alors je prends sur moi. Et c'est exactement ce que Bob me conseillera de faire plus tard, quand je lui signalerai en passant que le dossier ne précisait pas que j'étais censé être un personnage dans un film qui serait une version de *Sa Majesté des mouches*, revue et corrigée par les créateurs de *The Office*.

– Vous serez répartis au hasard dans différents services et vous travaillerez comme vous n'imaginiez même pas que c'était possible. Vous ne dormirez pas. Vous aurez à peine le temps de manger. Et ne soyez pas surpris si vous pissez du sang pendant une semaine après avoir avalé des litres de café infect. C'est compris, bande de larves ?

– Oui, monsieur ! rugissons-nous avec un bel ensemble.

– Bien. Maintenant au boulot, sinon je vous bouffe les couilles et je chie ce qu'il reste de votre future famille. Et si vous n'en avez pas, vous feriez mieux d'aller postuler direct chez Starbucks.

Une fois tous les bons postes distribués, j'ai droit à l'affectation « mettons le plouc au sous-sol ». Si c'était un jeu vidéo, je me retrouverais à poil au niveau 1, avec un maillet en caoutchouc pour me défendre contre des cyborgs équipés d'un arsenal exotique super high-tech. Il faut que je trouve un moyen de sortir de ce trou le plus vite possible si je veux avoir une chance de finaliser ce contrat.

Puis mon dernier voyage à bord de l'Intox Express me revient et j'ai une révélation. Autour de quelques verres du meilleur dissolvant du Kentucky, j'ai rencontré Alice, une stagiaire qui travaille au cabinet depuis près d'un an. Elle est mignonne, ambitieuse (mais pas odieuse), et, comme mon personnage, elle n'appartient pas au sérail et elle est déterminée à s'élever coûte que coûte au-dessus de la médiocrité suburbaine. Je n'ai pas pensé qu'elle pourrait m'être utile sur le moment, mais je ne suis pas en situation de faire la fine bouche, car le temps presse.

Chapitre 7
Le trente-sixième dessous

Aux archives, je compte les énormes taches de moisissure au plafond et j'attends que le poisson morde à l'appât que j'ai envoyé au bureau principal un peu plus tôt, via le service courrier. J'ai payé un type là-bas pour qu'il transmette à Alice une fausse demande de dossier. Ainsi, elle devra descendre dans mon antre. Ce qui me rappelle une des premières règles que j'ai apprises à RH.

Règle n° 3 : « Comme une lettre à la poste. »

Dans une grosse boîte, le service courrier est le centre de l'univers. Cette galère où rament des esclaves en col blanc donne accès à tous les autres départements. C'est l'œil du cyclone, le système nerveux central. Et les gens qui y travaillent sont prêts à tout pour quelques dollars.

Il m'a permis de mener à bien l'un de mes tout premiers contrats. J'avais été chargé de ce que Bob appelle une « pulvérisation ». T'inquiète, tu y auras droit toi aussi. Ce sont les missions les plus mal payées et les moins prestigieuses que Bob accepte par dizaines. Sur le long terme, ça met du beurre dans les épinards et ça lui évite de devoir nous inventer des exercices d'entraînement tous les jours.

On parle de « pulvérisation », parce que c'est comme d'essayer de tuer un cafard avec une bombe de Raid. Il s'agit en général d'individus qui vivent reclus, car ils ne peuvent pas ou ne veulent pas s'offrir une protection digne de ce nom. Donc soit on fait tout sauter (gaspillage de temps et de moyens), soit on se débrouille pour tirer une balle dans le thorax de la cible. C'est un excellent test d'aptitude. Si tu es du genre impatient, prêt à déclencher l'apocalypse pour parvenir à tes fins, tu as plus de chances d'être éliminé le premier que si tu attends que ta proie vienne grignoter ton appât.

Ma cible, que je surnommais affectueusement « Rosebud », était l'unique héritier d'un milliardaire serbe. Il vivait comme Howard Hughes au sommet d'un immeuble de bureaux de Midtown, qui semblait avoir été bâti par les légions de l'enfer. Le gratte-ciel était noir cambouis, orné de gargouilles romanes importées, et on disait qu'il était hanté par les fantômes des quelque trois cents ouvriers qui avaient été écrasés et brûlés lorsque les quinze premiers étages s'étaient effondrés pendant la construction, au début des années 1920.

Je ne suis pas toujours dans le secret concernant le « pourquoi » d'un contrat, mais Bob avait mentionné en passant que la famille du mec souhaitait se débarrasser de lui en raison de son « mode de vie répugnant ». La machine à rumeurs, communément appelée le *New York Post*, avait publié un tas d'exagérations sur son compte, entre autres qu'il était un tueur en série, un cannibale et même un vampire. À vrai dire, pour une fois, ce torchon n'était pas si loin de la vérité. Son père était un criminel de guerre serbe tristement célèbre et Rosebud était son bras droit. Ces chics types étaient des officiers de haut rang dans l'armée serbe à l'époque du génocide de 1995 et ils s'étaient débrouillés pour migrer aux États-Unis avec un pétrolier bourré de fric. Papa se voyait jouer un rôle influent au sein de la maffia russe à New York, jusqu'à ce qu'on le retrouve le visage bouffé dans une baignoire pleine de rats. On ne rigole pas avec les Russes. Mais Rosebud n'était qu'un pitoyable reclus gavé de coke et cette histoire puait la bonne vieille OPA hostile, probablement à l'initiative d'un autre membre de la famille qui voulait prendre son tour à la barre, maintenant que le patriarche mangeait les pissenlits par la racine.

Mais revenons au service courrier. À cette époque, un mec avait pété les plombs et fait un carnage dans un bureau de poste de Chelsea. Le *Post* avait titré « LETTRE MORTE » et ça m'avait inspiré. Cet antique temple de la cupidité utilisait toujours des tubes pneumatiques. Les employés glissaient les lettres – et parfois des produits de contrebande – dans des petites capsules en plastique, puis la gueule bourdonnante d'un long tuyau acrylique les aspirait et les recrachait dans un des bureaux du bâtiment. Il se trouvait que ma cible avait son tube personnel, et qu'un agent lui était spécialement affecté : un vieux flic bourru doté d'un bide énorme et d'une moustache parsemée de croûtes de soupe séchée. Ce gros lard était vraiment payé à rien foutre. Sa mission consistait à envoyer deux ou trois capsules par jour au dernier étage.

Tu te souviens que les employés de ce service ne demandent qu'à être soudoyés ? Alors j'ai graissé la patte de l'un des plus jeunes pour dissoudre une boîte de laxatifs dans la boisson préférée de mon ami Gros Lard – du chocolat chaud agrémenté d'une bonne rasade de whisky bon marché. Trois ou quatre minutes plus tard, c'était Waterloo dans ses intestins. Il a essayé de se retenir aussi longtemps que possible, mais il a fini par foncer vers la porte en hurlant pour aller rendre hommage au dieu de porcelaine le plus proche. C'est là que j'ai envoyé à Rosebud un pneumatique censé contenir son goûter – un gramme de cocaïne pure. J'avais découvert que le principal charme de Gros Lard résidait dans ses relations avec le milieu de la drogue, car le Serbe s'enfilait ses sept grammes par semaine.

Grâce à la caméra miniature dont était équipée ma capsule modifiée, je voyais Rosebud, un homme décharné avec une barbe broussailleuse, sniffer de gros rails de ce qu'il prenait pour de la poudre magique bolivienne, mais que j'avais remplacée par du A-232 sous sa forme solide, le plus puissant des gaz innervants jamais inventés. Il s'est envoyé sa came comme une étudiante américaine en goguette à Cancún et, quelques secondes plus tard, il était saisi de violentes convulsions et saignait par tous les orifices, tandis qu'il titubait entre les piles de magazines cochons et de journaux qu'il entassait depuis des années. Le lendemain, le *Post* titrait : « MORTELLE CORRESPONDANCE » et la maffia russe était incriminée.

– J'ai reçu une requête du service courrier, il me faudrait le dossier de… oh merde !

Alice se tient à l'entrée de mon cul-de-basse-fosse et me regarde comme si j'étais un insecte répugnant. Ce n'est pas l'accueil amical que j'escomptais. L'autre soir, quand elle était ma passagère de première classe à bord de l'Intox Express, elle a sans doute subi l'unique rejet de sa vie et manifestement son orgueil ne s'en est pas remis. J'ai déconné. Lorsque je lui ai résisté, j'ai surestimé l'attrait que cela aurait sur elle. Et maintenant elle est venue chasser le dahu dans mon impénétrable forêt d'archives.

– Salut, Alice.

Je lui tends une grosse pile de papiers inutiles.

– Alors c'est toi le plouc de Peoria dont tout le monde parle ?

– C'est moi.

– Toujours blanc et coincé ?

Elle est vraiment vexée. Ça signifie que je ne lui suis pas indifférent et qu'il y a encore moyen de sauver la situation.

– Je m'excuse pour ce qui s'est passé au bar. J'espère que tu ne le prends pas de manière personnelle.

– Ne sois pas trop prétentieux.

Je ris tout seul.

– Je suis sûr que tu n'as pas le cœur brisé.

– Le cœur brisé, certainement pas. Mais je te plains. Dire que tu as raté l'occasion de tester mes techniques sexuelles inhabituelles, mais irrésistibles.

– J'aurai droit à une seconde chance ?

– On verra, cow-boy.

– Le fait que je sois l'une des nouvelles larves d'Hartman ne te dégoûte pas trop ?

– J'ai peut-être envie d'inventer un concept révolutionnaire. Après la promotion canapé, la rétrogradation canapé.

– Alors tu es au bon endroit. Que penses-tu de mon bureau ? La déco a du cachet, non ? Ou peut-être devrais-je dire du « cachot ».

– Ravissant. Je ne l'ai jamais vu mettre un être vivant ici. Tu as dû lui taper dans l'œil.

– Encore une victime de mon charme ravageur.

– T'as refusé de coucher avec lui ?

Cette fois, on rit tous les deux.

– Tu devrais démissionner avant qu'il ne soit trop tard, ajoute-t-elle en souriant.

– Pourquoi ?

– Ces moisissures noires vont te refiler une tumeur au cerveau.

– Merci pour le discours de bienvenue. J'avoue que je n'avais pas osé imaginer un premier jour pareil, même dans mes rêves les plus fous.

Elle rit encore. De mieux en mieux.

– Alors, comment se présente ton fabuleux destin de collaboratrice ?

Les femmes aiment bien qu'on se rappelle ce genre de détail.

– Je ne devrais pas tarder à le savoir. D'après la rumeur, ça va se jouer entre moi et un autre stagiaire.

– Laisse-moi deviner. Un héritier de la ploutocratie blanche de la côte Est qui sort de Harvard ?

– En fait, c'est un bouffon de Yale.

– Le fils de bonne famille n'a aucune chance.

– Qu'est-ce qui te fait croire ça ?

– Tes chaussures. Tu pourrais clouer un mec sur une croix avec ça.

– Je suis contente que quelqu'un ait remarqué. Elles m'ont coûté plus d'un mois de loyer.

– Elles crient : « Embauchez-moi ou je fais un malheur. »

Toujours complimenter une femme sur ses chaussures ou son sac à main. Ça te donne un côté métrosexuel qu'elle associe à « sentimentalement disponible ». Ça signifie également que tu ne reluques pas son corps (jamais de la vie !) et que tu n'es pas aussi douteux qu'elle l'a cru lorsque tu l'as abordée. Je privilégie les chaussures, parce que beaucoup de femmes sont complexées des pieds et, si tu sembles sincère, tu marques cent points d'entrée. Alice prend une chaise pour s'asseoir un moment, c'est bon signe.

– J'étais sérieuse quand je te disais de te tirer. Tu vas choper le cancer du poumon à cause de l'amiante.

Elle retire une de ses chaussures et se masse le pied d'un air suggestif.

– Peut-être, mais j'aime autant ça qu'une carrière gangrenée par une totale insignifiance.

– Dans ce cas, il n'y a rien à faire. Tu es condamné à une longue et douloureuse agonie.

– Et à un tas de bouquins de développement personnel envoyés par des parents inquiets.

Nous rions tandis qu'elle se rechausse, prête à partir. Je dois tenter ma chance maintenant.

– Tu ne pourrais pas m'aider à remonter vers les étages supérieurs ? Là-haut, je trouverai bien quelqu'un qui acceptera de me prendre comme serf.

– Un service ? Alors qu'on se connaît à peine, dit-elle, examinant mon box totalement vierge.

– Je sais, mais entre larves, il faut se soutenir.

Elle me regarde dans les yeux et sourit. Je suis allé trop vite. Elle s'est rendu compte que je me servais d'elle. Je baisse la tête, furieux contre moi-même. Quand je la relève, je la vois qui étudie toujours mon cagibi d'un air pensif.

– Je travaille aux successions. Le pré carré de Bendini. Je suppose que je pourrais demander qu'on exhume un paquet de dossiers bidons de cet abîme de douleur.

Tiens, ça me rappelle quelque chose, me dis-je.

Elle sourit et son regard se fait plus intense. Je ne sais pas si elle veut m'embrasser ou me dévorer. Mais à ce stade, je suis prêt à tout accepter.

– Ça te donnera l'occasion de montrer ton minois dans les hautes sphères. Après, c'est à toi de te débrouiller. Qu'est-ce que t'en dis, cow-boy ?

Nous échangeons un bref regard. Je crève d'envie d'engager une petite joute verbale avec elle, mais c'est trop loin de mon rôle. Alors je ravale mon orgueil.

– Je te vouerai une reconnaissance éternelle si tu peux faire ça pour moi.

– Quand j'aurai étripé ce bouffon de Yale, tu peux m'inviter à vider des canettes et manger des ailes de poulet.

– Ça marche. Je connais un super resto.

– On peut toujours compter sur les ploucs de Peoria pour dénicher ce genre de bouge.

Sur ces mots, elle fait demi-tour et se dirige vers l'ascenseur, faisant en sorte de rester dans mon champ de vision afin que j'aie tout loisir d'admirer son cul.

Ça s'est plutôt bien passé. Non seulement je me suis élevé au-dessus de mon statut de bossu pervers au fond de son cachot, mais j'ai réussi à me débrouiller pour que notre rencontre semble le fruit du hasard, l'un des plus puissants aphrodisiaques existants. Grâce aux comédies romantiques, le concept du grand amour orchestré par les rudes mains ouvrières du destin se porte toujours bien.

Chapitre 8
Ascension

Plus tard dans l'après-midi, Alice exauce mon vœu : je suis chargé de porter une série de dossiers là-haut. Maintenant, il ne me reste qu'à faire de la lèche à quelqu'un en position de me donner du travail. Chère Alice. Je monte avec un vieux chariot rempli de dossiers nauséabonds parsemés de taches suspectes et je m'attarde aussi longtemps que possible. Quand l'occasion que j'attendais se présente enfin. Un collaborateur demande à son assistante d'aller lui chercher du café. Mais celle-ci est dans la salle de pause, en train de caqueter avec le reste de la volaille élevée en batterie. Je me glisse dans son bureau, les mains jointes, m'inclinant à peine.

– Bonjour, monsieur.

– Va te faire foutre, tocard.

– Vous désirez du café ?

– Tu m'as entendu, non ? J'aurais dû y aller moi-même au lieu d'attendre que tu rentres là avec ton immonde costume marronnasse. Merde, d'où est-ce que tu sors ce truc, d'ailleurs ? Ne réponds pas. Je ne veux pas le savoir. Va me chercher ce putain de café. Et file un coup de pied au cul de mon assistante au passage.

– Vous le prenez comment ?

– Noir. Et il a intérêt à ne pas avoir un goût de brûlé comme si on avait raclé le fond d'un crématorium.

Je sors sans rien dire. TOUJOURS leur laisser le dernier mot. Si tu ajoutes un acquiescement inutile, ils seront furieux que tu puisses imaginer pouvoir répondre autre chose que oui.

Règle n° 4 : « Apprends à faire du café. »

C'est ta tâche primordiale en tant que stagiaire. Vas-y, rigole. Mais tu peux faire des photocopies à la chaîne et courir dans tous les sens jusqu'à l'épuisement, ton chef ne le remarquera même pas. En revanche, si tu lui prépares un café comme il n'en a jamais bu, il ne se souviendra peut-être pas de ton nom, mais il se débrouillera pour que tu sois tous les matins dans son bureau. Et c'est comme ça que tu finiras par avoir accès à ta cible. J'ai exécuté 44 % de mes contrats comme ça. C'est facile, ça te permet d'approcher l'homme à abattre, et tu peux même t'en servir pour le tuer. L'occasion se présente plus souvent que tu ne l'imagines. Les secrétaires DÉTESTENT faire le café, bien que ce soit leur job. Simplement parce qu'elles travaillent toutes là en attendant de devenir actrice/chanteuse/star du porno/bête curieuse de la télé-réalité : cochez la bonne réponse. C'est toujours la même histoire, il n'y a que le boulot alimentaire qui change.

Exemple. Mission n° 20. J'étais employé auprès d'un cadre supérieur dans une société qui concevait des logiciels pour les satellites militaires. Il était en haut d'un gratte-ciel de quatre-vingt-dix étages hyper sécurisé. Tous les scénarios que j'avais imaginés tombaient à l'eau les uns après les autres. Ce connard allait même à la salle de sport avec des gardes du corps armés. Mais un beau matin, je l'ai vu planté dans une longue file devant Starbucks avec ses gorilles. Je m'approche pour lui parler. Aussitôt, l'un d'eux me saute dessus et manque de m'expédier sur la voie de bus. Je lui montre ma clé magnétique et je dis à la cible d'aller à son bureau, que je m'en occupe et que de toute manière il ne devrait pas boire la pisse d'âne de Starbucks. Les gorilles se gondolent. Mon type se détend. Le courant est passé. Étant donné qu'il était pour ainsi dire inapprochable, j'ai sorti la grosse artillerie – façon de parler. Je lui ai porté une tasse d'El Injerto de l'Huehuetenango, au Guatemela – trois cents euros le kilo, introuvable aux États-Unis. Je me suis chargé moi-même de la mouture (j'ai toujours dans mon box une mallette qui contient mon nécessaire à café). À servir avec du lait français non pasteurisé et des morceaux de sucre de canne brut. Le gars m'a regardé comme s'il voulait m'embrasser ou être mon compagnon de couchette dans une prison turque.

Je lui ai apporté une tasse de café tous les matins pendant trois semaines et il m'attendait comme le Messie. Au bout d'un moment, il en a eu marre de devoir venir me chercher à la porte. C'est comme ça que j'ai eu mon laissez-passer pour le quatre-vingt-sixième étage. La confiance et l'accès. Est-ce que tu as une idée du nombre de gens qui rêvaient de soumettre ce type à la question rien que pour mettre la main sur son BlackBerry ? Mais il a filé les clés du royaume à un stagiaire dont il ne se rappelait jamais le nom. Et le quatre-vingt-sixième étage, ça ne te rappelle rien ? C'est au quatre-vingt-sixième étage de l'Empire State Building que se trouve l'observatoire, un des sites préférés des candidats au suicide.

Trois jours plus tard, je lui concoctais un nectar de mon cru. Une pincée de nitrite d'isopropyle dans le breuvage et sur les morceaux de sucre un catalyseur dont je préfère taire le nom. Tu ne crois quand même pas que je vais te filer tous mes secrets, petit scarabée. Donc, comme tous les matins, je lui ai porté son café. Il l'a sucré et, pendant qu'il mélangeait, j'ai passé mon poncho en Kevlar et je me suis planqué derrière la porte anti-incendie dans le couloir. Je n'ai pas vu sa tête quand le breuvage s'est solidifié, libérant de l'hydrogène gazeux super concentré qui a provoqué une explosion assez violente pour les renvoyer au temps du disco, lui et son bureau, mais je pense qu'il avait l'air surpris. J'aurais bien fait une blague sur mon café qui tue, hélas ! comme tu as pu le constater, Bob n'apprécie pas mon sens de l'humour.

Tu te demandes peut-être pourquoi je l'ai fait sauter ? Pas très subtil comme méthode, je te l'accorde. Mais c'est avant tout une question de profil. Ce type était un marchand d'armes et ses ennemis avaient un faible pour les bombes, et plus particulièrement pour les mécanismes détonants inédits. Le FBI a cru qu'on avait placé un explosif hyper sophistiqué, digne de la fortune et de l'expertise des suspects. La balistique ne risquait pas de retrouver des fragments de ma tasse – un polymère qui, une fois brûlé, aurait pu être n'importe quel objet en plastique fondu comme on en trouve des tonnes sur un site ravagé par un incendie. Je leur avais laissé une scène de crime conçue pour orienter les recherches vers un type de coupable très spécifique.

Mais revenons à l'explosion. Elle avait épargné ses gardes du corps qui m'ont donné du fil à retordre. Quelques secondes plus tard, ils déboulaient dans le couloir, titubant, les oreilles en sang, et tiraient sur moi avec deux mitraillettes TEC-9. Le poncho en Kevlar m'a sauvé la vie, mais j'avais l'impression d'être dans un sac de linge sale et de me faire tabasser à coups de marteau par une bande d'orangs-outangs déchaînés. Ils ont vidé leurs armes sur moi et je me suis fracassé contre la paroi en verre de soixante millimètres d'épaisseur d'une salle de conférences. Je n'oublierai jamais l'expression de ces pauvres débiles qui se sont tous planqués sous la table lorsque j'ai sorti une grenade incapacitante de ma poche et que je l'ai lancée dans la pièce. Ce n'est pas un engin conçu pour tuer. Il émet une lumière très vive et un bruit violent pour étourdir tout le monde dans un rayon de trois mètres. Je me suis précipité dans le couloir avant qu'elle n'explose. Réunion ajournée.

Si j'ai dû faire tout ce cirque, c'est que personne ne devait savoir que j'étais là. Les instructions de Bob étaient claires : la cible devait être éliminée de manière que l'identité du coupable reste l'objet de spéculations. Je ne pouvais donc pas me retrouver dans une fusillade avec les gardes qui étaient en train de recharger. Je devais les arrêter avant qu'ils soient prêts à tirer, alors j'ai sorti le Serpent. Une arme de mon invention : un genre de pistolet à impulsion électrique mais, au lieu des électrodes reliées à des filins pour envoyer une puissante décharge, j'ai placé des dards acérés au bout de minces tubes chirurgicaux, qui me permettent d'injecter à mes patients drogues, poisons et autres liquides toxiques. Je peux utiliser toutes sortes de cocktails exotiques indécelables avec ce joujou. Il faut simplement être assez près. Mais dans la mesure où ils se trouvaient à quatre ou cinq mètres...

Je prends mon élan. Le premier lâche son TEC-9 et sort le Beretta qu'il porte à la taille. Réflexe débile. Le temps qu'il dégaine, je suis sur lui et je lui balance dans la poitrine la pointe – marron, cela va de soi – de mon 46 fillette. Il tombe et je vise l'aisselle avec le Serpent. NB : oublie le cou, Dexter ! Le médecin légiste repérera la piqûre à deux kilomètres. TOUJOURS choisir un point d'injection poilu. On pourrait y planter une aiguille à tricoter sans risque : les drones qui enchaînent les autopsies ne s'aventurent jamais dans ces régions broussailleuses pour chercher des indices. Mais peu importe, il est dans les vapes avant d'être à terre. Entretemps, son copain a rechargé et il pointe sa mitraillette, prêt à m'emporter la tronche. Je prends le corps du premier et lui jette dessus, façon développé couché, au moment précis où il appuie sur la détente. Le canon s'enfonce dans le cul du mec, l'arme s'enraye et le TEC-9 lui explose à la figure.

À présent, il faut que je fasse le ménage, sachant que j'ai environ trente secondes avant l'arrivée des pompiers. J'empaquette les deux mitraillettes dans mon poncho et retire les éclats du visage des gardes. Puis je les traîne jusqu'au bureau en feu afin que mon scénario reste crédible. C'est la galère de ramasser les douilles, mais je les récupère toutes, je me précipite dans la cage d'escalier et je saute par-dessus la rampe pour atterrir directement à l'étage du dessous, à l'instant où les pompiers débarquent au pas de charge.

Oui, ça fait beaucoup de travail une fois la cible exécutée mais, à RH, pas question de tirer dans le tas et de laisser nos armes derrière nous. Ne te fie pas à ce qu'on voit dans certains navets sur notre métier. Il faut de la subtilité et de la maîtrise. Le lendemain, le *New York Times* annonçait une attaque terroriste. À ce moment-là, tu peux considérer ta mission accomplie: quand un grand quotidien national imprime l'épitaphe du mec que tu as éliminé en première page et jette du charbon dans les formidables chaudières de l'Intox Express.

Retour à Bendini, Lambert & Locke et à ce connard d'avocat. Je ne peux pas lui préparer mon divin breuvage, parce que, avec la guérilla qui sévit dans la région, on ne trouve plus d'El Injerto. Certes, on peut en acheter au marché noir, mais le prix grimpe jusqu'à trois mille euros le kilo et, ce genre de délire, c'est bon pour les rappeurs qui s'imaginent que c'est trop la classe de manger de la baleine de contrebande dans un resto japonais. En revanche, j'ai en réserve cinq cents grammes de Diablo Gold Coast colombien – Jacques Vabre peut aller se rhabiller. Il est délicieux et il coûte deux fois rien. Quarante-quatre dollars le kilo. D'accord, je sais, Starbucks vend une cochonnerie « commerce équitable » à seize dollars, mais autant mettre quelques moustaches de clodos dans la machine à café et ça aura à peu près le même goût.

Je mouds donc une bonne dose de Diablo et je verse de l'eau minérale Fiji bouillante dans une cafetière à piston. Le breuvage est noir comme de l'encre, gras et il suffit de le sentir pour voir apparaître devant ses yeux les vainqueurs de la guerre hispano-américaine. Je le porte au bureau du connard qui trempe ses lèvres dedans et hausse les sourcils. Il y en a qui prétendent aimer le café noir parce qu'ils croient que c'est viril, comme d'autres affirment qu'ils apprécient les cigares alors que ça a un goût de crotte roulée dans du papier, quel que soit le prix qu'on y met. Mais j'ai affaire à un véritable amateur. Tant mieux. Sinon, il serait peut-être en train de cracher du sang. Il en prend une autre gorgée comme un lion suçant la moelle d'une gazelle encore frémissante.

– Dis donc, stagiaire de mes deux...

– Oui, monsieur ?

– Si tu n'es pas à mon bureau à 7 heures tous les matins avec un café comme celui-ci, je veillerai personnellement à ce que le seul emploi que tu obtiennes jamais soit de ramasser la merde des singes au zoo de Brooklyn. Est-ce que c'est bien clair ?

– Oui, monsieur.

– Comment est-ce que tu t'appelles ?

– John.

– À demain, James.

Dans l'après-midi, la secrétaire qui m'a accueilli le premier jour vient m'annoncer que je change de service. Comme par hasard, c'est celui du connard : les successions. Quand je lui demande si ça signifie que je peux déménager mes affaires de mon cachot, elle me rit au nez et me conseille de ne pas trop rêver.

Si tu t'es déjà demandé pourquoi la mort était si compliquée – pas pour le défunt, mais pour la famille –, c'est parce que les cabinets d'avocats adorent faire payer le prix fort quand il s'agit de s'occuper d'un héritage ; en revanche, ils détestent faire le travail. Ils savent que le cher disparu ne risque pas de revenir les emmerder, et les proches éplorés non plus. Alors ils ne se gênent pas. J'étais censé mettre à jour autant de testaments et de contrats que possible, en me basant sur des brassées d'addenda légaux qu'une secrétaire avait pris la peine de taper après les rendez-vous avec les clients, et qu'on avait laissés moisir dans un coin par la suite. Tu ne peux pas savoir le nombre de bénéficiaires qui étaient déjà décédés. Tu imagines le bordel à l'ouverture du testament ? Désolé, les gars, mais votre poule aux œufs d'or s'est fait plumer.

Je réunis un bon paquet de dossiers et je les sors discrètement par une porte de service dans un chariot à linge. Je vais les rapporter à RH Inc. Pour ce genre de truc, Bob est génial. Il a une équipe bourrée d'amphés qui m'attend et qui va travailler vingt-quatre heures sur vingt-quatre pour mettre à jour ces documents. Quand il s'agit de fournir des informations, il n'assure pas toujours – par choix, ne l'oublie pas – mais, en ce qui concerne l'aide sur le terrain, tu peux lui faire confiance. Et vu la masse de paperasse qu'il y a au cabinet, je vais avoir grandement besoin de soutien.

Inutile de préciser que, quand je débarque trente-six heures plus tard avec mes quelque deux cents dossiers nickel, Hartman et le connard sont carrément impressionnés. En temps normal, j'évite, parce que ce n'est pas le meilleur moyen pour passer inaperçu, mais ce contrat et sans doute ma vie dépendent de ma capacité à terminer dans le trio de tête. Des centaines d'affaires en souffrance qui prenaient la poussière et les ailes de blatte sont désormais en ordre, et les associés peuvent facturer le travail aux clients. Je leur rapporte du fric, à présent, et à un tarif plancher de sept cent cinquante dollars de l'heure, ça fait une coquette somme.

Chapitre 9
Les clés du royaume

Je suis assis dans mon box à admirer le travail réalisé par Bob et son équipe de cracks, quand Bendini en personne se pointe avec le connard. Bien sûr, celui-ci joue l'avocat sympa devant son patron. Mais Bendini l'ignore et pose une main amicale sur mon épaule. Il a la soixantaine et ressemble à l'idée que je me fais de Geppetto. Il a l'air en forme, même si sa peau affiche pas mal de kilomètres au compteur. Il arbore une grosse moustache à l'ancienne qui aurait besoin d'un petit toilettage. Ses yeux bleus sont d'une douceur choquante et j'ai un coup de cafard soudain à la pensée que je n'ai jamais eu de vrai grand-père. Car c'est ainsi qu'il me regarde, comme un grand-père bienveillant. Il me tend la main. Je me lève.

– Comment vous appelez-vous, jeune homme ?

– John.

– Comme mon fils.

Merde, il risque de s'en souvenir !

On entendrait presque le connard lever les yeux au ciel.

– John, j'ai du mal à croire que vous soyez un simple stagiaire.

Re-merde. Je ne m'inquiète pas, je sais qu'il ignore la véritable raison de ma présence dans la boîte, mais il me complimente comme s'il pensait avoir découvert un génie qui s'ignore.

– Je suis très heureux de travailler ici.

– Et nous sommes très heureux de votre travail. Nous avons eu des rentrées à sept chiffres depuis votre arrivée dans le service.

Ces gens aiment plus le fric que leurs propres enfants.

– Mon père était dans les successions, lui aussi.

– Ce devait être quelqu'un avec qui il fallait compter dans votre... ville natale.

Il dit cela avec juste ce qu'il fallait de snobisme condescendant. Bien que je ne sois pas de la ville à laquelle il pense, j'ai un mouvement d'humeur. Puis je me congratule de m'être si bien approprié mon personnage.

– Je vous remercie.

– Je suis venu vous féliciter : un des trois postes de stagiaires vous est d'ores et déjà réservé.

Gagné. Il reste trois jours avant l'annonce officielle, mais c'est dans la poche. Et tant pis pour la discrétion. C'est mon dernier contrat. Ils ne me reverront jamais. Je suis tenté de profiter de cette mission pour m'amuser un peu, même si je sais que je ne le devrais pas. Tuer un autre être humain et s'amuser sont deux choses incompatibles. C'est comme ça. Si je te le dis, c'est que je ne veux pas que tu fasses le mariole. Ton ego est ton pire ennemi. Tes supérieurs le feront enfler quand ils seront impressionnés par ton travail. Mais tu dois garder la tête froide ou ça risque d'obscurcir ton jugement.

– Merci, monsieur, c'est un honneur pour moi.

– Un homme de peu de mots. Bien.

Je souris. Ce serait idiot de parler après ça.

– À bientôt.

Ils s'éloignent, le connard jappant dans l'oreille de Bendini comme un toutou agaçant. Bendini se retourne vers moi. On dirait qu'il a découvert un diamant à l'état brut.

Chapitre 10

Sexe et autres complications

Alors que je viens de rendre mon quatre centième dossier mis à jour, Alice entre dans mon box. Elle s'assied sur mon petit bureau, ce qui améliore aussitôt grandement mon environnement de travail.

– Ma foi, c'est un mieux indéniable par rapport à ton affectation précédente.

– Je te cherchais.

– Ah oui ?

– Oui. Je crois que je te dois des bières et des ailes de poulet.

Elle vient d'obtenir le poste de collaboratrice, devant le bouffon de Yale.

– Carrément ! Mais on aura tout le temps pour ça puisque désormais nous allons travailler ensemble.

– Pardon ?

– Eh oui. La quantité de boulot que tu as abattu et l'argent que tu as fait rentrer en ont surpris plus d'un ici.

– Et tu es là pour m'empêcher de tout foutre en l'air.

– Non, je suis là pour t'aider à en gagner encore plus. La cupidité est une maîtresse insatiable. J'ai travaillé auprès de Bendini pendant la majeure partie de mon stage et il pense que nous allons faire une équipe formidable.

– Sérieux ?

– Tu continueras à trimer avec la plèbe, bien sûr, alors que je jouirai d'un des coquets bureaux attribués aux jeunes collaborateurs. Je serai plus ou moins ta chef et tu seras plus ou moins mon esclave.

– Je ne l'imaginais pas autrement.

– Bonne réponse.

Cela s'annonce mieux que prévu.

Nous sortons une nouvelle pile de dossiers et nous nous mettons au travail. Je n'en reviens pas. J'ai besoin d'informations et d'un laissez-passer, et Alice va me procurer tout ça. C'est la chouchoute de Bendini et je peux me servir d'elle pour me rapprocher de lui. Ce qui me permettra d'observer de plus près les autres associés. Le seul hic, c'est que c'est elle qui m'hypnotise. C'est un terrain dangereux. Alice est mignonne, mais le problème n'est pas là. La sexualité brute suinte par toutes les fissures de sa façade conventionnelle comme une essence exotique. Sans compter qu'elle est intelligente, intéressante et qu'elle a ce genre d'humour noir que j'adore. Il va falloir que je me tienne à carreau. Se taper une collègue, c'est un truc à devenir un des sujets de conversation favoris à la pause-café. Soudain, tu as l'impression de participer à une émission de téléréalité où tout le monde ragote sur tes histoires de fesses.

Règle n° 5 : « Nc jamais mélanger le cul et le boulot. »

Bob a un dicton au sujet de ce genre d'aventures. « Si tu t'envoies en l'air avec quelqu'un du bureau, autant l'envoyer au ciel. » Je n'ai aucune preuve, néanmoins je suis certain que Bob a liquidé une fille que je fréquentais pendant ma dix-septième mission. Eva. Elle n'avait rien à voir avec mon contrat. Elle était employée dans la même boîte, mais vingt-huit étages au-dessus du mien. Et nous ne nous croisions jamais au boulot, donc notre petite idylle n'avait rien d'un grave manquement aux règles de sécurité. Je la retrouvais dans un coffee-shop au bout de la rue – une perle rare qui servait du vrai café turc. Ce n'est qu'après notre deuxième rendez-vous que je me suis rendu compte que nous étions collègues. Et Bob l'a appris parce que sa mission dans cette vie, c'est de se pendre à tes basques et de surveiller le moindre de tes mouvements pour « réduire au maximum l'erreur humaine », comme il le dit si bien. En fait, je pense que c'est surtout un moyen de vivre par procuration, vu qu'il a vendu sa jeunesse à un vieux militaire qui mâchouillait son cigare au camp d'entraînement des marines, à Parris Island.

En résumé, tu n'as pas le droit d'être humain, puisque Bob ne l'a jamais été. Et gérer le besoin qu'il a de fourrer son nez partout est sans doute le plus pénible dans l'histoire. J'aimerais encore mieux devoir échapper à une embuscade dans un sous-sol noir comme un four qui n'a qu'une sortie, avec un fusil à plombs pour toute arme. Je me souviens de la discussion que nous avions eue au sujet d'Eva. Il avait peur qu'elle me « distraie ». Je lui ai rappelé les seize contrats précédents que j'avais exécutés sans commettre le moindre faux pas. Il m'a dit que j'avais les chevilles qui enflaient. Je lui ai signalé que j'avais 20 ans et que j'avais besoin de câliner autre chose que mon AR-15, la nuit. Il a répliqué que je n'avais qu'à aller voir une professionnelle, comme tout le monde, et il m'a tendu un morceau de papier avec un numéro de téléphone.

Nous n'avons jamais plus abordé le sujet. Il ne m'avait pas ordonné de cesser de la fréquenter, alors j'ai eu la stupidité d'ignorer son conseil, qui était en fait un avertissement – mais ça, je ne m'en suis rendu compte qu'après. Deux semaines plus tard, ma mission terminée, j'ai essayé d'appeler Eva plusieurs fois. Finalement, je suis passé chez elle. L'odeur m'a saisi en arrivant devant son appartement. Douceâtre et écœurante. Une mouche – une de ces énormes mouches bleues qui feraient des centaines de kilomètres à la perspective de se repaître de chair en décomposition – a bourdonné paresseusement à côté de mon oreille avant de descendre en piqué pour se glisser sous la porte.

Je suis resté là un moment avant d'entrer, imaginant à quoi Eva devait ressembler à l'intérieur, le corps gonflé, le visage tordu par la douleur et la terreur. Et j'ai sérieusement songé à tuer Bob. Mais quand je suis sorti dans la rue, je me suis senti entouré de gratte-ciel menaçants qui se moquaient de moi du haut de leur toute-puissance, me rappelant qu'ils pouvaient m'écraser comme une fourmi. À cet instant, je me suis rendu compte que j'étais insignifiant et vulnérable, sans aucun recours. Je ne tuerais jamais Bob, cependant il avait la possibilité de m'effacer de la surface de la terre, avec le semblant d'identité que je m'étais bâti au fil des ans.

Alors j'ai appelé le numéro sur le bout de papier.

Je sais ce que tu penses. Baiser avec une pute, c'est vraiment pitoyable, un aveu sans fard que tu n'as plus ce qu'il faut pour attirer même la plus désespérée de tes semblables. Et tu as en partie raison, mais c'est plus compliqué que cela. En fait, quand ton monde n'est qu'une fabrication et que tu mens à tous ceux que tu rencontres, baiser avec quelqu'un qui n'a pas de sentiments en dessous de la ceinture, c'est comme de se prendre un grand coup de pied dans les couilles. Au moins, avec une personne sincère, tu peux imaginer que tu es capable d'aimer quelqu'un ou d'être aimé. Sinon, après, tu te sens vide comme un poisson éviscéré. Dès que j'ai compris ça, j'ai brûlé le morceau de papier.

La vérité, c'est que je suis un tueur. Ce que je fais est mal. Et je suis impardonnable d'avoir entraîné quelqu'un dans ma mascarade démente. Si je pouvais m'excuser auprès d'Eva, je le ferais. Je peux accuser Bob tant que je veux, mais je sais que c'est moi qui suis responsable de sa mort.

Règle n° 6 : « Ne te raconte pas d'histoires. »

Au cinéma, on voit toujours des tueurs professionnels qui affirment que leurs victimes ont mérité ce qui leur arrive. C'est pour que le spectateur puisse s'identifier aux gens comme nous, éprouver de l'empathie. Dans *Tueurs à gages*, John Cusack dit même carrément à Minnie Driver : « Si j'arrive à ta porte, tu as fait quelque chose qui m'aura amené là, y a des chances. »

C'est parfois vrai, ça l'est même souvent. Il n'y a qu'à penser à l'associé véreux que j'essaie d'identifier chez Bendini,

Lambert & Locke. Il vend les noms de gens qui, pour une raison ou une autre, aident la police à mettre sous les verrous des individus encore plus dangereux que moi – des criminels qui érodent réellement les fondations de la société et détruisent toute forme d'innocence. Ce salopard l'a bien mérité, c'est clair. Sauf que le Seigneur Tout-Puissant ne va pas le foudroyer. Contrairement à Job – qui lui n'avait rien fait de mal –, il ne sera jamais attaqué par une nuée de sauterelles carnivores dans Central Park South. Je lui ôterai la vie d'une manière probablement violente, qui me bousillera un peu plus ainsi que ceux qui devront nettoyer derrière. Il n'y a là rien de positif, ni de noble ni même de cool. Nous ne sommes pas des antihéros qui cachons un cœur tendre sous notre rude carapace. Et personne ne peut s'identifier à nous ni éprouver de la compassion.

Alors ne te raconte pas d'histoires. Si tu fais ce boulot, tu ne dois pas essayer de te justifier. Tu es le méchant et il faut l'accepter. C'est ton rôle. Sans toi, il n'y a pas de référence pour juger les gentils. Nous sommes le yin. Les civils sont le yang. Si tu réussis à préserver la pureté de ton personnage, à ne pas l'édulcorer, tu survivras peut-être jusqu'à l'âge canonique de 25 ans et tu pourras prendre ta retraite. Mais si ça peut t'éviter une balle, ça ne sauvera pas ton âme. Seule la foudre en est capable.

Je passe le week-end suivant à travailler avec Alice et à essayer de lui soutirer des informations. Si elle n'est pas avare quand il s'agit des commérages de bureau, elle devient, en revanche, étrangement prudente dès qu'il est question des affaires du cabinet. Je suis persuadé que c'est parce qu'elle me perçoit comme un rival potentiel et qu'elle veut protéger son poste de collaboratrice tout neuf. Je décide donc d'aborder le problème par l'angle ragots et de la convaincre que ça m'intéresse, afin qu'elle partage ses secrets avec moi.

Comme elle essaie avec persistance de me fréquenter en dehors du travail, j'accepte de prendre un verre avec elle pour voir s'il y a quelque chose à gagner de ce côté. Si je me débrouille bien, je l'amènerai peut-être à s'ouvrir un peu plus et à m'inviter chez elle, où il me sera facile d'accéder à son ordinateur portable. Mais, après la malheureuse issue de mon histoire avec Eva, je préfère en parler à Bob d'abord.

– Fais ce qui est nécessaire, me répond-il avec impatience. Les fédéraux ont encore perdu trois témoins la semaine dernière.

– Ne me dis pas que ce sont eux les clients, Bob ?

– Tu sais que je ne parle pas de ça avec mes agents. J'ajouterai seulement que ce client est très pressé. D'où mon désir d'accélérer le mouvement.

– Bien sûr.

– Travaille la fille. C'est une piste qui semble prometteuse.

– Quand tu dis : « Travaille la fille »...

– Je veux dire : « Fais TOUT ce qui est nécessaire, John ». Elle veut aller boire un verre ? Va boire un verre. Et si elle veut que tu la sautes, fais-le assez bien pour qu'elle ait envie de recommencer.

– Mais tu dis toujours que...

– Tu ne m'as peut-être pas bien entendu ? Tout ce qui est nécessaire. C'est clair ?

– Oui, Bob.

– Et mets-la sous surveillance. Je ne devrais pas avoir besoin de le rappeler à ce stade de ta carrière.

– Bien reçu.

Le vendredi matin, je tombe sur Alice et lui propose d'aller prendre un verre. Son enthousiasme est communicatif, mais je sais que je dois faire attention. Il arrive qu'on se découvre des affinités avec une personne qu'on est censé utiliser. C'est naturel. Mais il ne faut pas perdre de vue que les affaires sont les affaires, et que les sentiments n'ont aucune place dans notre secteur d'activité.

Chapitre 11

M. Pisse-froid est un salaud

Après le travail, je retrouve Alice devant un bar de l'East Village. Je suppose qu'elle a choisi un bar branché parce qu'il y a peu de chances qu'on tombe sur quelqu'un du cabinet. C'est un de ces lieux en sous-sol qui se donnent des airs clandestins et où on a toujours l'impression qu'il est 3 heures du matin. Tandis que je l'attends parmi des coursiers tatoués et des *webmasters* qui parlent agriculture durable et sexe tantrique, je me dis qu'Alice est une femme aux goûts éclectiques. En d'autres circonstances, je trouverais cela excitant, mais je me méfie de son côté imprévisible et je m'apprête à aborder cette soirée comme un charmeur de serpents qui soulève le couvercle de son panier. Je la laisserai mener la danse. Et même si Bob m'a donné l'autorisation de tirer un coup pour RH, ce sera une solution de dernier recours. Je ne tiens pas à ce que des distractions, si plaisantes soient-elles, me détournent de mon objectif. Pour contrebalancer les effets de l'alcool, je suis chargé comme une mule de stimulants chimiques. Ça me permettra de garder la tête claire – si je ne finis pas terrassé par une rupture d'anévrisme.

L'arrivée d'Alice éclaircit deux ou trois points. *Primo*, je l'intéresse vraiment, car elle est vêtue d'une robe moulante qu'elle ne porterait jamais devant Bendini. *Secundo*, elle doit habiter dans le coin sinon elle n'aurait pas eu le temps de rentrer se changer. Et *tertio*, étant donné le long hochement de tête qu'elle échange avec le barman, ce n'est pas la première fois qu'elle met les pieds dans ce débit de boissons. Donc, ce soir, je passe à la casserole. Son sex-appeal habituel est passé du niveau « feu sous la braise » à « brasier d'enfer ».

– Prenons deux shots.

C'est la première chose qu'elle dit en s'asseyant.

– Ça me fait plaisir de te voir, moi aussi.

Je connais ce regard. Les yeux plissés du tireur. Elle a déjà prévu la suite. J'ai remarqué que l'attitude des femmes change du tout au tout à partir du moment où elles ont décidé qu'elles voulaient coucher avec quelqu'un. Comme si elles s'autorisaient à se lâcher et à se révéler un peu – au risque de déstabiliser leurs partenaires masculins –, parce qu'elles savent qu'ils tremblent et bavent dès qu'ils reniflent un plan cul potentiel, et qu'ils auront tout oublié à peine déshabillés. Mais bien qu'elle affiche une attitude bravache de mec qui sent qu'il est sur le point de tirer un coup, son désir de boire trahit sa vulnérabilité. Elle a besoin de courage liquide. Et j'avais raison d'être inquiet. Car ça signifie qu'elle a des sentiments pour moi. Sinon, nous serions déjà chez elle.

– On devrait peut-être commencer par une bière ?

Appelez-moi tue-la-joie.

– S'il vous plaît !

Elle ignore avec superbe ma pitoyable tentative de résistance. Un serveur indolent s'approche.

– Vous avez de la Don Julio Añejo ?

Elle m'adresse un petit sourire.

– S'il vous plaît, deux shots et deux bières pour faire plaisir à M. Pisse-froid.

– OK.

Il repart d'un pas traînant. Au moins, j'ai sa nonchalance pour moi.

Je hausse les sourcils.

– Tequila ?

– Le scotch mexicain.

– Ça ne peut pas être pire que le schnaps.

– Sûrement pas. Tu serais fâché si je buvais du schnaps, répond-elle d'un ton solennel.

– Pourquoi ?

– Parce que je ne peux pas garder mes vêtements sur moi.

– Garçon !

Nous éclatons de rire. Et je me dis que plus vite elle sera saoule, plus vite je pourrai fouiner dans son appartement pendant qu'elle cuvera.

– Tu es marrant. Mais je ne plaisantais pas. Je serais capable de faire un strip-tease sur le bar.

Le serveur revient, l'air excédé.

– Oui ?

– Deux schnaps.

– Alors on annule la tequila ? demande-t-il d'une voix atone.

– Jamais de la vie. On boira les deux.

Il a un sourire sarcastique et s'éloigne.

– Il nous prend pour des touristes, dis-je, amusé.

– En gros, tu dis que tu veux me voir nue, ronronne-t-elle.

– Non, je veux te voir faire un strip-tease sur le bar. Le filmer et le balancer sur YouTube. Et obtenir un contrat pour faire un long métrage. C'est tout ce dont on a besoin de nos jours.

– Avec ce que je porte sous cette robe, tu peux être sûr qu'il sera vu un million de fois dès la première heure.

– Maintenant, je ne pense qu'à ça.

– Pourquoi tu crois que je l'ai dit, gros malin ?

Elle met du rouge à lèvres. Décidément, elle n'a pas froid aux yeux.

Un ange passe. Heureusement, le serveur réapparaît plus vite que prévu. Il pose en silence les shots et les bières, puis repart, toujours aussi énergique.

Elle lève ses deux petits verres d'alcool.

– Aux stagiaires !

– Pas question.

– D'accord, à la réalisation de ton souhait de me voir nue.

– Tu veux ma mort ?

Nous buvons. Elle avale ses deux shots en même temps. Tequila ET schnaps. Immonde.

– Encore bravo pour ta promotion. Comment le bouffon de Yale a pris la chose ?

– Il était ivre mort dans sa Jaguar. Effondré.

– Il n'a sans doute jamais échoué de sa vie.

– Je suis sûre que le fait que je sois une fille n'arrange rien. Son papa va lui donner cinquante coups avec la batte de base-ball qu'il avait gagnée du temps où lui-même était à Yale.

– Papa est un important P-DG de la bonne ville de Rye. C'est très gênant.

– La nouvelle sera bientôt sur toutes les lèvres gonflées de collagène de toutes les vieilles peaux liftées de la ville.

– Je suis fier de toi, Alice. Tu l'as mérité.

– Merci, mon brave. Vous ne vous en êtes pas trop mal sorti non plus. Tu as dégommé toutes les autres larves, un vrai tueur professionnel.

Je ris, surtout quand je pense que j'ai sérieusement envisagé de les liquider pour obtenir le stage.

– Ils ne savent pas travailler. Ils s'imaginent que ça va leur tomber tout cuit dans la bouche, comme le reste. L'argent et les privilèges leur ont ôté toute combativité. Ça les a rendus passifs.

Je crache, car je me rends compte que le simple fait de penser à ces branleurs me file un sale goût dans la bouche.

– Continue, tu as l'air bien parti.

– Ils sont comme des lions. Superbes. Ils reçoivent les meilleurs morceaux, mais ils tuent rarement eux-mêmes. C'est les lionnes qui s'en chargent.

– Ah ! C'est toujours les hommes qui récoltent les lauriers pendant que les femmes se tapent le boulot. Même dans la jungle. Quel monde !

– Pas moi. Je suis un chacal. Je me bats pour chaque lambeau de viande comme si c'était le dernier.

– Si je t'embrassais, là, est-ce que ta bouche aurait le goût du sang ?

– Alice. Nous travaillons ensemble. Est-ce que personne ne t'a jamais dit qu'il ne fallait pas mélanger les affaires et...

Elle m'embrasse. Elle a un goût de sucre et de sexe. Je suis foutu.

– J'habite à côté, fait-elle d'une voix rauque.

– Je m'en serais douté.

– J'ai une console de jeux.

– Irrésistible.

– Et des chats.

– Arrête, ça devient insoutenable.

J'accepte d'aller chez elle. Elle a l'air ravie, mais elle commande une autre tournée de remontants pour faire bonne mesure. Une boisson forte ne me ferait pas de mal non plus. Dans ma tête, c'est une course-poursuite effrénée entre la tequila et le speed, genre Tom et Jerry. Alors on boit encore un coup. Et les préliminaires verbaux coulent comme un bon vin, capiteux et grisant. Quand nous sommes prêts à partir, mes bras sont marqués de petits croissants rouges, là où elle a enfoncé ses ongles dans ma peau chaque fois qu'elle voulait insister sur un point et, me semble-t-il, prolonger le moment.

Je sais ce que tu penses. L'idée de James Bond séduisant Pussy Galore pour lui soutirer des informations, c'est à peu près aussi réaliste que le nom Pussy Galore lui-même – tu imagines une fille qui s'appellerait « Chatte à gogo » ? *A priori*, une femme te mentira plus facilement si elle a des vues sur toi – que ce soit comme petit copain, comme mari, ou qu'elle en veuille à ton portefeuille. En plus, le taf est bien la dernière des choses dont elle a envie de parler quand elle baigne dans la douce lumière caramel des orgasmes multiples.

– Pour toi aussi, c'était bon ? Allume-moi une cigarette, mon chou. Oh, au fait, simple curiosité, mais c'est quoi le code de lancement des missiles russes ?

Rassure-toi, je n'ai pas l'intention de la cuisiner. Je compte sur son ordinateur portable pour me révéler tout ce que je souhaite savoir.

Quand elle se jette sur moi à peine la porte refermée, ma résolution que je croyais inébranlable commence déjà à fondre. Après quelques minutes de spéléologie buccale et de pelotage intensif, je suis sauvé par le gong lorsqu'elle m'annonce qu'elle doit aller à la salle de bains – va savoir ce qu'ont les femmes à toujours vouloir aller à la salle de bains avant de baiser. Tu connais la chanson de Robert Johnson, « Crossroad Blues » ? Eh bien, comme lui, je me tiens à présent à un carrefour avec le diable d'un côté et la désolation de l'autre. Non seulement j'ai envie de conclure avec Alice, mais je sens qu'une part de moi en a besoin. C'est une rare occasion de mêler le plaisir et les affaires et de faire comme si ça n'allait pas à l'encontre de tout ce que j'avais appris. Pendant un quart de seconde, je décide de céder au côté obscur de la force. Puis le bruit de l'eau qui coule me rappelle que je ne cessais pas de me laver les mains après mon premier meurtre. Et d'un coup je me rends compte que j'ai déjà signé mon pacte avec le diable.

Alors je fonce à la cuisine nous préparer des verres. Je lui sers une vodka martini relevée d'une dose de Zolpidem suffisante pour endormir un bœuf. Elle sort de la salle de bains, l'avale d'un trait et s'apprête à me dévorer comme une mante religieuse. Mais elle ronfle avant que j'aie terminé de dégrafer l'attache tarabiscotée de son soutien-gorge. Je peux démonter, nettoyer, remonter et charger un pistolet-mitrailleur MP9 dans le noir le plus complet en à peu près vingt-sept secondes, pourtant je n'ai jamais réussi à défaire correctement un soutien-gorge féminin.

Pendant qu'elle dort, j'entreprends de fouiller les lieux. Je trouve son ordinateur dans sa sacoche et je l'allume. On me demande de taper un mot de passe et je glisse ma clé dans le port USB. J'ai un logiciel de piratage acheté à des gangsters russes pour une petite fortune. Normalement, c'est d'une efficacité redoutable. Mais le portable d'Alice est protégé par une quantité de codes de sécurité impressionnante, même pour une avocate. J'essaie de pénétrer dans son système pendant trois heures et demie, sans succès. Je commence à devenir un peu nerveux, parce qu'elle devrait se réveiller d'ici une heure.

J'opte donc pour mon plan de secours et j'installe un petit émetteur sur la carte mère de son ordinateur. Il me permettra de suivre toutes les informations qui passent par son processeur. Et il est presque indétectable, sauf si on sait exactement quoi chercher. Le seul problème, c'est qu'il m'envoie de gros paquets de données brutes qui sont longues à trier. Mais il s'avère que j'ai bien fait, car je l'entends bouger. Je referme brutalement l'ordinateur et le remets à sa place.

– Est-ce que j'étais dans les vapes ?

Elle est groggy, le regard vague.

– Oh oui !

– Est-ce qu'on a...

– Bien sûr que non.

– Quel gentleman ! Oh, j'ai l'impression que ma tête va éclater !

– Je veux bien croire que le cocktail tequila-schnaps soit une bonne recette pour fabriquer un engin explosif.

Elle rit, puis porte les mains à son crâne avec une grimace. J'ai peut-être forcé sur le Zolpidem.

– Je suis vraiment insortable.

– J'ai passé une super soirée.

– Moi aussi. Pendant les moments où j'étais consciente en tout cas. Quelle heure est-il ?

– Environ 3 h 30.

– Merde. Ça t'embête si on baise comme des bêtes une autre fois ? Je pense que je vais vomir dans un avenir assez proche et je ne te connais pas assez pour te demander de tenir mes cheveux en arrière.

– Ce n'est que partie remise.

Elle m'embrasse sur la joue et je pars d'un pas allègre.

Chapitre 12
La garce

Je rentre chez moi et je prends une douche glacée – c'est pas un mythe, ça marche vraiment – avant de me coucher en me fustigeant d'avoir gâché une occasion en or de m'envoyer une femme belle et intelligente, qui en plus semble avoir une libido vorace et dépravée. Mais je me sens mieux le lendemain matin lorsque je découvre que mon émetteur a recueilli un paquet de données. J'ai de la chance. Alice a répondu à quelques e-mails après mon départ. Je me sers du café et je clique sur un message dans sa boîte de réception. Un logiciel de chiffrement de courrier se télécharge. Puis je vois apparaître un logo dans le coin supérieur droit de l'écran :

FEDERAL BUREAU OF INVESTIGATION.

La garce.

Agent spécial. Unité de lutte contre le crime organisé.

La putain de garce.

Nom de code : Alice.

Bien trouvé. Alice, c'est un nom d'agent infiltré parfait si on est branché littérature : l'autre côté du miroir. Ou « l'arroseur arrosé » si tu préfères. Non contente d'opérer sous mon nez sans que je me doute de rien, elle a été placée chez Bendini, Lambert & Locke pour découvrir quel associé vendait la liste des témoins sous protection. Après avoir passé un an dans la boîte, elle a un suspect : Bendini.

C'est comme au base-ball : il y a toujours un moment où tu te prends une balle vicieuse pendant une mission. Parfois, tu la reçois en plein dans la mâchoire. J'aime bien l'appeler la Garce.

Et tu apprends à encaisser, si bien que, quand la balle ne te frappe pas au menton, tu deviens très superstitieux. Tout le monde sait que ce boulot attire la poisse. La poisse aime le goût du sang, de la sueur et de l'échec. C'est l'univers qui te dit : « Hé, Ducon, je t'ai à l'œil ! Et si tu te figures que je vais te faciliter les choses, tu rêves. » Ça fait partie des aléas du métier, alors mets un pack de bières au frigo, parce que la Garce et toi, vous allez devenir les meilleurs copains du monde. Et là, je crois que c'est la pire de ma carrière. « Alice », ou la balle vicieuse.

Ce n'est pas parce que je ne me suis pas rendu compte qu'elle était du FBI. Si on envoie un agent en sous-marin, c'est qu'il est doué. Et moi, je ne suis pas devin. J'ai peut-être des yeux à l'arrière du crâne, mais pas la vision à rayons X. Encore une fois, les séries et les films idiots qui nous présentent comme des êtres omniscients sont écrits par des scribouillards qui n'ont rien dans les tripes et qui ne se sont jamais battus à l'école. À force d'être sur la lame du rasoir, tu finis par te couper et tu n'y peux rien. Alors apprendre qu'Alice est un agent au service de l'État n'est pas la fin du monde.

En revanche, le fait qu'elle soit sur la même affaire que moi complique un peu la situation. Mais le pompon, c'est qu'elle me tourne autour. Parce que, maintenant, je me retrouve devant un abîme de questions.

On me paie pour être parano, donc, bien sûr, j'envisage le pire. Bob a déjà mentionné qu'il soupçonnait le FBI de nous avoir infiltrés. Et il faut que ça me tombe dessus alors que c'est ma dernière mission. Merci, Bob. Merde, il faut que je garde la tête froide. Alice est sur cette affaire, parce que, comme moi, elle est la meilleure dans sa partie. Et que Bendini est un très gros poisson. Évidemment que le FBI est sur le coup. Vendre les noms de témoins sous protection, c'est comme renflouer les banques endettées et en plus verser une prime aux responsables de la faillite. Le genre d'histoire qui fait une carrière. Et le FBI doit être sur des charbons ardents. Si on apprend que leurs témoins ne sont plus en sécurité, ils ne trouveront plus de mouchards. Et qu'est-ce qu'une bande de nases en costard avec des coupes de cheveux ringardes feraient sans balances ? Dans un grand magasin, ils seraient repérés tellement vite qu'ils n'arriveraient même pas à démanteler un réseau de voleurs de matelas.

L'affaire est énorme. Alors ils ont sorti le grand jeu. Et ils ont raison. Ils ont copié sur leurs petits camarades de la CIA et ils ont cherché un vrai caméléon. Et ils l'ont trouvé. Un caméléon qui bouffe, qui boit et qui baise. Elle s'est fondue dans les lambris de chêne du cabinet et ne bougera pas avant d'avoir coincé le coupable. Et voilà qu'elle m'a à la bonne, moi, le mec payé pour descendre le type qu'elle veut coincer.

La question est : qu'est-ce que je fous, maintenant ?

La première chose, quand on se prend une Garce dans la figure, c'est de trouver un endroit tranquille pour laisser carburer sa matière grise. Comme d'habitude, j'ai l'impression que mon cerveau est un film de kung-fu où s'affrontent deux styles rivaux qu'oppose une longue et sanglante guerre de territoire : mon style contre celui de Bob. « Tue-la, me souffle-t-il. Débarrasse-toi d'elle. Elle risque de foutre en l'air la mission, voire RH. » Si tu es un despote réac qui faisait son lit au carré à l'armée pour être dans les petits papiers de sergents instructeurs, alors ce genre de raisonnement simpliste apparaît comme le fin du fin.

En revanche, si tu es un prédateur, c'est contre-productif. D'abord, à présent, Alice est encore plus précieuse pour moi. Non seulement elle est une collaboratrice de Bendini – ce qui lui permet de l'approcher plus près que je n'y parviendrais jamais, même si je suçais toutes les bites du service des successions –, mais elle enquête sur lui avec toutes les ressources du gouvernement américain. Elle va réunir des informations si vite que j'en aurai le tournis. C'est comme de trouver une méthode pour tricher dans un jeu vidéo et franchir dix niveaux d'un coup.

C'est mon bonus caché. Je me rapproche d'elle, je me rapproche de Bendini. Elle va m'ouvrir des portes et j'en profiterai pour écraser l'avocat contre l'une d'elles.

J'ai deux tâches qui m'attendent. D'abord, je dois découvrir tout ce qu'elle apprend en même temps qu'elle. Ainsi que Bob me l'a suggéré, il faut que je la mette sous surveillance vingt-quatre heures sur vingt-quatre avec des écoutes téléphoniques et des micros planqués partout. Mais je vais devoir me débrouiller seul, car si Bob découvre que c'est un agent fédéral, mon plan va exploser avant d'avoir décollé. Ensuite, il est temps d'enfreindre la règle n° 5 : « Ne jamais mélanger le cul et le boulot. » Il faut que je sois le plus proche possible d'Alice. Il ne s'agit pas seulement de baiser et de partager une brosse à dents. Crois-moi, on va t'apprendre des trucs et ça va devenir un de tes plus gros atouts sur le terrain. Quand les gens deviennent accros au cul, c'est comme n'importe quelle addiction. Leur QI descend de quelques crans. D'ailleurs, on devrait pas dire « faire l'amour », mais « faire l'idiot ».

À côté de ça, il ne faut pas oublier qu'on a affaire à un agent fédéral parfaitement entraîné qui s'est infiltré dans l'entourage d'un criminel. L'amour est la seule chose qui me permettra de gagner sa confiance et le laissez-passer dont j'ai besoin. Les agents fédéraux sont des aveugles comme les autres quand ils sont amoureux. Même les gens intelligents et vigilants font des erreurs dans cette situation. Si je veux qu'Alice baisse sa garde, je dois entamer une véritable histoire d'amour avec elle. Ou du moins quelque chose qui y ressemble.

Ce ne sera pas simple, principalement parce que j'aurai affaire à deux femmes distinctes. Il y a Alice, l'avocate inventée par le FBI. Et il y a l'agent fédéral qui joue le rôle d'Alice dans le cadre d'une mission d'infiltration. Celle-ci peut être n'importe qui. Ça ne te rappelle rien ? Est-ce que je ressemble à mon personnage ? Nous pilotons tous les deux l'Intox Express et je ne sais pas jusqu'où nous pouvons aller avant de dérailler.

Si je veux éviter cela, je dois faire en sorte qu'elle tombe amoureuse de moi. Bien sûr, Alice travaille sur une affaire qui est sans doute la plus importante de sa carrière, avec des ramifications qu'on ne soupçonne peut-être pas. Pour qu'elle accepte de se laisser distraire, il faudrait qu'elle rencontre rien moins que l'âme sœur. Le hic, c'est que je suis capable de jouer les romantiques comme une araignée de passer un week-end massage à Cancún avec une mouche. C'est un sentiment qui m'est totalement étranger. On ne m'a jamais aimé et je ne sais pas ce que c'est. Il va donc falloir être créatif. Je suis sûr que tu comprends ce que je veux dire, car nous avons tous un réel handicap quand il faut recourir à ce genre d'arme.

Heureusement, il y a le cinéma. Tu te souviens quand je te conseillais de prendre modèle sur des personnages de film (évite Tom Cruise) pour s'insérer dans la société. On trouve en ligne tout ce que tu as toujours voulu savoir au sujet de l'amour feint et de la manipulation. Je te conseille de commencer par les classiques du genre : *Quand Harry rencontre Sally*, *Nuits blanches à Seattle*, *Pretty Woman*, *Eternal Sunshine of the Spotless Mind* (OK, celui-là est pour moi). Ce sont des mines. Si tu es un homme, tu devras te faire violence. Il te faudra être attentionné, sentimental, aux petits soins, à l'écoute et acheter des cadeaux coûteux. Si tu es une femme, c'est plus simple, tu n'auras qu'à suivre tes penchants naturels : le cannibalisme émotionnel, la manipulation et la cupidité. C'est animal. Les hommes : des êtres perturbés parce qu'ils recherchent la chatte désespérément. Les femmes : puissantes, parce qu'elles possèdent la chatte. La quête d'amour ressemble étrangement à la mise à mort d'une proie.

Pour Alice, je vais devoir sortir des sentiers battus. Elle a sans doute vu les films mentionnés, peut-être plusieurs fois. Donc, par souci d'authenticité, il me faudra quelque chose de moins connu. N'oublions pas qu'elle est déjà intéressée. La crédibilité, c'est le plus difficile. Elle est agent fédéral et je ne peux pas me permettre de sous-estimer son détecteur d'enfumage. Autrement dit, si j'emploie la technique éprouvée de la douche écossaise (je couche avec elle puis je me conduis comme si le simple fait d'être dans la même pièce qu'elle m'insupportait), elle risque de partir en courant. Il faut qu'elle sente que je l'aime, mais en dépit de moi-même. Je vais reprendre un thème classique de la comédie romantique : l'amour impossible. Si Alice croit que je l'aime, mais que pour une raison mystérieuse je refuse de céder à cet amour, elle va se jeter sur moi comme un requin sur un seau d'appâts.

Pour ce genre de scénario, je pense qu'un film étranger s'impose. Je suis sûr qu'elle ne supporte pas les sous-titres, donc pas de danger qu'elle reconnaisse ma méthode. Je sais ce qu'il me faut. *Cyrano de Bergerac*, avec Gérard Depardieu. En fait, c'est le canevas parfait. Cyrano est fou amoureux de Roxane (Anne Brochet), mais il se méprise tant à cause de sa laideur (moi, à l'intérieur) qu'il tait ses sentiments. Il va même se sacrifier pour aider le beau Christian qui veut la conquérir.

Je me rends compte que je n'ai pas le temps d'aller aussi loin. Je me contenterai de convaincre Alice que j'éprouve des sentiments pour elle, mais que je ne m'autorise pas à les exprimer, car je la protège de la laideur de mon âme. L'avantage, c'est que je n'aurai pas beaucoup à mentir, puisque ma répugnance à l'aimer sera réelle. Continuer de jouer la comédie une fois que mon stratagème commence à opérer sera plus compliqué mais, avec un peu de chance, Bendini sera mort avant que ça ne devienne trop compliqué.

Ce soir, je vais troquer mon uniforme gris-maronnasse contre un costume noir bien coupé. J'inviterai Alice dans un restaurant français de cuisine fusion, dirigé par un chef génial mais ronchon qui refuse les réservations ou les changements sur le menu. Malgré la queue devant l'établissement, j'aurai une table et le chef nous aura préparé un repas qui n'est jamais au menu. Je ferai des blagues, lui lancerai des regards énamourés et j'essaierai peut-être de lui toucher la main. Bien sûr, j'ai vu tout ça au cinéma, mais dans des films assez obscurs pour qu'elle ne s'en rende pas compte. Et lorsque nous finirons chez elle, je la ferai grimper aux rideaux façon James Bond (Sean Connery, bien sûr) et je resterai même pour – beurk ! – des câlins. Alors, quand elle s'endormira sur mon bras, je m'efforcerai de ne pas le lui arracher et je m'éclipserai discrètement – façon « je me réveille dans un lit inconnu après une nuit de beuverie et je m'enfuis ». Qui va lentement va sûrement.

Ministère de la Justice des États-Unis
FBI
Washington, D.C. 20535

Transcription de surveillance : enregistrement sonore. Micro laser (150 mètres).
Lieu : appartement/chambre chez Alice (censuré), East Village, Manhattan.
Sujets : John Lago, Alice (censuré).

Alice : Encore.

Lago : Tu essaies de me tuer ?

Alice : Non, j'essaie juste de te baiser. Encore.

Lago : Je suis si doué que ça ?

Alice : Disons que je n'ai jamais été avec quelqu'un d'aussi qualifié.

Lago : J'ai l'impression d'être un électricien.

Alice : Arrête, tu m'excites.

Lago : Je crois que j'ai besoin de dormir.

Alice : AH NON ! Si on ne baise pas, on parle.

Lago : Si je comprends bien, quoi que je fasse, j'ai tout faux. Si on baise, c'est que je ne veux pas te parler. Et si je te parle, ça veut dire que je n'ai pas envie de baiser avec toi.

Alice : Bon résumé.

Lago : Tu vas faire une super avocate.

Alice : Alors on parle ?

Lago : Seulement parce que ma bite est collée à ta jambe.

Alice : Qu'est-ce que tu fais ?

Lago : Des câlins ?

Alice : *Mode d'emploi des filles*, page 1 : les câlins toujours après l'amour.

Lago : Pardon.

Alice : Ce n'est pas grave. De toute manière, chez moi, les câlins, ça se fait dans un sling japonais.

Lago : Un quoi ?

Alice : Un genre de balançoire SM.

Lago : Je suppose qu'il n'y a pas de mode d'emploi pour toi.

Alice : Tout juste. Donc, on parle ?

Lago : Au moins jusqu'à ce que je reprenne connaissance.

Alice : D'où es-tu ? Je sais que ce n'est pas de Peoria, parce que je suis de là-bas.

Lago : Sans rire ?

Alice : Sans rire. Tu ne le vois pas à mes courbes du Midwest ?

Lago : Je refuse de répondre à ce genre de question.

Alice : Dans ce cas, réponds à ma première question.

Lago : Je n'en ai pas la moindre idée.

Alice : Alors on baise, finalement ?

Lago : Sérieux, je l'ignore. Je suis orphelin depuis tout bébé. Tout ce dont je me souviens, c'est qu'à 1 an et demi, j'étais dans une famille d'accueil du New Jersey.

Alice : Ils ne t'ont rien dit sur tes origines ?

Lago : Ils sont morts dans un accident de voiture avant que je sache parler. Des années plus tard, je me suis adressé aux services sociaux pour obtenir des informations. Ils n'avaient pas grand-chose. En fait, uniquement le nom de l'hôpital du New Jersey où je suis né.

Alice : Tu n'as vraiment aucune idée de l'identité de tes parents ?

Lago : Je ne sais rien sur mon père.

Alice : Et ta mère ?

Lago : Tu es sûre que tu veux savoir ?

Alice : Mais oui, je suis pas en sucre.

Lago : Très bien. Son dealer lui a tiré dessus quand elle était enceinte de moi. La balle a effleuré ma poitrine au passage. C'est comme ça que j'ai eu ma première cicatrice.

Alice : Celle-ci ?

Lago : Oui.

Alice : Oh, mon Dieu ! Elle aurait pu briser ton petit cœur.

Lago : C'était mon jour de chance, je présume. Ma mère est morte sur le coup et je suis né avec six semaines d'avance.

Alice : C'est horrible. Je suis désolée.

Lago : Moi aussi.

Alice : C'est incroyable. Merci de me l'avoir dit.

Lago : Vraiment ? Pourquoi ? En quoi c'est extraordinaire d'être un handicapé de la vie ?

Alice : Tu n'es pas un handicapé de la vie. Mais maintenant je comprends mieux pourquoi tu as cet air-là.

Lago : Quel air ?

Alice : La plupart des gens, quand ils sont épuisés, ivres, las, préoccupés, ça se voit dans leurs yeux. Leur attention flotte, passe d'une chose à l'autre. Toi, non. Tu as des yeux d'oiseau de proie. Un faucon. Comme si tu attendais qu'une souris ou un mulot traverse ton champ de vision. Pour lui fondre dessus.

Lago : Je pense que si j'ai cet air-là, c'est plutôt parce que je suis comme la souris ou le mulot qui attend le faucon. La mort qui vient du ciel.

Alice : La paranoïa. Ce n'est pas étonnant.

Lago : Oui. En famille d'accueil, tu apprends vite à te méfier de tout. Quand j'avais 5 ans, un papi pervers est entré dans ma chambre au milieu de la nuit. Il empestait le whisky. Tous mes poils se sont hérissés. Même si je ne comprenais pas tout, je sentais qu'il me voulait du mal. Alors j'ai cogné le premier.

Alice : À 5 ans ? Comment ça ?

Lago : Une batte de base-ball. Sous mon lit. Je n'étais pas très doué, mais je l'avais toujours à portée de la main. Ça me rassurait. Cette nuit-là, j'ai su pourquoi.

Alice : Que s'est-il passé ?

Lago : J'ai failli le tuer. J'ai frappé si fort que je lui ai cassé l'os orbital. Il a perdu un œil. Et moi j'ai fait mon premier séjour en centre de psychiatrie infantile.

Alice : J'étais à peine capable de verser des céréales dans un bol, à cet âge.

Lago : Il y a des cas où l'animal en toi prend le dessus. Même si tu es petit, tu sens sa force. Les psys ont parlé de rage, mais je savais que c'était plus que ça. La colère, c'était le carburant avec lequel j'alimentais le feu pour exploser quand nécessaire.

Alice : Et quand est-ce que tu as été enfant dans tout ça ?

Lago : Ce sera pour ma prochaine vie. J'ai soif. Tu veux un verre d'eau ?

Alice : Avec plaisir. Mais ne t'imagine pas que tu vas t'en tirer à si bon compte. On n'a pas fini. Loin de là.

Lago : Pourquoi est-ce que je ne suis pas surpris ?

FIN DE LA TRANSCRIPTION

Chapitre 13

Le premier pas de l'ivrogne à la fermeture du bar

Il est tôt, dimanche matin, et je viens de quitter l'appartement d'Alice. Oui, notre idylle se poursuit. Non, je ne révélerai aucun détail, on n'est pas dans la rubrique courrier du cul de *Penthouse*. Disons seulement que j'ai planté la graine (OK, je sors) qui en germant donnera mon plan. Une confession postcoïtale et le tour était joué. Je lui ai raconté une histoire larmoyante au sujet de mon funeste passé et elle a mordu à l'hameçon comme un bon petit poisson. Le plus beau, c'est que je n'ai même pas eu à mentir. C'était bizarre de dire la vérité. Je me sentais vulnérable – j'avais presque pitié de moi. Tu peux aller te rhabiller, Cyrano. Pas besoin d'un nez de clown pour obtenir les faveurs d'une femme pleine de compassion. J'ai l'âme hideuse, et ce genre de laideur est bien plus tragique que n'importe quel défaut physique.

Je monte d'un pas lourd les marches qui mènent à mon appartement (ne jamais prendre l'ascenseur) et je m'apprête à me plonger dans le *Sunday Times*, avant d'avaler une dose de Zolpidem qui me fera sombrer dans un coma plus profond qu'un long voyage à travers le cosmos après cryogénisation. Genre *2001 : l'Odyssée de l'espace*. En fait, ç'aurait été le boulot idéal pour moi. J'aurais passé des années à bord d'un vaisseau spatial totalement silencieux, en compagnie d'un ordinateur appelé Hal. En plus, je ne suis pas comme Dave, Hal aurait pu me faire confiance, vu que je suis aussi psychorigide que lui. Tant qu'on jouait aux échecs et que je pouvais aller faire un tour dans l'espace de temps en temps, on serait restés potes.

Je déverrouille les sept serrures du sas de sécurité de mon vaisseau.

J'ai besoin de protéines avant de dormir. Alice m'a vidé comme une portée de louveteaux affamés qui tètent leur mère. J'ouvre le frigo. Soudain, une odeur d'après-rasage me chatouille les narines. Je n'utilise pas d'après-rasage, et si je le faisais, j'éviterais ce genre de pestilence bon marché. Mais tout s'explique quand une batte de base-ball s'abat sur moi et me brise deux côtes comme si c'était du petit bois.

Règle n° 7 : « Ressaisis-toi. »

Aux futurs pilotes de combat, on dit qu'ils doivent avoir de l'eau glacée dans les veines. Ce n'est pas que du bla-bla de machos qui en ont. Maîtriser ses nerfs et ne pas céder à la panique est crucial pour survivre à un affrontement. Il est prouvé que l'anxiété sous quelque forme que ce soit diminue le QI de performance – et si tu réfléchis un peu, est-ce que ce n'est pas le plus important ? Gagner, c'est être le meilleur au bon moment. Tout le monde peut être un champion à l'entraînement. Mais combien y parviennent pendant le match, pendant le dernier quart d'heure, les ultimes secondes, lorsque ça compte vraiment ? Très peu. Il faut faire taire le cerveau animal qui n'a qu'une envie : déguerpir. On se bat si on n'a pas le choix. Parce que se battre requiert un esprit aiguisé et concentré, capable d'anticiper. Et dans l'idéal, il faut pouvoir contre-attaquer de manière rationnelle et efficace, même blessé. Quand tu as les côtes brisées, tu as la matière grise en bouillie et tu veux seulement te recroqueviller dans un coin et sangloter. Mais si tu écoutes ton instinct, ton assaillant aura tout loisir de te donner une vraie raison de pleurer.

Alors, quand le deuxième coup arrive, je suis prêt. Je me baisse et la batte fouette l'air au-dessus de ma tête. Je me relève et je balance deux directs dans le sternum de ce Babe Ruth du dimanche. Je l'envoie valser trois mètres en arrière, dans ma table basse en verre. Elle se casse, bien sûr. Merde. C'était ma table à cocaïne Tony Montana. Je n'ai jamais invité de strip-teaseuse à danser dessus, mais ça faisait partie de mes projets. Et maintenant il ne reste que… (le QI de performance entre en action)… *des centaines d'armes mortelles tranchantes qui scintillent dans la lumière de l'aube*. Hum.

Je saisis deux maniques accrochées à côté du four et deux gros éclats de verre, vestiges de mon ex-table basse design. Au cinéma, je les aurais saisis à mains nues. Dans la vraie vie, ce serait comme si j'essayais de me battre avec un couteau qui n'a pas de manche. Le problème, ce n'est pas les paumes tailladées, c'est qu'on peut se sectionner les tendons fléchisseurs. Ces tendons ont le même rôle que l'élastique sur les petits planeurs qu'on offre aux gamins. S'ils cèdent, ta main n'est plus qu'une palme molle inutile, incapable de ramasser une pièce de monnaie. Babe Ruth se relève déjà, armé de sa fidèle batte, et je vois enfin son visage.

Merde.

C'est Hartman, le sergent instructeur de chez Bendini, Lambert & Locke. Il faut croire qu'il ne plaisantait pas, quand il gueulait qu'il allait nous faire rentrer le métier à coups de massue dans le crâne.

– Qu'est-ce que vous foutez chez moi ?

Il est en sueur, la tête couverte de coupures suintant le sang. Je repère même un petit éclat de verre fiché dans son crâne blême.

– Je sors les poubelles.

– On dirait une réplique d'un très mauvais film.

Il lève le bras pour frapper, mais je fais un pas de côté, façon toréador, et j'enfonce mon poignard de fortune dans son ventre, juste au-dessous du sternum. La clé du combat à l'arme blanche, c'est de trancher un gros vaisseau sanguin, comme l'aorte ou la veine cave inférieure, en faisant une blessure assez étroite. Car pour stopper l'hémorragie, il faudrait ouvrir la plaie plus largement et suturer le vaisseau, ce qui n'est pas une solution viable.

Je me rends compte que j'ai raté mon coup, car il ne chancelle pas. Une chute de tension due à une hémorragie soudaine, suivie d'une importante décharge d'adrénaline, provoque une faiblesse dans les genoux, un peu comme le premier pas de l'ivrogne à la fermeture du bar.

J'ai quand même dû lui trancher la moitié de la rate, mais il reste imperturbable. C'est la marque d'un pro, qui a l'expérience d'un pilote de combat. En fait, la seule personne que je me serais attendu à voir réagir comme ça, c'est moi. Qui est ce type ? C'est d'ailleurs ce que je lui demande :

– Putain, mais t'es qui ?

– La véritable question est : putain, mais t'es qui ?

– Le stagiaire, réponds-je avec un sourire.

– Je suppose que ta petite amie sera plus bavarde si je l'écorche vive.

– Essaie un peu...

Paf ! Il se sert de sa batte comme d'une lance et me frappe au niveau du diaphragme, au-dessus du nombril. J'ai le souffle coupé. Beau boulot. D'abord, il me balance une menace qui me prend au dépourvu – si je ne le tue pas, il va tuer Alice – et, pendant la fraction de seconde qu'il me faut pour digérer la nouvelle, il attaque. Il sait précisément comment me paralyser quelques instants. Cet enfoiré ne rigole pas. Pan ! Dans la jambe. Je m'écroule et j'atterris sur le flanc. Je sens une violente douleur à la cuisse. Bravo, je viens de m'empaler sur mon bout de verre ! Oublie ce regrettable incident, ça ne fait pas partie du manuel du combat à l'arme blanche. À présent, il s'apprête à me porter le coup de grâce à la tempe – la zone la plus fragile du crâne qui abrite l'artère méningée moyenne, un vaisseau qui ne demande qu'à se rompre, ce qui causerait une hémorragie cérébrale fatale. J'ai le réflexe de me pousser et son gourdin frappe le sol. Comme la Louisville Slugger de Derek Jeter, la batte se fend en deux à la hauteur du logo. Je me jette sur le morceau à terre et lui plante le bout pointu dans le pied.

– Fils de pute.

C'est rien de le dire.

Une blessure sur le dessus du pied, ça fait un mal de chien. Hartman est peut-être super entraîné, mais il se laisse quand même distraire un instant par la douleur insupportable qui irradie dans toute sa jambe.

Je roule sur le sol, à la recherche d'une arme, quand une vive piqûre à la hanche m'arrache un juron. Je me palpe, sens l'épais morceau de verre planté dans le muscle et l'extrais d'un geste sec. Hartman me tombe dessus et la lutte continue à terre – ça finit toujours comme ça. Je lui fiche mon éclat de verre entre deux côtes et le retire aussitôt. J'entends le bruit d'aspiration caractéristique du pneumothorax compressif et je sais que j'ai transpercé son poumon droit. C'est du lourd, même pour un pilote de combat. Le poumon s'effondre rapidement et le cœur s'emballe, essayant de compenser la perte soudaine de la moitié du sang oxygéné dans le corps paniqué.

Il met son doigt dans le trou. Bien vu. Ça pourrait lui sauver la vie si je n'étais pas décidé à le tuer. Respect. Il a tous les bons réflexes. Je tords son bras libre derrière son dos, le retourne et lui enfonce mon genou dans les reins. Il se casse quelques dents contre mon plancher et gémit. C'est le gémissement de la défaite, mais de la défaite honorable. Je ne voudrais pas l'empêcher de protester contre la douleur que je viens de lui infliger.

– Je te le demande encore une fois. Qui es-tu ?

– Sinon quoi ? Tu vas me tuer ?

Il s'esclaffe, crachant du sang par terre. Et je l'imite. Nous pleurons de rire, parce que les pilotes de combat ne parlent pas quand ils tombent derrière les lignes ennemies. Je ne devrais pas, mais je pose la question quand même, juste pour le plaisir.

– Tu travailles pour qui ?

Nouvelle explosion de fou rire commun. Puis il est pris d'une ignoble quinte de toux.

– Arrête, tu me tues.

Maintenant, j'ai presque envie de l'épargner. Manifestement, il n'a rien de l'aspirant GI Joe fort en gueule pour lequel il se faisait passer chez Bendini. C'est un pro. Et tous les pros méritent le respect.

– Bon. Alors, comment tu m'as démasqué ?

– C'est moi qui sais et c'est toi qui cherches.

– T'as quel âge ? 7 ans ?

– T'imagines même pas dans quel merdier tu t'es fourré. Laisse tomber avant qu'il soit trop tard.

– Merci du conseil.

Il pense que notre petite escarmouche verbale m'a distrait et que je ne l'ai pas vu retirer son doigt de sa blessure pour attraper le .22 dans l'étui attaché à sa cheville.

– Bouge pas, je vais te donner un coup de main, lui dis-je poliment.

Je prends le pistolet, jette un oreiller sur son dos et fais deux trous dedans. J'adore ces .22. Discrets et efficaces. Et quand je constate qu'il utilise le même type de balles que moi, je me félicite de ne pas avoir tiré dans la tête. Ç'aurait été très irrespectueux, le genre de chose que ferait un garde dans un camp de prisonniers chinois. En plus, je ne tiens pas à ramasser des bouts de cervelle éparpillés sur mon parquet en merisier. Mais pour ce qui est de mon repos dominical bien mérité, c'est râpé. Après m'être administré moi-même les premiers soins, je passe huit heures de calvaire – et je fais quoi, à ton avis ? Je divise le cadavre sans visage et sans doigts d'Hartman entre six sacs-poubelle, que je dissous dans une cuve d'acide sulfurique d'une usine chimique au fin fond du New Jersey.

Chapitre 14
Tu ne peux t'en prendre qu'à toi-même

Vers 21 heures, je suis assis devant un café dans un *diner* à la sortie de Trenton et je me demande ce que je vais faire à présent. Les types comme Hartman ne travaillent pas seuls. Quand des gens riches souhaitent la mort de quelqu'un, ils se concentrent sur leur objectif jusqu'à ce qu'ils l'atteignent ou qu'ils crèvent eux-mêmes. D'ailleurs, j'ai hâte de régler son compte au salopard qui a voulu me supprimer. Il aura un sérieux mal de crâne lorsque j'en aurai terminé avec lui et il finira sans doute dans un jacuzzi d'acide lui aussi, mais vivant.

Toutefois, ma vengeance va devoir attendre un peu. Bob me doit quelques explications. J'appelle le bureau.

– Qu'est-ce qu'il y a, John ?

– J'ai besoin de te voir.

– Tu peux être là dans combien de temps ?

– Trente minutes.

Il raccroche. Je pique une moto qu'un crétin a laissée à la pompe à essence pendant qu'il allait acheter un sac de maïs grillé à l'intérieur. Sur le trajet, je m'efforce de trouver une explication à ce joyeux foutoir.

Premier scénario, Hartman est un sbire de Bendini et il les protège, lui et ses intérêts. Dans ce cas, je suis très mal, parce que s'il veut me liquider, il n'aura qu'à m'envoyer d'autres tueurs. Mais de toute manière, si j'ai été démasqué, ce n'est pas Bendini dont je dois me soucier, car Bob pourrait décider de me mettre à la retraite anticipée.

Deuxième scénario, Hartman travaille pour l'un des clients de Bendini. Celui-ci a un plombier dans la place qui veille à ce que rien ne vienne boucher les tuyaux d'information. Le mec me repère et se rend compte que je suis un pro moi aussi, alors il me fait descendre pour protéger les intérêts de son patron.

Dans le premier cas, je suis mort parce que mon stage est terminé et que Bob préfère se débarrasser de toutes les personnes indésirables en cas de mission inachevée. Dans le second, je suis tranquille du côté de Bendini, mais je dois quand même faire gaffe. Et je pense qu'il y a toujours une troisième possibilité : Bob veut m'éliminer.

Au bureau, ma paranoïa atteint un pic brutal, lorsque Bob poste six de ses gorilles dans le hall. Après avoir discuté en détail de l'épisode Hartman, il semble enfin se rendre compte que j'ai des raisons d'être méfiant.

– John, si je voulais te tuer, je le ferais moi-même.

– Toute autre solution serait une insulte.

– Je n'ai aucune info pour l'instant. Je préfère donc que tu restes ici jusqu'à ce qu'on en sache plus.

Il s'apprête à sortir, mais il n'a pas terminé.

– Je suis curieux, John. Comment est-ce qu'il t'a percé à jour ?

– Aucune idée.

– Tout le monde peut faire une erreur, même les meilleurs.

– J'ai suivi le protocole à la lettre. Comme d'habitude.

Il me regarde dans les yeux, cherchant un indice révélant que je lui cache quelque chose.

– Bob, je n'ai commis aucune imprudence.

– Quelque chose me souffle que tu n'es pas honnête avec moi, John. Je le sens dans mes tripes.

– Tu as peut-être besoin de manger quelque chose.

– Voilà que tu recommences à être insolent.

– Tu veux me rendre responsable de tout ça ? Ne te gêne pas.

– Très bien. *Primo*, tu ne peux pas avoir suivi mon protocole à la lettre ou ils ne t'auraient pas repéré sans que tu t'en rendes compte. *Secundo*, tu as travaillé dans la même entreprise qu'un professionnel pendant des semaines et tu ne l'as jamais soupçonné. Enfin, tu n'es parvenu à lui soutirer aucune réponse avant de l'éliminer. Alors, explique-moi, qui d'autre est-ce que je devrais accuser ?

– Je comprends ton point de vue.

Je me conduis comme si sa diatribe m'avait remis à ma place, parce que j'ai désespérément besoin de dormir. La vanité et l'orgueil sont les faiblesses de Bob, et quand tu feins de te soumettre à son intellect supérieur, tu flattes les deux. Il s'adoucit un peu et retrouve son rôle de mentor qui prend soin de ses agents depuis qu'il les a recrutés.

– Utilise ma douche. Quelqu'un va t'apporter à manger.

– Je n'ai pas faim.

– Tu mangeras quand même.

– D'accord.

– Montre tes blessures.

J'ôte ma chemise et mon pantalon. J'ai une large entaille à la hanche que j'ai recousue moi-même. Et quelques coupures moins graves sur lesquelles j'ai mis des sutures adhésives.

– Cette lacération ne me plaît pas. Elle a l'air enflammée. On va la nettoyer et utiliser des agrafes. Et je vais te mettre sous Clindamycine pour prévenir toute infection. On n'est jamais trop prudent.

– Merci, Bob.

S'il avait un cœur, il fondrait.

– Repose-toi. On va arranger ça.

Le sentiment de chaleur et de réconfort que j'éprouve se dissipe rapide quand, une fois douché, décousu et recousu, je me retrouve enfermé dans un bureau, avec son escadron posté devant la porte. Bob affirme qu'ils sont là pour ma protection, mais je ne suis pas idiot. C'est l'équipe de nettoyage. Si j'ai été démasqué au cabinet, je retourne dans la poubelle où Bob m'a trouvé.

Chapitre 15
Ma tête va exploser

Tandis que j'escalade mentalement les murs de mon bureau prison, je décide d'achever de me bousiller la tête en réfléchissant à ce qui vient de se passer et à tout ce que cela implique. Si Hartman a tenté de me tuer, c'est qu'il se trame quelque chose au cabinet. En tout cas, ma position est compromise, ce qui signifie que ma mission va être beaucoup plus compliquée que prévu. J'ai intérêt à agir vite ou ça risque de finir très mal pour moi. Plus j'y réfléchis, plus je me rends compte que j'ai une chose à faire si je veux m'en sortir vivant.

Je dois tuer Alice.

Ça peut paraître cynique, mais il n'y a pas d'autre solution. Et si toi ou tes petits camarades pensez que j'aurais dû la supprimer dès que j'ai appris qu'elle était du FBI, vous marquez dix points. Sa présence est un danger supplémentaire et je suis trop près de la retraite pour risquer ma vie ou, pire, la prison jusqu'à la fin des temps.

On va raconter qu'Hartman a été tué par son amant homosexuel (une idée de Bob, ce cliché n'a rien à voir avec moi) et Alice va se douter de quelque chose, parce qu'il n'y a pas de cadavre pour confirmer l'histoire. J'ai dit à Bob qu'il fallait s'en tenir au plan « Hartman a disparu », point barre. Les disparitions suscitent des questions, mais, sans cadavre, elles restent sans réponse. En revanche, si on invente une histoire (dans notre cas invérifiable), il y aura toujours une Alice qui va s'amuser à relier les impacts de balles pour dessiner le portrait de celui qui a appuyé sur la détente et tenté de couvrir ses traces avec un conte qui ne trouverait même pas grâce aux yeux des scénaristes d'*Arabesque*. Élémentaire, mon cher Watson, il a été tué par le colonel Moutarde avec son propre pistolet dans le salon Ikea.

Ma tête est sur le point d'exploser. Comment est-ce qu'on en est arrivé là ? Bob a peut-être raison. Je file un mauvais coton. Puis je me souviens de la scène de *Blade Runner*, où Roy Batty se fiche un clou dans la main pour s'assurer qu'il ressent quelque chose et qu'il est en vie. Parfois, la douleur nous rend plus lucides et nous rappelle que nous respirons toujours. Je prends un coupe-papier et le plante dans ma plaie. J'ai une telle envie de hurler que je dois retenir mon souffle. Chaque cellule de mon corps veut éviter cette sensation, la fuir à n'importe quel prix. Tout comme j'aimerais éviter de tuer Alice, parce que je sais que même si ça me sauve la vie, au bout du compte, ça me détruira. Mais la douleur me permet de me recentrer et m'aide à oublier le monde extérieur. Elle me rappelle que je suis seul et que je l'ai toujours été. Elle m'oblige à me concentrer sur ce que j'ai à faire, sur ce que je suis né pour faire.

Règle n° 8 : « Saute. »

À l'instinct de survie animal s'ajoute un fort attachement émotionnel à la vie, plus spécifiquement humain. Mais nous devons l'exciser, comme le médecin retire une tumeur.

Lorsque j'ai rencontré Bob, j'avais 12 ans. J'étais emprisonné dans l'un des pires établissements pénitentiaires pour mineurs de Californie du Nord. J'avais été reconnu coupable du meurtre de mes parents adoptifs à San Francisco. J'étais arrivé chez ces gens à l'âge de 8 ans. Ils avaient perdu leur fils biologique, emporté par une maladie mystérieuse.

Au premier abord, ils avaient l'air sympas. Un couple de hippies tristes qui avaient besoin d'un petit corps chaud pour remplir le vide laissé par leur enfant. À la place, ils héritèrent d'un reptile. Mais mon détachement émotionnel ne semblait pas les gêner. J'ai vite compris pourquoi. La réalité était très loin des apparences. Ils dirigeaient l'un des plus gros réseaux de trafic d'héroïne de la côte Ouest. C'est pourquoi, en hommage à l'un de mes films préférés, je les appellerai Mickey et Mallory. Leur chérubin décédé était leur livreur de drogue. Imagine le tableau : ils envoyaient un gosse de 7 ans dans les quartiers les plus craignos de la ville pour porter cinq cents grammes dans un squat rempli de putes édentées et de racailles. Il n'était pas mort de maladie. Il avait pris une balle perdue quand les stups avaient fait une descente. Mickey et Mallory n'étaient même pas allés identifier le corps de leur propre fils – trop risqué. C'était resté un petit cadavre anonyme qui avait fini au fond de la fosse commune.

Lorsque je suis devenu leur esclave et leur mule de remplacement, j'ai appris cette histoire de la bouche d'un mec que je fournissais. Il se faisait appeler Indio, « Indien » en espagnol. Un type cool. Cool avec moi, en tout cas. Les sept larmes tatouées aux coins de ses yeux indiquaient qu'il ne devait pas l'être avec tout le monde. Il me filait de l'argent en douce pour que je m'achète à manger, car il savait que mes « parents » ne me donnaient rien et qu'ils comptaient chaque sou quand je rentrais des « courses ».

Mickey et Mallory n'étaient pas des flèches. Ils ont commencé à couper leur héroïne avec un tas de cochonneries pour augmenter les profits – alors qu'ils encaissaient déjà vingt-cinq mille dollars par semaine. La cupidité. C'est toujours ce qui perd les criminels à la fin. Là-dessus, les films ne se trompent pas. Et mes chers parents adoptifs n'ont fait que confirmer la règle.

Indio a été le premier à me confier qu'il était au courant de leur petit trafic et que leurs jours étaient comptés. Deux de ses clients avaient crevé à cause de leur saloperie. La plupart des dealers âpres au gain étaient au moins assez intelligents pour utiliser des produits inoffensifs, car, comme disait Indio : « Les morts ne paient pas. » En plus, si le bruit se répand que tu vends des trips mortels – au sens propre –, le dealer qui attend au carrefour suivant va voir sa clientèle doubler.

J'ai sauté sur l'occasion. Ces salauds profitaient de moi. Je n'avais que 8 ans, mais je ne voulais plus qu'on m'emmerde. La frustration et la rage qui s'accumulaient en moi depuis que j'étais capable de me rendre compte que ma vie était pourrie avaient atteint un tel point que j'étais prêt à tout. Si tu ajoutes à cela la haine que m'inspiraient Mickey et Mallory – surtout à cause de ce qu'ils avaient fait à leur fils –, tu ne seras pas surpris d'apprendre que mon cerveau était comme une forge qui façonnait à coups de marteau la pointe brûlante de la lance que j'allais leur enfoncer dans le cul.

J'étais décidé à les assassiner. La plupart d'entre nous ont tué avant d'entrer à RH Inc. Et je ne suis certainement pas le premier à avoir trucidé mes parents adoptifs. Tu le sais. Je suis peut-être même en train de te raconter ta propre histoire. Pour nous, éliminer ces fils de pute, c'est un peu le premier joint qui conduit aux drogues plus dures. En tout cas, ça l'a été pour moi. Je prenais mon pied quand j'ai commencé à tout planifier. D'ailleurs, déjà à l'époque, je voulais faire en sorte qu'on accuse l'un des dealers qu'ils avaient arnaqués.

J'ai donc parlé à Indio. D'accord, ce n'était pas très malin. Règle n° 1 du meurtre : ne jamais se confier à personne. Numéro 2 : agir seul. Mais, à ma décharge, je n'avais que 8 ans, alors ne sois pas trop dur. Et ça s'est avéré être une heureuse décision tactique. Indio a été très encourageant. On a passé un accord. Il me fournissait les armes et l'aide nécessaire, et en échange je lui laissais la réserve de came de Mickey et Mallory. On s'est serré la main. Il m'a même montré le signe secret de son gang – le 12th Street Vatos. À compter de ce jour, je faisais partie de la famille.

Nous n'avons pas perdu de temps. C'est Indio qui m'a appris à ne jamais remettre à plus tard l'exécution d'un plan, car très vite on commence à se poser des questions, à hésiter et c'est cuit. Quoi qu'il en soit, il m'a livré sur un plateau le coupable idéal, qui par une heureuse coïncidence se trouvait être son concurrent principal, Hollow Pete, un membre des Crips d'Oakland. Il l'avait entendu menacer d'étriper Mickey et Mallory parce qu'ils avaient coupé sa came avec de la merde. Pete avait donc un mobile et il s'était exprimé en public. Tout ce qu'il me restait à faire, c'était de les tuer. Indio m'a confié que Pete avait une « signature » et que si je l'imitais, cela conduirait rapidement la police à lui. Pour me tenir la main, il m'a envoyé Diablito, un psychopathe d'un mètre soixante avec sur tout le visage un tatouage du Christ coiffé de la couronne d'épines. Quand il fermait les paupières, on découvrait les yeux tristes et mélancoliques de Jésus qui vous regardaient.

On a décidé de faire ça un vendredi soir, parce que c'était le jour où ils prenaient des acides et baisaient sur leur lit à eau des années 1970. Ils y passaient des heures à se vautrer et à faire des bruits bestiaux, pendant que je matais la télé dans le salon en mangeant mon dîner : des céréales à même la boîte. Je me suis installé comme à mon habitude, mais vers minuit, ne voyant pas Diablito, j'ai commencé à m'inquiéter. Enfin, le *pager* que m'avait donné Indio a bourdonné dans ma poche et je suis allé ouvrir la porte sur la pointe des pieds. Diablito est entré. Il avait véritablement l'air satanique, tout de noir vêtu, jusqu'aux gants. Pendant un bref moment, j'ai paniqué et j'ai cru qu'il comptait tous nous assassiner et se tirer avec la drogue. Ce serait encore la solution la plus simple pour lui. Mais il a vu la peur dans mon regard et il a souri. Il m'a fait le salut du gang en fermant un œil, si bien qu'il était mi-Diablito, mi-Jésus. La dualité, ça te dit quelque chose ?

– *Tranquilo, mi hermanito*, a-t-il murmuré.

Il s'est dirigé vers la chambre à pas de loup, tandis que j'attendais, une boîte de Cheerios à la main. Puis j'ai reconnu la voix de Mickey.

– Putain ! C'est quoi, ce délire ?

Il n'a pas crié ni rien. Ils devaient s'imaginer que Diablito faisait partie de leur trip. Après tout, il ressemblait à un Jésus-Christ des bas quartiers miniature. Ensuite, tout se brouille dans ma mémoire. Je me souviens d'être resté là longtemps, tandis que de l'autre pièce me parvenaient des grognements étouffés et des bruits de ruban adhésif. J'entendais sans l'entendre la musique d'un publireportage sur Zamfir, maître de la flûte de Pan. Au bout de ce qui m'a paru une éternité, Diablito est venu me retrouver. Il souriait comme un des elfes du Père Noël, sautillant joyeusement sur ses talons. Il avait des éclaboussures de sang sur sa chemise et son visage, ce qui rendait sa gaieté encore plus inquiétante.

– Ils t'attendent, *hermanito.*

Je l'ai suivi jusqu'à la chambre, une pièce qui m'était habituellement interdite. Ils étaient tous les deux attachés dos à dos sur des chaises, une chaussette dans la bouche avec du chatterton devant. Mickey avait une plaie au front – sans doute l'origine du sang dont Diablito était couvert. Mallory semblait avoir perdu la raison. Elle scrutait le plafond avec les yeux déments d'une allumée qui attend que les petits hommes verts reviennent lui rendre les organes qu'ils lui ont piqués lors de leur dernière visite.

Une énorme valise remplie de plusieurs kilos d'héroïne était posée par terre à côté du lit. Diablito a suivi mon regard et a exécuté une petite danse autour du butin. Il ressemblait à un farfadet mexicain psychotique.

– T'as vu ça, *hermanito* ? C'est l'avenir ! Avec ça, cette putain de ville et tous ses camés nous APPARTIENNENT. Et ce sera grâce à toi. Les 12th Street Vatos vont tatouer ton nom sur leur bras et parleront de toi en partageant une flasque dans la lueur blafarde de l'aube, contemplant les cadavres de leurs ennemis.

Alors il leur a craché à la figure.

– Et en échange, *hermanito*, je te donne ces deux gringos hippies. Ces deux ordures t'ont traité comme un esclave, petit. Te faire transporter de la drogue à 8 ans ? Les fumiers. J'ai fait mon baptême du feu à 14 ans. À 8, je jouais au foot, je mangeais des mangues séchées au piment et je courais jusqu'à perdre haleine les soirs d'été. Mais ces animaux t'ont volé ton innocence. Et par-dessus le marché, ils ont tué leur propre enfant. Ils doivent payer.

Diablito pleurait à présent. Ses larmes qui se mêlaient au sang sur son visage étaient rouges. De grosses gouttes cramoisies coulaient sur sa chemise et tombaient par terre. Il m'a serré dans ses bras et pour la première fois de ma vie j'ai éprouvé quelque chose qui ressemblait à de l'amour. Soudain, j'ai compris combien tout ce que je n'avais jamais eu me manquait.

C'est aussi à cet instant que j'ai décidé que, un jour, je retrouverais mes vrais parents. Afin de savoir qui j'étais vraiment. J'ai regardé Mickey et Mallory en pensant à leur fils mort et je l'ai envié. Pour le meilleur ou pour le pire, il connaissait ses origines. Il avait été élevé par ces raclures, mais il n'était pas rongé par les questions qui torturent les orphelins et les poussent à chercher des réponses, quand bien même elles risqueraient de les détruire.

– Et maintenant, pour les souffrances qu'ils t'ont infligées, et celles que tous les autres connards t'ont fait subir, tu vas goûter à la plus douce sensation que la vie peut t'offrir. La vengeance. Tu verras, tu ne connaîtras jamais rien d'aussi fort.

Il s'est approché de Mickey et Mallory. Ils me regardaient comme des bêtes tétanisées qui attendent leur tour à l'abattoir.

– Qu'est-ce que je dois faire ?

J'entendais ma voix enfantine comme si elle venait d'une autre galaxie.

– Hollow Pete, son truc, c'est de les étouffer avec des sacs. Plus radin que lui, tu meurs. Il aime pas gaspiller les balles. C'est duraille, mais ces connards l'ont cherché.

Il m'a donné deux sacs en plastique épais et un rouleau de chatterton. Je ne bougeais pas. J'avais l'impression que le poids de ce que je m'apprêtais à faire allait me broyer comme un insecte. J'ai eu la sensation de me dédoubler. Je comprenais très bien la situation et en même temps elle me dépassait totalement. Je savais que les tuer signifiait pour moi la liberté, la justice, une forme de catharsis après tout ce qu'ils m'avaient fait subir. Même la moitié de ce qu'ils m'avaient fait aurait suffi. Mais en dépit de ma soif de sang et de mon absence d'empathie, il restait encore une parcelle d'innocence au fond de moi qui me soufflait de partir en courant.

Tu as entendu parler de ces gens qui se jettent d'un pont et se rendent compte qu'ils n'ont pas envie de mourir au moment où ils touchent l'eau ? C'était mon cas. J'ai sauté, je tombais et soudain j'ai hésité. Mais pas parce que je ne voulais plus les tuer. J'hésitais parce que je le voulais. Jamais depuis je n'ai éprouvé un tel besoin irrésistible de faire quelque chose. Et ça m'a terrifié. Je voulais avoir leur sang sur mes mains et j'étais conscient que, d'une certaine manière, ce serait aussi le mien. Ce qui restait de l'enfant qui aimait encore regarder des dessins animés, courir après le vendeur de glaces et qui rêvait d'une vie normale serait mort. Et ce serait moi qui l'aurais assassiné.

Alors j'ai fait ce qu'aurait fait n'importe quel gamin de 8 ans confronté à un dilemme moral : je me suis figé comme un cerf aveuglé par les phares d'une voiture. Quand il m'a vu avec la chair de poule et les muscles tendus à se rompre, Diablito est venu à la rescousse.

– *Hermanito.* Tu n'es peut-être pas prêt pour ça. Va à côté. Je m'en occupe.

Il a tenté de me reprendre les sacs et le ruban adhésif. Alors, comme le type qui tombe du pont, j'ai fendu la surface de l'eau à 200 kilomètres/heure.

– Non.

– Tu crois que ça va aller ?

– Oui.

– Dans ce cas, vas-y. Je reste avec toi.

Alors que je m'approchais, j'ai senti une rage noire m'aveugler. Mickey m'a regardé d'un air terrifié. J'ai levé le sac. Il se tortillait désespérément pour se libérer. Quand j'ai couvert sa tête, j'ai pensé à tout ce qu'il m'avait infligé. Et c'était comme de balancer de l'huile sur le feu. L'instant d'après, j'enroulais le ruban adhésif bien serré autour de son cou. Puis Mallory a subi le même sort. Tandis qu'ils suffoquaient, Diablito m'a touché l'épaule.

– *Vámonos*, a-t-il murmuré.

– Non. Attends.

Je voulais m'assurer qu'ils étaient bien morts. J'ai assisté à leurs derniers soupirs et vu leurs corps se détendre. Au loin, on entendait un enfant pleurer. Pendant longtemps, j'ai cru que c'était un gamin dans un appartement à côté, mais aujourd'hui je sais que c'était moi. C'est dire si les véritables sentiments m'étaient étrangers.

Puis je me suis tourné vers Diablito et je lui ai adressé un signe de tête. Nous sommes partis. Quinze jours plus tard, la police me cueillait à la sortie de l'hôtel miteux où je me planquais. Un des voisins nous avait vus quitter les lieux, Diablito et moi, le soir du meurtre. Étant donné que j'habitais là, ils avaient comparé les empreintes digitales sur les sacs avec celles sur mes rares jouets, des articles volés que j'avais cachés sous mon lit. C'était clair comme de l'eau de roche, mais ni la police ni le procureur ne pouvaient admettre qu'un enfant de 8 ans ait pu commettre un crime aussi atroce. Ils voulaient tout mettre sur le dos de Diablito et ils m'ont proposé de modifier le chef d'accusation si je le donnais. Complicité de meurtre au lieu d'assassinat avec préméditation. Je suis fier de dire que je ne l'ai jamais trahi. Pas en raison d'un quelconque code d'honneur, mais parce que je désirais assumer toute la responsabilité de mes actes. J'avais l'impression que, pour la première fois, j'agissais sur le monde et il n'était pas question que je renonce à cela. Voilà comment j'ai atterri à la prison pour mineurs.

J'étais là depuis trois ans et demi lorsque Bob est venu me rendre visite, le jour de mon douzième anniversaire. Il se proposait d'être mon tuteur et voulait m'inscrire à une formation destinée aux « enfants doués ». C'était ça ou rester là jusqu'à mes 18 ans, après quoi je serais transféré à Folsom, où je finirais sans doute mes jours. Quand Bob m'a expliqué ce qu'il attendait de moi, je suis resté imperturbable. Parce que j'étais dans un état d'hébétude total. La vie avait perdu tout intérêt. C'est pourquoi je suis ici aujourd'hui. Et Alice me fait l'effet d'un avertissement brutal me rappelant que toute forme d'attachement signifie la fin de la pureté pour les êtres de notre espèce. Dans notre paradis noir, ce n'est pas avec l'arbre de la connaissance que le serpent essaie de nous tenter. C'est avec l'amour. Et si on croque la pomme, on finit comme Abel, parce que ce monde est celui de Caïn.

Cette nuit-là, j'ai rêvé d'Eva. J'entre dans sa chambre. Elle est plongée dans les ténèbres, mais je l'entends rire sur son lit. Elle m'invite à me déshabiller et à la rejoindre. Je souris, heureux de constater qu'elle est en vie. Je lui dis que je la croyais morte et elle pouffe.

– Viens te coucher, idiot.

Je me glisse à côté d'elle. Elle me prend les mains, toujours rieuse. La sirène d'une voiture de police retentit dehors. Le véhicule s'arrête avec un crissement devant chez Eva et son gyrophare illumine la chambre comme un distributeur de chewing-gums psychédélique. Je m'apprête à l'embrasser quand les lumières balaient son corps. C'est un cadavre en décomposition. Elle glousse en voyant mon expression.

– Tu n'as pas envie de m'embrasser, John ?

Ses yeux sont totalement noirs. Elle approche son visage et je veux crier, mais aucun son ne sort de ma bouche.

– Tu as le bonjour de ta mère.

Je me réveille. Il est 5 heures du matin. Bob est assis sur une chaise à côté de moi.

– On aurait dit un chien qui rêvait qu'il poursuivait je ne sais quoi. Tes mains pédalaient comme des pattes qui creusent la terre. C'était quoi ton cauchemar ?

– Toujours la même chose. Des corps en putréfaction qui me torturent depuis leur tombe.

– Personne que je connais ?

La question est tellement chargée que s'il s'agissait d'un pistolet, elle m'aurait arraché la moitié du crâne. Je le regarde en m'efforçant de rester impassible, mais la haine me remonte à la gorge et me fait tousser.

– Tu t'inquiètes trop, dit-il avec un sourire.

– Du neuf concernant Hartman ?

– J'ai une bonne nouvelle et une mauvaise. La bonne, c'est qu'il ne travaillait pas directement pour Bendini.

– Il était employé par un de ses clients ?

– Il semblerait.

– D'où est-ce que tu tiens tes infos ?

– Je les ai achetées. Et à la meilleure source : le véritable amant homosexuel d'Hartman.

– Je croyais que c'était bidon ?

– Ça l'était. Un coup de chance. Le type nous a dit qu'Hartman avait des liens avec une famille de maffieux au nord de l'État. Ils ont payé quelqu'un pour le faire entrer dans la boîte, puis ils ont descendu le gars. Je suppose qu'ils voulaient surveiller de près leur poule aux œufs d'or et ne faisaient pas confiance au service de sécurité de Bendini.

– Ça explique pourquoi c'était un pro.

– Oui. Sans doute un ancien mercenaire employé par une société militaire privée. Chargé d'abattre les enturbannés qui s'approchaient trop près des puits de pétrole, ce genre de choses. Cet imbécile n'a pas compris ce qui lui arrivait quand il t'a trouvé en face de lui.

– La paranoïa de Bendini doit être particulièrement aiguë.

– C'est pour ça qu'il fallait régler cette histoire avec le plus grand soin.

– Alors qu'est-ce que tu as concocté ?

– Meurtre et suicide, répondit Bob en gonflant la poitrine. Un homo marié qui ne s'assume pas tue Hartman parce qu'il a la trouille. Hartman voulait le faire chanter et menaçait de tout révéler.

Je continue à sa place d'une voix absente.

– Mais quand il voit son amant sans vie, c'est plus qu'il ne peut en supporter. Alors il s'enfonce le canon de son flingue dans la bouche. Deux cow-boys morts roulent en bas de Brokeback Mountain. Les flics n'ont qu'une hâte, fourrer les corps dans des sacs et les embarquer. Une histoire pas mal ficelée.

– Aucun souci. Bendini marchera. C'est trop tordu pour qu'il ne marche pas.

Je mets volontairement les pieds dans le plat.

– Et comment est-ce qu'il m'a démasqué, à ton avis ?

– C'était un pro. Il a flairé l'embrouille.

– Et maintenant ? m'enquiers-je d'une voix douce.

– Maintenant, on s'occupe de propager la rumeur. Tu pourras reprendre du service d'ici deux jours. Prêt pour le rodéo ?

– Mes éperons cliquettent d'impatience.

Lorsque je sors, le soulagement dû au sursis obtenu est de courte durée. Je dois toujours régler son compte à Alice. Je n'ai pas envie de le faire, mais c'est la loi de la jungle. L'un de nous doit être mangé pour rétablir l'ordre naturel. Elle n'a peut-être pas de doutes au sujet de la mort d'Hartman, cependant, tôt ou tard, quelque chose éveillera ses soupçons et Bob finira par nous tuer tous les deux. Donc, dans la journée, j'appelle Alice et l'invite à dîner vendredi soir. En tête à tête. Je lui dis qu'elle me manque et que j'aimerais passer un peu de temps seul avec elle. Je sens presque la chaleur de ses joues empourprées. J'entends la pointe d'excitation dans sa voix. Elle est amoureuse et elle croit que je le suis aussi. Elle a confiance en moi. Et je vais lui ôter la vie.

Ministère de la Justice des États-Unis
FBI
Washington, D.C. 20535

TOUTES LES INFORMATIONS CI-INCLUSES
SONT CONFIDENTIELLES.

Transcription de surveillance : enregistrement sonore. Micro laser (150 mètres).
Lieu : appartement d'Alice (censuré)/chambre, East Village, Manhattan.
Sujets : John Lago et Alice (censuré).

ON FRAPPE. LA PORTE S'ENTROUVRE, RETENUE PAR UNE CHAÎNE.

Alice : Qui va là ?

Lago : John.

Alice : Mot de passe ?

LAGO EST HORS D'HALEINE, IL SEMBLE AGITÉ.

Lago : Laisse-moi entrer, s'il te plaît.

Alice : Pas avant que tu effaces cette grimace de ton visage.

ON DONNE UN COUP DANS LA PORTE, LA CHAÎNE CÈDE.

Alice : John, ça va pas, la tête ?

PLUSIEURS VOIX NON IDENTIFIÉES CRIENT : « SURPRISE ! »

Lago : Hein ?

Alice : Joyeux anniversaire, gros nase !

Lago : Comment est-ce que tu as su que c'était mon...

RÉPONSE D'ALICE ININTELLIGIBLE. ON CRIE PLUS FORT AUTOUR D'EUX. ON SOUHAITE UN JOYEUX ANNIVERSAIRE À LAGO.

Alice : Ressources humaines.

Lago : Quoi ?

Alice : Les ressources humaines m'ont donné la date de ton anniversaire.

Lago : Je crois que j'ai besoin d'un verre.

Alice : M. Ronchon veut bien jouer avec nous. Vite, servez à cet homme une boisson alcoolisée avant qu'il nous tue tous.

UNE FEMME ADRESSE LA PAROLE À LAGO.

Kate : Hé, tu veux une taffe ?

Lago : Pourquoi pas ?

LAGO TOUSSE PENDANT PLUSIEURS SECONDES.

Lago : Oh ! Merci.

Kate : C'est du chanvre indien.

Lago : Merci, j'avais reconnu. Ça assomme plus que le cannabis classique.

Kate : Ça va ? Tu as fait une sacrée entrée, dis donc !

Lago : Dure journée au bureau.

Kate : Et tu fais quoi ?

Lago : Tu n'es pas avocate ?

Kate : Non. Mais mon mari, oui. Je m'appelle Kate.

Lago : John.

Kate : Toi non plus, tu n'es pas avocat, n'est-ce pas ?

Lago : Pourquoi tu me demandes ça ?

Kate : Parce que tu ne ressembles pas à un avocat, sans vouloir te vexer.

Lago : Et je ressemble à quoi ?

Kate : Fais comme si je n'avais rien dit. Je vais encore regretter d'avoir trop parlé. Mon mari me le reproche toujours. Je suis une artiste et je ne peux pas m'empêcher de dire ce que je pense. C'est presque compulsif.

Lago : Je veux l'entendre. Je te promets que je ne me vengerai pas.

Kate : Tiens, voilà ! Ce n'est pas une phrase d'avocat pour moi. Les avocats n'ont rien dans le ventre. En fait, je crois que tu es un homme dangereux.

LAGO ÉCLATE DE RIRE.

Lago : Je suis stagiaire au cabinet. Ça fait peur, hein ?

Kate : Attends. Tu es stagiaire ? Si je peux me permettre de poser une question indiscrète, tu es payé ?

Lago : Je travaille pour l'amour de l'art.

Kate : Merde ! Tu travailles gratuitement ?

Lago : Pour l'instant, oui.

Kate : C'est dangereux, à Manhattan.

Lago : Oui, j'assassine mes économies.

IL MANQUE DEUX HEURES D'ENREGISTREMENT. INTERFÉRENCES RADIO. LAGO ET ALICE SONT À PRÉSENT SUR LE TOIT-TERRASSE.

Alice : Tu es bien calme.

Lago : Ce doit être l'herbe. Ça me fait cogiter. Je déteste ça.

Alice : À quoi tu penses ?

Lago : J'ai trouvé ça cool, ce soir, mais je me sens... bizarre.

Alice : Je m'excuse si je t'ai pris au dépourvu. Il y a des gens qui n'aiment pas les surprises.

Lago : Ce n'est pas ça. J'avais complètement oublié que c'était mon anniversaire.

Alice : Comment peut-on oublier son propre anniversaire ?

Lago : Quand j'étais enfant, ce n'était pas un événement. Personne n'a jamais rien fait pour moi.

Alice : Personne n'a jamais organisé de fête pour ton anniversaire ?

Lago : Non.

Alice : Sérieux ?

Lago : Oui.

Alice : C'est horrible. Mon pauvre biquet !

Lago : Je ne demande pas qu'on me plaigne. Je veux juste que tu comprennes que tout ça, avec toi... c'est difficile.

Alice : Je sais. J'ai cru que tu allais m'étrangler quand je t'ai vu à la porte.

Lago : Pardon... encore.

Alice : Qu'est-ce que tu avais ?

Lago : J'étais vraiment... en colère.

Alice : C'est à cause du boulot ?

Lago : Oui. Trop de stress, je suppose. Un jour sans.

Alice : Mais qui s'est bien terminé ?

Lago : Oui !

LONG SILENCE.

Alice : Hé, tu veux ton cadeau d'anniversaire maintenant ?

Lago : Bien sûr.

Alice : D'accord, mais tu dois d'abord répondre à une question. Tu veux bien ?

Lago : S'il le faut...

Alice : Si tu pouvais retrouver ton père, tu le ferais ?

Lago : Quel est le rapport avec... ?

Alice : Réponds à la question. Tu vas comprendre.

Lago : Oui, je rêve de le rencontrer. Même si je finis par lui défoncer la gueule parce que c'est un salaud qui m'a abandonné. Et s'il s'avère que c'est un mec bien et qu'on apprend à se connaître, encore mieux. Mais je veux surtout savoir qui c'est. J'ai besoin de savoir d'où je viens. Pour le meilleur ou pour le pire. Alors peut-être que je pourrai passer à autre chose.

Alice : Je vais te donner un coup de main.

Lago : Comment ?

Alice : Je connais quelqu'un chez les mormons. Ce sont des as de la généalogie, ils ont l'habitude d'aider les enfants adoptés qui cherchent leurs parents biologiques. C'est presque une mission religieuse pour eux. Ils pensent que les liens du sang sont primordiaux. Elle s'appelle Dorothy et elle veut te rencontrer.

Lago : Sans rire ?

Alice : Pas mal comme cadeau, non ?

Lago : Génial. Merci, Alice.

Alice : Parfait. Je m'en occupe. Et d'ici là, la fête nous attend. Je pense qu'il est l'heure de souffler les bougies.

Lago : Pourquoi est-ce que tu fais tout ça pour moi, Alice ?

Alice : Tu ne le sais vraiment pas ?

Lago : Non.

Alice : Parce que je t'aime, idiot.

FIN DE LA TRANSCRIPTION

Chapitre 16
En quatrième vitesse

Samedi matin. Je suis installé dans mon nouvel appartement. C'est un trou à rat. Ma punition pour m'être laissé démasquer. Merci, Bob. J'arrive de chez Alice. *Je ne l'ai pas tuée*. J'étais prêt, pourtant. Il y a eu plusieurs meurtres non élucidés dans son quartier – des jeunes femmes, principalement. Je m'apprêtais à imiter le mode opératoire: strangulation, chapelet dans la bouche de la victime, une phrase de l'Ancien Testament au sujet des putains tracée au rouge à lèvres sur le mur. Assez tiré par les cheveux, mais bon, c'est un tueur en série – la maladie sexuellement transmissible de Dieu. Il n'y a rien de pire qu'un pervers psychotique qui tue sans véritable raison.

En fait, c'est en réfléchissant à cette histoire de tueur en série que j'ai changé d'avis. En fin de compte, Alice n'a pas de contrat sur sa tête et je suis payé pour descendre ma cible, point barre. Bob, ça ne lui pose aucun problème, les dommages collatéraux. Moi, si. Ça ne m'a jamais plu. Alice a beau être un agent fédéral, à ma connaissance, elle ne me menace pas. Mais je ne me fais pas d'illusions. Je prends sans doute le plus grand risque de ma carrière et je mets ma propre vie en danger en l'autorisant à continuer à respirer. Je suppose que c'est pour te montrer que même les reptiles de notre espèce doivent avoir une éthique.

J'ai trouvé la manière dont j'allais éliminer Bendini, de toute manière, et elle ne pourra rien faire pour m'arrêter. D'ailleurs, je peux la remercier. C'est en allant chez elle que j'ai eu cette idée. Je pensais à un de mes films préférés, *Scarface*, et je me suis rendu compte que Bendini pourrait très bien finir comme Tony Montana : une guerre des gangs qui s'achève en assaut sanglant.

Alors, pendant qu'elle dormait – avec l'aimable concours du Zolpidem et de quelques litres de champagne –, je me suis attaqué à ses mots de passe avec un nouveau logiciel de la maffia russe. Cette fois, j'ai réussi à rentrer dans son ordinateur et j'ai longuement étudié ses différents dossiers. Je cherchais les rapports sur la résidence de Bendini. Grâce au FBI, je dispose désormais de plans détaillés de sa maison et de son jardin, ainsi que de toutes les informations nécessaires concernant le système de sécurité et les gardes. Je sais même quel type de chiens il possède et combien. Seul Bendini lui-même est plus renseigné que moi sur ses faits et gestes. Avec tout ça, je peux organiser ma tuerie sans contrarier Bob.

Je lui ai soumis mon plan et il m'a donné sa bénédiction. En fait, il a adoré, parce que ses clients commencent à être nerveux. Et quand ces types deviennent nerveux, tu prends le risque de te faire descendre toi aussi. J'ai donc baptisé l'opération « En quatrième vitesse » et je suis en pleins préparatifs. C'est bien, car j'ai besoin de m'éclaircir les idées et de me concentrer sur l'objectif. Tout ça appartiendra à l'histoire lorsque je m'offrirai un nouveau visage au Brésil – genre Clint Eastwood en 1968, si je trouve le bon chirurgien. Mais d'abord, je dois me débarrasser d'une dizaine de gardes armés, qui pour la plupart sont des anciens des forces spéciales, franchir un système de sécurité digne d'une banque et régler son compte à ce salopard avant le lever du soleil.

Une broutille, quoi.

Ministère de la Justice des États-Unis
FBI
Washington, D.C. 20535

TOUTES LES INFORMATIONS CI-INCLUSES
SONT CONFIDENTIELLES.

Transcription de surveillance : enregistrement sonore – micro parabolique mobile.
Lieu : restaurant Laurel Place, Cobble Hill, Brooklyn.
Sujets : John Lago, Alice (censuré), Dorothy (censuré).

Lago : Enchanté, Dorothy.

Dorothy : Moi aussi, John. J'ai beaucoup entendu parler de vous.

Lago : En mal, je suppose ?

Dorothy : Vous formez un couple adorable. Vous devriez peut-être songer… vous savez… au mariage. Fonder une famille ?

Lago : Il paraît que les avocats ne devraient pas se reproduire.

Dorothy : Oh, John ! Vous êtes impayable.

Alice : Oui, John, impayable, j'allais le dire.

Lago : Je viens ici tous les jours. Je vous conseille le veau.

Dorothy : Parlons de ce que j'ai découvert sur vos parents, John.

Lago : Je m'excuse de vous avoir obligée à vous plonger dans cette histoire sordide.

Dorothy : Ce n'est pas un problème. Nous sommes tous égaux dans le cœur de notre Seigneur, quel que soit notre passé. À ce propos…

BRUITS DE PAPIERS FROISSÉS.

Dorothy : Je suis parvenue à mettre la main sur votre dossier à l'hôpital. Votre mère est morte avant d'avoir eu le temps de vous baptiser. Et comme vous étiez prématuré, j'ai supposé que vous aviez passé plusieurs semaines au service de néonatalogie. J'ai donc cherché les bébés nés à cette période et correspondant à ces critères. Par chance, il n'y avait qu'un bébé de sexe masculin né prématuré et orphelin. J'ai supposé que c'était vous et j'ai utilisé cette information pour rechercher l'identité de celle qui, selon moi, doit être votre mère.

Lago : Merde !

Dorothy : Souhaitez-vous connaître son nom ?

Lago : Je ne… je ne sais pas.

Alice : John. Je croyais que tu voulais savoir d'où tu venais. C'est important.

Lago : Allez-y.

Dorothy : Elle s'appelait Penny (censuré).

Lago : À chaque jour suffit sa Penny.

IL RIT TOUT SEUL.

Lago : Pardon.

Dorothy : Elle n'avait que 23 ans au moment de sa mort. La pauvre petite est déjà cliniquement morte lorsqu'on a pratiqué une césarienne en urgence. Je dois consulter le rapport de police pour vérifier si l'agresseur…

Lago : Si mon père l'a tuée ?

Alice : Du calme, John.

Dorothy : C'est une éventualité, John. Alors je l'étudie. Mais je peux arrêter si vous le souhaitez.

Lago : Non. Continuez. Je veux savoir.

Dorothy : Bien. J'ai quand même de bonnes nouvelles. Lorsque vous étiez en couveuse, il y avait quatre autres bébés dans le service. Entre la date de votre admission et celle de votre sortie, quarante-sept visiteurs sont passés. L'un d'eux était peut-être là pour vous.

Alice : Hé, l'un d'eux était peut-être ton père ! C'est génial, non ?

Lago : C'est intéressant. Je présume que s'il est venu me voir, ce n'est pas lui qui a tiré sur ma mère.

Dorothy : C'est une supposition raisonnable.

Alice : Est-ce que vous avez une liste de noms ?

Dorothy : Je l'ai ici. Bien sûr, même si votre père vous a rendu visite, il a pu utiliser une fausse identité pour se protéger. Ne vendons donc pas la peau de l'ours avant de l'avoir tué. Mais si cela ne donne rien, nous pourrons recueillir d'autres informations et affiner la recherche.

Alice : C'est incroyable, John !

Dorothy : Attention, rien ne garantit que son père figure dessus.

Alice : Je sais... mais s'il y est. C'est palpitant. Merci, Dorothy.

LAGO RESPIRE PLUS VITE.

Alice : John, ça va ?

Lago : Oui. Je me sens un peu dépassé, c'est tout.

Dorothy : Est-ce que vous avez le moindre renseignement concernant votre père ? Quelque chose qui pourrait nous aider à resserrer la liste ?

Lago : Je ne sais rien de lui. Un assistant social m'a dit que ma mère avait dans son sac une photo d'elle main dans la main avec un homme. Mais elle était couverte de sang et on ne voyait pas son visage.

Alice : Tu l'as, cette photo ?

Dorothy : Oui, elle pourrait être utile.

Lago : Je m'excuse, mais c'est... j'ai besoin d'air.

Alice : Attends, John. Ne pars pas.

SILENCE. LA PORTE SE FERME.

FIN DE LA TRANSCRIPTION

Chapitre 17
Retenez-moi ou je fais un malheur

Je viens de quitter le bureau et je suis à Scarsdale, en train d'observer la résidence de Bendini. En fait, c'est plutôt un domaine qui s'étend sur quelque quatorze hectares dans l'une des zones les plus riches de la côte Est. D'accord, il est plein aux as, mais c'est du gaspillage. Je suis en planque au sommet d'une butte, sur un petit parking d'école qui domine la propriété. Mes lunettes de vision nocturne révèlent une vingtaine de gardes armés qui patrouillent autour de la maison. Je songe au plan *Scarface*: ce sera parfait. Le terrain est immense et l'équipe de sécurité insuffisante pour le couvrir en entier. Si j'atteins la baraque sans être bouffé par un des chiens, je saurai me débrouiller. Je peux créer une diversion, me glisser à l'intérieur et adieu Bendini.

Mais une promenade discrète autour de la propriété révèle quelques détails fâcheux. Outre les gardes et les nombreux chiens, il n'y a pas moins de trois clôtures, dont une surmontée de barbelés rasoirs électrifiés, des caméras en veux-tu en voilà, ainsi que des détecteurs de mouvements qui ratissent chaque centimètre carré. Si une mouche pète, c'est enregistré. Mais j'aime ces casse-tête façon Rubik's Cube. Ça met un peu de piment. Et il n'y a rien de tel pour te faire oublier les problèmes du quotidien. Surtout, il ne faut pas avoir peur de s'attaquer aux systèmes de sécurité les plus complexes. Quelle que soit la quantité d'argent investie, il y a toujours une faille. Après tout, s'ils ont été conçus par des êtres humains, il y a nécessairement une erreur quelque part. Seuls des extra-terrestres dotés d'une intelligence supérieure pourraient inventer le système parfait. Ou des Norvégiens. Et les Norvégiens ne verrouillent même pas la porte de leur maison, donc ils ne comptent pas. Je m'installe dans un café voisin avec une pile de photographies et des copies des fichiers d'Alice, puis je me mets au travail. Jusqu'à ce que je sente le canon d'une arme s'enfoncer dans mon dos.

– Je vais m'asseoir à côté de toi et tu vas faire comme si tu étais ravi de me voir. Pigé ?

– Oui.

Il prend une chaise. Un maffioso. Le visage grêlé. Je pourrais défoncer sa face de pizza d'un coup de paume et regarder sa cervelle dégouliner par ses orbites si je le voulais, mais je suis curieux d'entendre ce qu'il a à dire.

– Qu'est-ce que tu as là ?

Il parle des photos et des plans sur la table.

– On a été présentés ?

– Fais pas le malin. Tu veux ma main dans la gueule ?

Je dois me retenir pour ne pas rire.

– Très bien, monsieur, du calme. Je ne veux pas de problème.

– J'aime mieux ça, connard.

J'ai envie de sentir sa colonne vertébrale craquer quand je la déboîterai de la base de son crâne. Mais je demande d'un ton innocent :

– De quoi s'agit-il ?

– Tu vas pas tarder à le savoir.

J'aperçois le reflet de l'autre type briller dans la surface chromée de la machine à milk-shake et paf ! il m'assomme avec la crosse de son pistolet. Au poids, je dirais un .357 à canon court. Je m'étale sur le lino, et je vois valser des filles et des quilles de bowling, comme dans *The Big Lebowski*.

À mon réveil, j'ai l'impression d'avoir passé une semaine dans un bordel mexicain. J'ai un goût de sang et de viscères de poisson dans la bouche. Il y a un âne miniature à l'intérieur de mon crâne qui rue contre mes globes oculaires. Et curieusement, j'ai les couilles en feu. Quand on retire le chiffon graisseux qui sent l'essence de devant mes yeux, je comprends pourquoi. Ces enfoirés se sont acharnés sur mon service trois-pièces pour me réveiller.

Retenez-moi ou je fais un malheur.

J'encaisse plutôt bien les coups en général, mais il ne faut pas toucher à mes bijoux de famille. Quand j'étais enfermé dans cet établissement pour mineurs, un des jeunes m'a filé un coup de pied dans le bazar et je l'ai poignardé avec un crayon HB. Ma sensibilité concernant mes parties intimes vient sans doute des innombrables sévices et tentatives de viol que j'ai subis, perpétrés par une ribambelle de pères, oncles, grands-pères, grands frères et autres dégénérés que l'État avait chargés de me donner une bonne éducation chrétienne. J'ai bien écrit « tentatives », tu l'auras noté. Nombre de ces braves gardiens de la jeunesse dévoyée mangent aujourd'hui à la paille le rata subventionné par le gouvernement. Mais je digresse.

– Quand même, cet enculé a fini par se réveiller.

Je suis dans une pièce remplie de maffieux de pacotille en costard, couverts de logos de marques de luxe, comme les sacs à caniche de ces baby-sitters de Beverly Hills et de l'Upper East Side qui se tapent leur patron. Et je ne te parle pas des pompes ! Est-ce que tu savais que Gucci faisait des mocassins en autruche avec des talonnettes de dix centimètres et des bouts en argent gravés à l'effigie de la Vierge ? J'ai dû rater ça pendant la semaine de la mode. Moi qui croyais que ces dinosaures d'Atlantic City s'étaient fondus dans le folklore de la culture populaire, comme l'ardoise magique et les cadeaux Bonux.

– Écoute bien, connard. On te pose des questions. Tu nous donnes des réponses. Si elles nous satisfont, on est gentils. Sinon, on te flanque la dérouillée de ta vie.

La tronche de cake qui a piqué ses répliques à un film sur la maffia approche son visage du mien et me lance un regard qui se veut très méchant.

– *Capisce ?*

Je ne peux pas m'empêcher de pouffer. Il me file une baffe du revers de la main et la bague à son petit doigt tinte contre mes dents.

– Est-ce qu'il y a encore quelque chose de drôle dont tu voudrais nous faire profiter ?

– Non, monsieur.

– Bien, je vois qu'on se comprend.

Un autre gros lard entre dans mon champ de vision. Lui aussi a des cicatrices de varicelle. Avec en prime une haleine qui pue l'ail et le café. Ce type sent comme l'intérieur d'une bûche en putréfaction.

– Pourquoi est-ce que tu t'intéresses à Frank Bendini ?

– Je ne comprends pas de quoi vous parlez.

Paf ! Cette fois, j'ai droit à un coup au sternum. Je m'attendais à le recevoir dans la figure et je suis paralysé par une série de palpitations nauséeuses.

– Comme tu peux le constater, connard, je n'ai pas aimé ta réponse.

– Il est idiot ou quoi ? braille un de ses copains.

J'examine rapidement l'endroit où nous nous trouvons. Il semble que nous sommes dans un sous-sol inachevé de ce qui doit être le pavillon minable d'un petit gangster du New Jersey qui essaie de s'élever dans la hiérarchie du clan, mais qui est loin d'être Tony Soprano. Ils sont cinq, en comptant celui qui est devant moi. Peut-être six. Je distingue une forme. Seulement, je ne vois pas si c'est quelqu'un qui me regarde dans l'ombre ou si c'est le nain de jardin à l'effigie de Jésus que Mama Luigi ne sort que pour les fêtes religieuses. C'est bizarre. J'aurais pourtant juré qu'il y avait quelqu'un mais, le temps de cligner les yeux, il a disparu.

Paf ! Je me ramasse un mocassin à glands dans le tibia. Putain, ça fait mal !

– Tu t'ennuies avec nous ?

Rires gras. Ces débiles mentaux se croient vraiment drôles.

– Non, monsieur.

– Bien, dans ce cas, explique-moi pourquoi tu surveillais la baraque de Bendini. Vu que t'es pas un Black, j'imagine que t'étais pas là pour lui piquer ses boutons de manchettes.

C'est à peine s'ils ne se roulent pas par terre. Je sens que je vais m'énerver.

– Surveiller ? Je ne comprends pas...

Un violent bourdonnement. J'ai les couilles qui tremblent et qui brûlent. Je ne peux pas m'empêcher de crier. Je le regrette aussitôt. Montrer que t'as mal à ce genre de mec, c'est comme filer un paquet de chips à un gamin obèse. On sait quand il commence, mais on ne sait pas quand il s'arrête.

– Je crois qu'on a été trop gentils.

Il agite un sécateur rouillé sous mon nez.

– À partir de maintenant, c'est un doigt par mauvaise réponse. Si tu continues à te foutre de notre gueule, bientôt tu devras branler ta sœur avec un moignon.

– J'essaie de vous aider.

– Chut !

Il plaque un gros index qui sent le cul contre mes lèvres.

– On sait que tu prépares un coup, connard. C'est notre boulot de savoir ce genre de choses. On a trouvé plein de trucs intéressants dans ta bagnole. Et on s'est dit que tu voulais descendre le type.

Il me tapote l'épaule et met mon pouce entre les lames du sécateur.

– Perdre un doigt, c'est chiant. Mais perdre un pouce, tu redeviens carrément un singe.

Les autres se bidonnent.

– Fermez-la ! hurle-t-il.

– Alors, si je comprends bien, vous travaillez pour M. Bendini ?

Ils sont morts de rire. Je suppose que ça veut dire oui.

– Oui, connard. On l'a appelé. On lui a dit qu'on avait chopé un sale petit curieux. Il a dit qu'il arrivait. Pas de bol, parce qu'il est pas aussi sympa que nous, je te préviens.

Merde, merde et merde. Je n'ai plus de temps à perdre. Faut que je me tire de cette surprise-partie pourrave vite fait ou ma mission va être salement compromise. Mais rigolons un peu avant.

– Donnez-moi une clope et je vous dirai ce que je sais.

L'un d'eux allume une cigarette et me la fiche entre les lèvres.

– Vous avez vu *True Romance* ?

– Ah oui, super film !

Tout le monde semble d'accord.

Comment des demeurés pareils sont-ils parvenus à contrôler quoi que ce soit dans ce pays ? C'est un truc qui me dépasse.

– Vous vous souvenez de la scène avec Christopher Walken et Dennis Hopper ? Quand Hopper fume une Chesterfield et explique à Walken l'origine des Siciliens ?

Maintenant, je suis le seul à me marrer.

– Ouais. Hopper s'est pris une balle dans le crâne après ça.

– Peut-être. Mais ça marche toujours. Il savait qu'il allait crever, alors il a préféré faire sa sortie en fanfare et insulter les plus gros maffieux de la ville.

– Tu veux en venir où, connard ?

– C'est simple. Vous n'êtes même pas siciliens. Vous êtes bien plus bas dans l'arbre de l'évolution. Vous êtes les putains de taches de graisse qui ont goutté du cul de votre *mama* et qui ont salopé la nappe à carreaux.

– Tu veux ouvrir ta grande gueule ? Attends, je vais t'aider.

Le gros s'approche de ma bouche avec son sécateur. Mais je suis prêt. Je me renverse en arrière et le siège se casse sous moi. Je suis libre, avec seulement les accoudoirs brisés encore ligotés à mes poignets. C'est mon jour de chance, me dis-je, tandis que j'enfonce la pointe acérée du pieu attaché à mon bras droit dans le double menton du mec. Je lui embroche la langue et perfore son palais jusqu'au cerveau. Il sautille par terre comme un poisson qu'on vient d'assommer. Du sang rouge vif gicle à gros jets de sa bouche.

Les autres cherchent leurs armes, mais j'ai déjà récupéré le pistolet du type et j'en profite pour viser les couilles des deux abrutis les plus proches. À présent, on rigole pour de bon. Ils se plient en deux, tenant ce qui reste de leurs bijoux de famille. Vu le calibre que j'ai entre les mains, un joli petit .45, ça doit pas faire lourd. L'un d'eux se jette sur moi et je l'achève en enfonçant l'accoudoir attaché à mon poignet gauche dans son orbite. Un autre poisson sur le pont ! Allumez le barbecue !

Il en reste deux. Le premier n'est pas con. Il a commencé par se mettre à l'abri, puis il a dégainé. Le second essaie d'ôter la sécurité de son Glock.

– Si je peux me rendre utile.

Aussi sec, je lui flanque un coup de pied pour lui faire lâcher le pistolet, je le rattrape et lui balance deux pruneaux dans la bouche avant qu'il ait le temps de la refermer.

Je mets ma main en cornet autour de mon oreille.

– Tu disais quelque chose ?

Il gargouille et tombe en avant, s'écrasant le visage par terre. Ses dents flottent dans une flaque de sang. À présent, c'est vraiment la fête au village.

Ah oui, le type qui s'est planqué ! Il est derrière un ballon d'eau chaude. Je reprends le .45 et je perce un trou dans la citerne. Une douche bouillante s'abat sur lui. Son visage et son cou virent au rouge cloqué. Il s'avance en titubant, alors je lui donne un coup dans la nuque qui lui brise trois cervicales. Il s'affaisse comme une poupée de chiffon.

– Je pense que je vais la fumer, cette Chesterfield, à présent.

Je récupère ma cigarette abandonnée et aspire une longue bouffée.

– On s'amuse bien ?

Merde. Il y avait bien quelqu'un dans l'ombre. Il sort. Ça doit être le chef et j'ai bien peur qu'il n'ait repris l'avantage. Il pointe un Desert Eagle sur ma poitrine. Enfin un gars qui manifestement a appris à se servir d'une arme. Mais je suis mal barré s'il presse la détente.

– Attendez, je sais ce que vous allez dire. « Fais pas le mariole » ?

– Très drôle. Tu as une idée du temps qu'il va me falloir pour remplacer cette bande de débiles morts ?

Je ris. Ce mec me plaît. Mais il va me descendre.

– Ce genre de flingue a beaucoup de recul.

– Pas de souci. Je suis capable de tirer deux balles à la suite dans le même trou. C'est qu'une question d'entraînement.

– Impressionnant.

– Pas autant que ce que tu viens de faire.

– En fait, je suis pas très en forme aujourd'hui.

Il se marre. Quand on rit, on exhale pas mal d'air. En plus, il fume comme un pompier, si j'en crois sa voix rauque. Il expire et, pendant un instant, son corps se détend. C'est pour cette raison qu'on tire en général sur l'expiration : la main n'est pas crispée. Après avoir ri, il va prendre une grande inspiration. Sa poitrine va se gonfler et il aura plus de mal à viser.

Il inspire. J'expire.

Je tire avec mon .45 en le gardant à la hauteur de la taille, parce que son cerveau réagira moins vite à un mouvement un peu en dessous de son champ de vision. Si j'avais essayé de le lever, j'étais mort. La balle le touche à la hauteur de la boucle de sa ceinture Ermenegildo Zegna, la fend en deux et pénètre dans son abdomen. En plein dans le bide. Je ne pouvais pas faire mieux. Je me laisse tomber par terre quand il fait feu à son tour. C'est risqué, car il pourrait m'atteindre à la tête. Mais ce serait vain de tenter de l'esquiver, parce qu'une balle de .50, c'est gros comme un champignon, et un impact au niveau de la poitrine, même en biais, provoquerait des dégâts que le meilleur chirurgien en traumatologie serait incapable de réparer.

Le champignon de plomb frôle mon oreille droite et perce un trou de quinze centimètres dans la cloison derrière moi. Lorsque mon cul atterrit sur le béton, ma mâchoire fait clac ! et mon .45 fait boum ! Cette fois, je l'ai levé et j'ai tiré pour tuer. Je vois aussitôt un orifice fumant dans sa gorge et, à la manière dont il s'effondre comme une marionnette dont on a coupé les fils, j'en déduis que mon champignon à moi lui a tranché la moelle épinière. Il s'affale contre une machine à laver vert bouteille et me regarde avec des pupilles dilatées.

– Pourquoi est-ce que tu ne m'as pas descendu pendant que je canardais tes porte-flingues ? T'aurais eu aucun mal quand j'étais occupé, dis-je à son cadavre.

Il reste silencieux. Peu importe, je connais la réponse : manque d'humilité.

Règle n° 9 : « Dieu résiste aux orgueilleux, mais il fait grâce aux humbles. »

Dans ce boulot, pour survivre et prospérer, il n'est pas nécessaire d'être super intelligent. Il n'est pas nécessaire d'être super dur, tenace, ni d'avoir un instinct de tueur. L'important, c'est d'être humble. Si tu es humble, tu es une éponge, tu absorbes le monde et tu le laisses te remplir. Si tu es orgueilleux et arrogant, tu restes sec. Tu n'apprends rien. Tu imagines tout savoir, alors que ce n'est pas humainement possible. Et pour finir, tu te retrouves comme un abruti avec une expression sidérée quand tu te prends une balle.

Si tu demandes ce qu'il sait à un maître de kung-fu qui s'entraîne depuis plusieurs décennies, il te dira : « Beaucoup moins que quand j'ai commencé. » C'est parce qu'au début, lorsqu'il croyait tout savoir, son maître lui a flanqué des dérouillées de folie afin qu'il comprenne qu'il n'était qu'un barbare aveugle, lent et ignorant. Et plus il apprenait, plus il se rendait compte qu'il y avait trop de choses à découvrir pour une seule vie. Alors, toi qui n'as que dix ans pour perfectionner ton art sur le terrain, tu as intérêt à ne pas trop la ramener si tu ne veux pas te retrouver avec des yeux de merlan frit comme Al Capone en face de moi, qui a fait dans son froc.

Chapitre 18

Il nous restera toujours Paris

De retour chez moi, tandis que je panse mes blessures et me bourre de Dicodin, je décide que si Bob n'apprend pas les détails de mon expédition, il ne s'en portera pas plus mal, et moi non plus. Il faut simplement que je règle cette histoire très vite. Je vais utiliser à mon avantage le fait que mon visage ressemble à un steak haché cru. J'appelle le cabinet et dis à la secrétaire de Bendini que j'ai eu un grave accident de voiture. Rien n'irrite plus les avocats qu'un mauvais conducteur qui érafle leur bolide rutilant. C'est un affront personnel, une tentative délibérée d'éradiquer la seule chose dans laquelle ils mettent un peu d'eux-mêmes. Ils pensent que même s'ils sont chauves, gros, poilus, puants et affligés d'une microbite, tant qu'ils pilotent une BM, une Porsche 911 ou une Jaguar (bien que, au fond, ce ne soit qu'une Ford améliorée), ils assurent toujours. Alors, si quelqu'un abîme leur unique et véritable amour, ils lui tombent dessus comme la misère sur le pauvre monde.

Ainsi que je m'y attendais, Bendini m'appelle en personne le lendemain matin pour prendre de mes nouvelles et m'inciter à rétablir l'équilibre de l'univers en étripant l'enfoiré qui m'est rentré dedans – même si la plupart des sans-abri vivent dans des voitures plus classes que ma Honda. Mieux, il m'interroge au sujet d'une affaire très importante sur laquelle je travaille et dont il voudrait s'occuper aujourd'hui. C'est une succession emberlificotée qu'un collaborateur a encore plus embrouillée avant d'être viré sans sommation. Si je parviens à démêler ce sac de nœuds, le cabinet pourrait encaisser près d'un million de dollars en frais et commission. Bendini espère sans doute pouvoir blanchir l'argent à l'insu de ses associés, grâce à un compte dans un paradis fiscal quelconque, ce qui lui permettra d'acheter plus d'appartements, d'esclaves et de cigares cubains. Bien sûr, cela fait déjà une semaine que l'équipe de Bob a réglé l'affaire, mais je la gardais en réserve pour un jour comme celui-là.

Je tente le tout pour le tout et déclare que je serais ravi de lui porter le dossier chez lui ce soir. Il accepte et, comme tous les Blancs qui essaient de jouer au basket dans les clubs de sport, il ajoute : « Ça le fait. » Je passe donc la journée à me préparer à RH Inc. Au service technique, on me prépare deux sacs marins remplis d'armes et d'explosifs, le genre de joujoux qu'affectionnent les cartels de drogue. Tu vas adorer les mecs du service technique, ils sont hyper créatifs. Aucune demande ne les effraie. Une fois, je leur ai commandé un lance-roquettes capable de transpercer un blindage à partir d'une boîte de balles de tennis. Hyper efficace. Je l'ai simplement jeté dans une poubelle après avoir fait sauter la limousine visée.

Une fois que je suis équipé et que nous avons mis au point une stratégie d'infiltration basée sur mes photos et les plans de la propriété, Bob m'appelle dans son bureau. Lorsque j'arrive, je suis soulagé et un peu soupçonneux, car il est d'excellente humeur. Après avoir récapitulé la procédure avec moi, il tente de m'appâter avec une proposition qui ne se refuse pas.

– Alors c'est fini ? dit-il d'un air nostalgique.

– Ouais. J'ai du mal à réaliser qu'après ce soir, je fais une croix sur tout ça.

– Tu n'as vraiment pas envie de rempiler ?

– Non. Je veux m'essayer à quelque chose d'autre. Me diversifier.

– Qu'est-ce que tu pourrais faire qui rivalise avec ça ?

– C'est terminé, Bob. Je suis prêt à mener une vie normale. Je ne veux rien qui rivalise avec ça. Sinon, je continuerais.

Il sourit comme s'il savait quelque chose que j'ignore.

– Vends des assurances-vie. C'est facile, chiant et à l'abri de la récession.

– Ce serait le comble de l'ironie.

– On a besoin de toi ici, John.

– Bob, je me rends compte qu'il n'y a pas de limite au nombre de personnes que d'autres souhaitent voir mortes, malheureusement, moi j'en ai, des limites. J'ai l'impression que je peux encore passer à autre chose sans me traîner trop de casseroles. Mais si je n'arrête pas maintenant, je ne le ferai jamais.

Bob a bien compris que je suis en train de lui dire que je ne veux pas devenir comme lui.

– J'ai songé à tout lâcher une fois. Je suis même parti pendant trois semaines.

– Tu as de la chance d'être toujours en vie, Bob.

– Oui, mais ils étaient sûrs que je reviendrais. Ce boulot, c'est ce que je sais faire. La seule chose que je sache faire.

– Tu crois que je vais me débrouiller sans RH ?

– Je ne t'ai jamais raconté de salades et je ne vais pas commencer aujourd'hui. Je pense que tu ne tiendras pas plus de cinq minutes dans la fourmilière. Ton cerveau n'est pas programmé pour ça.

– Bien sûr. Ça me fait peur à moi aussi. Mais il faut que j'essaie.

– Pourquoi ? Tu seras bien avancé après. Continue un peu. Prends ta retraite à 40 ans.

– Et ensuite, je fais quoi ? Je pars vivre seul sur mon île tropicale ? Et à 41 ans, je me tire une balle dans le crâne parce qu'il y a trop de choses à l'intérieur que je voudrais faire exploser pour les étudier sur le mur ?

– C'est ce qui me guette, à ton avis ? J'en ai 43.

– Non, Bob. Tout ça, c'est normal pour toi. Et je t'envie. Même si je suis doué pour tuer, ça ne me semblera jamais naturel. Je suis conscient que c'est un service qui a toujours existé et qui existera toujours. Je sais que les gens qu'on élimine sont généralement des ordures. Mais ce n'est pas tant ce qu'on leur prend qui m'inquiète que ce qu'ils nous prennent. Est-ce que tu vois ce que je veux dire ?

– Pas vraiment, mais chacun son truc. Tout ce que je te demande, c'est de réfléchir à cette proposition.

Bob me tend une pochette.

– Un autre contrat ? Mon anniversaire, c'était la semaine dernière.

– Non. Un nouveau poste. À Paris. La plus belle ville du monde. Un appartement. Une résidence secondaire. Des voitures. La possibilité d'utiliser un avion privé quand tu en as besoin. Tu aurais une mission par an, deux au maximum. Elles seront plus complexes à planifier, mais c'est dans tes cordes. S'il te plaît, étudie ça pour me faire plaisir. Je ne serai pas fâché si tu refuses. Sidéré, mais pas fâché.

Il me fait un vrai sourire. Merde, je crois que je n'avais jamais vu ça. On dirait quelqu'un d'autre. Comme si un copain qui portait la barbe depuis toujours se rasait soudain. On pourrait le croiser dans la rue sans le reconnaître.

– John, je me rends compte que j'ai parfois été dur. Je m'excuse si ça ressemble à un cliché, mais c'était pour ton bien. J'étais sûr que tu étais capable de durer. Le talent, c'est le talent, et tu en as tellement que des fois ça m'énerve. En tout cas, sache que je te considère comme un ami, même si ce n'est pas réciproque.

– Je te considère aussi comme un ami.

Je mens, car ma relation avec Bob est trop bizarre pour parler d'amitié. Il y a un lien entre nous, c'est indéniable, même si je suis incapable de le définir.

– Et puisqu'on est dans les clichés, parfois j'ai l'impression que tu es un peu le fils que je n'ai jamais eu. Je vois défiler beaucoup de gamins ici, mais tu me fais penser à moi à ton âge.

– Tu devais être un bel enculé.

– Merde. Arrête de faire le malin cinq minutes, John. Pour une fois que j'essaie de tomber le masque. Si je joue le rôle du méchant patron, c'est parce que je veux que tu restes en vie.

– Je te présente mes excuses, Bob.

– Je tenais simplement à te dire ça avant que tu quittes RH. C'est tout. Après, tu en fais ce que tu veux.

– Tu me manqueras aussi, Bob. Et je vais réfléchir à ta proposition.

– Merci, John. Allez, buvons un verre.

Il sort une bouteille du tiroir de son bureau. Je la reconnais immédiatement. Glen Garioch, 1958, un bourbon de quarante-six ans d'âge, distillé, croyez-le ou non, en Écosse. Une aberration, comme moi. Il en existe seulement trois cents bouteilles. Une de mes cibles, il y a cinq ans, en possédait vingt-cinq – à environ trois mille dollars pièce. Détail amusant, le bonhomme avait pour moi les mêmes sentiments paternels que Bob se prête. À la différence près que le jour où il m'en a servi un verre, je l'ai tué. Tandis que nous dégustions notre whisky, il m'a avoué que son propre fils faisait son désespoir, qu'il dépensait tout son argent en cocaïne et en strip-teaseuses, quand il ne bousillait pas des voitures de sport. Sur le ton de la plaisanterie, il a ajouté qu'il devrait le rayer de son testament et mettre mon nom à la place. Nous étions seuls dans son bureau. Je lui ai répondu que si son fils se conduisait ainsi, c'était qu'il l'avait trop gâté. Que ce genre de garçons ne devenaient jamais des hommes, qu'ils restaient des gamins toute leur vie. Il m'a demandé ce qu'il pouvait faire pour y remédier. Je lui ai répliqué que le mieux, ce serait encore qu'il perde son père le plus vite possible. Sur ce, je l'ai abattu et je lui ai tranché la tête. Il travaillait à la Sécurité intérieure et se servait de ses passe-droits pour faire du trafic de drogue et d'armes avec l'Amérique du Sud – une concurrence que les cartels appréciaient modérément. Autrement dit, tout le monde a cru que c'étaient eux qui l'avaient exécuté et qui avaient laissé sa tête sur la balance dans le vestiaire de la salle de gym des cadres supérieurs.

Tandis que je sirote le même whisky en compagnie de Bob, je suis tenté d'évoquer l'épisode, mais je me ravise à temps. C'est le genre d'anecdote qui jetterait un froid. Bob commencerait à se demander si je suis en train de le menacer à mots couverts. Nous trinquons donc à la réussite et vidons quelques verres. Quand je pars, je vois Bob ranger la bouteille et je suis persuadé qu'il ne la ressortira que pour boire seul.

Deux heures plus tard, je suis en état d'alerte maximale. Je suis convaincu que la proposition de Bob était un test. Il sait que je change rarement d'avis. Même si j'ai pris le dossier et promis de l'étudier, je n'ai aucune intention de dire oui et il en est conscient. Qui refuserait un billet pour Paris, avec du fric à jeter par les fenêtres, des résidences de fonction et un jet privé en prime ? Uniquement quelqu'un qui veut vraiment raccrocher. Donc, si je n'accepte pas son offre, je dois me faire à l'idée que Bob va envoyer un commando pour me liquider dès que j'en aurai fini avec Bendini. Il doit estimer que je représente une menace à partir du moment où je quitte le milieu et qu'il vaut mieux... Tu imagines la suite : un cadavre sans visage, sans doigts, divisé entre six sacs-poubelle et dissous dans la cuve d'acide sulfurique d'une usine chimique au fin fond du New Jersey. Classique.

Je suppose que je n'avais jamais vraiment réfléchi à ce que Bob ferait quand je voudrais arrêter, car je ne pensais pas vivre assez vieux pour cela. Mais maintenant que la question se pose, l'idée de devoir organiser ma fuite en plus de l'assassinat de Bendini me fout en rogne. Je crois entendre Bob donner ses instructions au téléphone à son escadron de la mort, du même ton que s'il commandait une pizza. Le whisky confessionnel, c'était simplement pour apaiser sa conscience, parce qu'il sait que je suis mort et il a envie de pouvoir dormir tranquille. Je n'ai jamais été aussi seul. Jusque-là, j'ai toujours eu Bob et l'équipe de RH. C'était ma vie. Mais c'est fini. Dans quelques heures, ce seront mes pires ennemis. Dualité... Maintenant, tu vois ce que je voulais dire ?

Chapitre 19
Une vie de chien

La dernière fois que j'ai piqué une voiture, c'était il y a trois ans, pour filer le plus vite possible avant que le service de sécurité ne m'arrose de balles. Une Ford je ne sais plus quoi. Pas de quoi frimer, mais facile à voler. Ce soir, j'ai besoin d'une caisse un peu plus classe – et qui en a sous le capot. Il faut aussi qu'elle soit assez spacieuse pour mon arsenal. Dans ce genre de situation, oublie les bagnoles de sport. Il n'y a même pas la place de ranger des clubs de golf. Soudain, je tombe dessus. L'engin idéal. Un coupé Cadillac CTS-V. Huit cylindres, six cents chevaux. Boîte de vitesses manuelle pour une meilleure reprise. Des pneus et une suspension de compétition. Des sièges Recaro qui te tiennent bien dans les virages. Celle-ci est noire. On dirait la Batmobile. J'ai vu le propriétaire la laisser au voiturier devant un restaurant. Il est allé la garer au fond d'un parking sombre. Fastoche. Le conducteur était un blaireau, en plus. Un quinqua habillé comme s'il avait 19 ans. Le genre qui se croit cool avec ses poignées d'amour qui débordent de son jean slim.

Il y a deux types de voitures, celles qui sont impossibles à voler et celles qui s'offrent sur un plateau. La Cadillac, elle est un peu entre les deux. Tout à fait faisable. Le hic, c'est la portière. Mais c'est mon dernier contrat et j'aurai besoin d'un moteur puissant pour me tirer si on envoie une escouade à mes trousses. En plus, elle passera inaperçue à Scarsdale, où tout le monde a l'autorisation d'imprimer des billets. Alors je crochète la serrure et je neutralise le transformateur du système de sécurité au-dessus des pédales avec un Taser. Pendant que j'y suis, je sectionne les fils d'allumage – non, je ne compte pas faire démarrer la voiture en les mettant en contact. Ce genre de truc, ça marchait encore bien dans les années 1990, mais, depuis, toutes les bagnoles sortent de la chaîne avec un dispositif anti-démarrage qui ne peut être désactivé qu'en coupant... tu l'as deviné, les fils d'allumage. À présent, je dois faire croire à l'ordinateur de bord que j'ai le transpondeur. Ce que je fais à l'aide d'un émetteur sans fil qui bombarde le calculateur de signaux jusqu'à ce qu'il trouve les bons. Après environ quinze secondes, le récepteur reconnaît le code attendu et envoie l'autorisation de démarrer. Le moteur ronfle.

Pendant le trajet, j'ai une petite crise d'introspection. À Manhattan, je n'ai pas souvent l'occasion de conduire et ça me manque. À l'intérieur d'une voiture, surtout quand c'est une bulle parfaitement hermétique comme celle-ci, il se crée un silence qui permet à l'esprit de vagabonder. Mon plan pour éliminer Bendini est gravé dans ma tête, alors je m'autorise à penser à autre chose.

À Alice, par exemple. La musique à la radio joue sur mes émotions et je me rends compte qu'elle va me manquer. On a bien rigolé ensemble. Que va-t-elle imaginer une fois Bendini mort ? Va-t-elle me soupçonner ? Et le cas échéant, va-t-elle me poursuivre ? On pourrait se faire un remake de *Hors d'atteinte*, avec moi dans le rôle de George Clooney et elle dans celui de Jennifer Lopez. Elle serait l'agent un peu bourru qui tombe amoureuse du criminel affable. Son père serait peut-être flic, comme Dennis Farina dans le film. Il tenterait de l'aider, parce que, parfois, l'amour est plus important que le devoir ou la loi – ou va savoir quel message Elmore Leonard essayait de faire passer. Ou alors elle irait jusqu'au bout du monde pour m'arrêter. En tout cas, j'aimerais bien la revoir, ne serait-ce que dans mon viseur.

Quand on parle du diable... Elle vient de m'envoyer un SMS. Elle me propose une petite séance de jambes en l'air.

Si seulement je pouvais ! Je réponds : « J'ai du travail. Impossible de me libérer. » Elle : « Dégonflé. » Je l'imagine étendue sur son lit, dans cette atroce robe de chambre rose qu'elle a depuis la fac, réfléchissant à ce qu'elle va m'écrire. Merde, elle va me manquer. J'ajoute : « Bonne nuit. Je t'embrasse », tandis que les lumières de Scarsdale apparaissent au loin.

Règle n° 10 : « Ne pas dédaigner les renforts chimiques. »

Pour être un prédateur, il faut avant tout avoir les sens aiguisés. Au quotidien, ils ont tendance à s'émousser. La télé, les plats tout prêts, la pollution, l'apathie qui résulte de la vie dans une société automatisée aux émotions préfabriquées : tout concourt à nous ramollir et au bout du compte nos sens sont aussi affûtés qu'un couteau à beurre. Dans ce cas, la chimie peut venir à notre secours. Les amphés, plus précisément. Laisse-moi clarifier un point : ce n'est pas qu'une drogue qui rend fébrile et crispe la mâchoire. Les amphétamines, ou a(lpha)-m(éthyl)-ph(ényl)ét(hyl)amine, sont un stimulant du système nerveux central (qui contrôle l'activité consciente de l'organisme, comme les mouvements) et du système nerveux sympathique (qui régule ses activités inconscientes, en particulier le rythme cardiaque). Cette excitation déclenche la libération de noradrénaline (énergie), de dopamine (cognition) et de sérotonine (humeur). D'une certaine manière, c'est un rappel de l'époque glorieuse où nous étions des hommes des cavernes ivres de violence et de sang. C'est pour cette raison que c'est une substance addictive. De quoi parer à tous les imprévus.

La propriété de Bendini s'adosse à une forêt nationale. C'est par là que je l'approche, en tenue de commando noire. Un rempart de trois mètres de haut, surmonté de barbelés rasoirs, se dresse devant moi. Mais, à mes yeux, c'est une porte d'entrée, pas un obstacle. J'escalade le mur, couvre les barbelés de mon poncho en Kevlar et saute de l'autre côté en moins de trente secondes. J'atterris sans un bruit et je reste accroupi un instant, immobile. Je suis le prédateur qui sent le vent, qui flaire la chair fraîche.

Un chien de garde arrive presque aussitôt. Un akita inu, l'une des quatre espèces les plus proches du loup. Comme lui, ils chassent en silence. Aboyer, c'est révéler sa position. C'est ce que fait un chien qui ne sait pas chasser. Il m'a senti et il se dirige vers moi. Il a le pelage noir, ce qui est rare chez ces animaux, et je le distingue à peine dans l'obscurité. Mais je vois briller ses dents et le blanc de ses yeux. Il court à toute vitesse, prêt à me sauter dessus et à s'abattre de tout son poids sur ma gorge. Pendant une fraction de seconde, j'envisage de sortir mon couteau. Pour l'amour du sport. Puis je me ravise lorsque sa silhouette se découpe au clair de lune. Il doit faire cinquante kilos. Ses pattes énormes arrachent des mottes de terre de quinze centimètres de diamètre tandis qu'il galope à près de 45 kilomètres/heure. Le Serpent, tu te souviens ? Je dégaine et je le charge d'un puissant cocktail somnifère. Je ne tue pas les chiens. Ce n'est certainement pas un « animal sans défense », mais il fait seulement le boulot pour lequel on l'élève depuis des siècles. J'attends qu'il s'élance sur moi pour faire un saut de côté. Ce n'est pas évident de changer de direction en plein vol, mais il essaie, rejetant sa tête en arrière. Ses dents claquent à trente centimètres de mon visage. Je vise le ventre. Il jappe et s'écrase par terre avec la grâce d'un sac de patates. Il se relève et titube pendant quelques secondes, puis se couche et s'endort comme Médor devant la cheminée.

Il doit y en avoir d'autres. Je pique un sprint jusqu'à la pelouse qui borde la résidence. Dans les arbres tout autour, j'installe des « black cats », des explosifs qui tirent des salves de six balles de 9 mm. Lorsque le feu d'artifice va commencer, on aura l'impression que le site est pris d'assaut par l'armée bolivienne tout entière et ça canardera tellement que les gardes vont tomber comme des mouches. En matière de diversion, on ne fait pas mieux et je ne suis pas avare avec les munitions. J'entends les chiens qui se rapprochent. Je fonce, propulsé par un mélange d'amphé et d'adrénaline à très haut indice d'octane. Je ne m'arrête pas pour souffler avant d'avoir escaladé le mur dans l'autre sens et regagné la Cadillac. Alors je m'écroule, pantelant, mon cœur sur le point d'exploser.

Lorsque j'ai repris haleine, je jette un coup d'œil à ma montre. J'ai quinze minutes de retard. Bendini doit commencer à s'impatienter et, le temps que je me prépare, il risque même de refuser de me recevoir. Je me change rapidement et me nettoie le visage. Un instant plus tard, je frappe à la porte, ma mallette à la main. Deux colosses élevés au grain, en nage dans leurs costumes à fines rayures, ouvrent la porte.

– Vous désirez ? grogne l'un d'eux.

– John Lago. Je travaille pour M. Bendini.

– Regardez l'objectif.

Il désigne une caméra de surveillance au-dessus de moi. J'obéis.

Il touche son oreillette.

– C'est bon.

– Qu'est-ce que vous avez au visage ? demande l'autre garde.

Celui-là me fait l'effet d'un vrai boy-scout. Je sens qu'il ne m'aime pas, même s'il ne sait pas pourquoi. Il attend, le nez froncé.

– On n'imagine pas à quel point le papier peut être coupant.

– On est tombés sur le comique de service. Allez, montrez-moi votre mallette.

Merde. C'était bien la peine de faire tout ça pour gagner la confiance de Bendini. J'ai encore perdu une occasion de fermer ma grande gueule.

– John !

Le maître des lieux descend l'escalier. Il a l'air sincèrement content de me voir. Ce qui fout le boy-scout en rogne.

– C'est bon, laissez-le. Il travaille pour moi.

Il aurait aussi bien pu dire à ses bouledogues de s'asseoir, de rouler sur le dos et de faire le mort. Le visage crispé par la colère, ils s'effacent devant moi. Bendini passe un bras amical autour de mes épaules et m'entraîne vers son bureau, au bout du couloir. Ses sbires nous emboîtent le pas. Mon patron voit que je les regarde. Il sourit et m'invite à entrer. Ils nous suivent à l'intérieur et verrouillent la porte. Merde. Ce type ne plaisante pas. Je me demande si ses petits soldats dorment aussi dans son lit.

– Vous êtes en retard. Et vous avez une sale tête. C'est à cause du barbare qui vous est rentré dedans ?

– Oui, il ne m'a pas raté. D'après mon assurance, j'ai de la chance de m'en être tiré à si bon compte.

– Je veux bien le croire. Ces voitures, ce sont des engins de mort. En tout cas, je vous fais confiance pour nettoyer proprement ce chauffard.

– Ça, oui. Quand j'en aurai fini avec lui, il pourra s'estimer heureux s'il peut encore s'offrir un scooter.

– Voilà ce que j'aime entendre. Bon, voyons ce que vous avez fait avec la succession Foster.

– Pardon, mais il faudrait d'abord que j'aille aux toilettes... La route a été longue.

– Bien sûr. Lars, montrez-lui le chemin.

Lars le gorille tend une main grassouillette vers le couloir et m'escorte jusqu'à la porte. Dans la salle de bains Louis XIV, avec trône plaqué or, je retire le détonateur scotché à l'intérieur de ma cuisse et je tape le code. Aussitôt, la pétarade commence. On dirait qu'un orage de grêlons s'est abattu sur la maison. J'entends des voix qui montent dans les aigus avec un accent de panique. Tant mieux. Ils ne sont pas aussi flegmatiques qu'ils voudraient le laisser croire. Je sors un .45 à canon court (style truand) et un Glock (style service de sécurité) du double-fond de ma mallette.

Lars frappe bruyamment à la porte. Je passe la tête par l'entrebâillement, lui offrant ma plus belle grimace je-pisse-de-trouille-dans-mon-froc.

– Qu'est-ce qu'il y a ? Nous sommes en danger ?

Le brave boy-scout voit l'expression d'affolement digne d'un oscar sur mon visage et se met illico en mode Hamster Jovial.

– Cachez-vous dans la baignoire et ne bougez pas.

Dehors, le feu d'artifice redouble de fureur et il tressaille. J'ai presque envie de le pincer en criant : « Vu ! », mais mieux vaut remettre les farces de gamin à plus tard. Alors je lui colle une balle de 9 mm dans le front avec le Glock et le tire à l'intérieur des toilettes. Maintenant, je vais descendre Bendini et ses poteaux avec le .45, puis je le placerai dans la main de Lars. Encore faut-il que je parvienne à tuer Bendini d'ici dix minutes – la marge d'erreur du médecin légiste pour établir l'heure du décès. Ensuite, à moi la liberté.

La vibration dans ma poche me fait sursauter. Je sais tout de suite qui c'est, car, quand je suis en mission, je ne prends que mon téléphone RH et seul Bob a ce numéro. De toute ma carrière, je n'ai jamais eu à décrocher en pleine opération. Je le sors. Vingt appels manqués de Bob. Hein ? La maison doit être équipée d'un brouilleur d'ondes, une mesure défensive contre les logiciels de géolocalisation du FBI. Il écume.

– Bob ? dis-je tout bas.

– John ?

– Oui.

– Annule tout.

– Merde.

Je pourrais demander : « Pourquoi ? » ou « Qu'est-ce qui se passe ? », mais ce serait idiot. S'il m'ordonne d'annuler, c'est qu'il a une bonne raison.

– Ça fait une heure que j'essaie de te joindre. Où est-ce que tu étais ?

On frappe encore. Je raccroche, j'éteins la lumière, j'attrape le corps du garde et je sors son Glock de son étui. Putain qu'il est lourd ! La porte s'ouvre brutalement et je tiens Lars devant moi. Je le jette sur l'intrus qui fait feu. Une balle transperce le cou du cadavre et va se loger dans le mur carrelé. Je suis couvert de sang, de viscères et de je ne sais quels poux exotiques. Le tireur allume et me voit. Puis il reconnaît son pote.

– Tombé sous les balles amies, dis-je avant de le descendre avec le Glock de Lars. Il s'écroule. J'arrange le premier de manière qu'on puisse croire que les deux gardes paniqués se sont entre-tués par accident, au moins jusqu'à l'arrivée des super cracks de la scène de crime. Je sais, c'est un peu le bordel, mais maintenant, il faut que j'improvise ! Je fourre le .45 dans mon pantalon et je cours retrouver Bendini. Dans son bureau entouré de fenêtres, il risque de prendre une balle perdue. Et s'il se fait buter, mon compte est bon. Bob ne croira jamais que je ne suis pas responsable. Je le trouve sous la table, un mince filet de sang coulant sur son visage.

– Monsieur Bendini, vous êtes blessé ?

– John ! Mon Dieu ! Qu'est-ce qui vous est arrivé ?

– Sortons d'ici. Cette pièce est un vrai aquarium.

Je le traîne dans le couloir, riant sous cape à la pensée que moi, Pinocchio, j'ai sauvé héroïquement Geppetto de mes propres balles qui continuent leur sarabande, brisant les vitres et trouant plusieurs tableaux de chasse à courre. Pourquoi tous ces bourges se figurent-ils que le summum de la classe, c'est cette aristocratie anglaise poussiéreuse ? Ça me dépasse.

Deux gorilles nous attrapent et nous emmènent dans une chambre forte comme des agents secrets en service commandé pour protéger le Président. À l'intérieur, on n'entend plus rien, mais on peut suivre ce qui se passe sur les écrans des caméras de surveillance. Les gardes morts parsèment la propriété.

– Putain de merde ! s'écrie un de nos sauveurs.

Je m'oblige à vomir dans la poubelle pour être plus convaincant. Les types de la sécurité me regardent avec dégoût et commisération. Une réaction prévisible face à ce qu'ils pensent être un scribouillard paralysé de terreur.

Un autre membre de l'équipe entre dans la pièce, affolé.

– Lars et Victor se sont tirés dessus. Par accident.

Merci pour ce témoignage poignant, monsieur le gorille. Vous êtes mon meilleur vendeur du mois. Vous avez gagné un voyage à Hawaii.

– J'étais là, interviens-je avec une grimace barbouillée de vomi. C'est horrible.

Bendini secoue la tête.

– Quels amateurs !

Un éclat de rire me monte à la gorge, vite transformé en quinte de toux.

Dehors, ça s'est calmé. Toutes mes balles ont été tirées. Dans la pièce, on pousse un soupir de soulagement. Des sirènes de police se rapprochent rapidement de la maison. Bendini va pour me passer le bras autour des épaules, mais se ravise à la vue des éclaboussures du cerveau de Lars sur mon costume. Il se contente de me donner une tape maladroite dans le dos.

– Je m'excuse, John. Comme vous le constatez, j'ai quelques... ennemis.

– Tout va bien, monsieur Bendini. Je suis heureux que vous soyez sain et sauf.

– Grâce à vous.

Il adresse un regard méprisant à ses gardes.

– J'aimerais pouvoir vous en dire autant, mais vous n'êtes qu'une bande de primates qui me coûtez les yeux de la tête.

Ils bredouillent des excuses et font tous des mines de chiots battus.

– Je vous dois une fière chandelle, petit, poursuit Bendini, reprenant sa voix de grand-père.

J'aurai peut-être droit à un couteau suisse et à un sac de bonbons.

– Ce n'est rien, monsieur.

– À ce propos, John, je vous serais reconnaissant de rester discret au sujet de cet incident. Je préférerais que la nouvelle ne se propage pas au bureau. Si on apprenait qu'il y a eu une fusillade chez l'un des associés, il pourrait y avoir des tensions. Ce n'est pas bon pour les affaires. Vous comprenez ?

– Tout à fait. Vous pouvez compter sur moi. Rien ne sortira de cette pièce.

– Vous irez loin, jeune homme. J'espère que vous en êtes conscient.

Je commence à penser que je vais finir par rester assez longtemps chez Bendini, Lambert & Locke pour lui donner raison.

Ministère de la Justice des États-Unis
FBI
Washington, D.C. 20535

TOUTES LES INFORMATIONS CI-INCLUSES
SONT CONFIDENTIELLES.

Transcription de surveillance : enregistrement sonore – caméra à fibre optique.
Lieu : AKA Bar, East Village, Manhattan.
Sujets : John Lago, Alice (censuré).

Lago : Salut !

Alice : Qu'est-ce qui t'est arrivé ?

Lago : J'ai été agressé. À un distributeur de billets.

Alice : Tu aurais pu te faire tuer !

Lago : Tu n'as pas vu dans quel état est l'autre type.

Alice : Manifestement, tu n'as pas eu la note de service qui spécifie qu'il faut toujours obtempérer dans ces cas-là. Ça ne vaut pas le coup de mourir pour le contenu de ton portefeuille à fermetures en Velcro.

Lago : Il faut revenir à la grande époque du far west. La justice expéditive. On installe une potence à Time Square. Tous armés et prêts à dégainer pour un regard de travers.

Alice : Tu es un rustre.

Lago : Non, Clint Eastwood pour vous servir, ma chère.

Alice : Clint ne boit pas de margarita.

Lago : Je ne suis pas un gros buveur... (Il prend un accent bizarre.) Un whisky, barman. La bouteille.

Barman : Ce n'est pas sur la carte, cow-boy.

Lago : Pourquoi est-ce que tout le monde m'appelle comme ça ?

Barman : C'est bon ?

Alice : Oui, merci.

Lago : En selle, belle dame. Nous partons vers le soleil couchant. Ou au moins vers un bar tenu par des étrangers où on pourra faire ce qu'on veut.

Alice : Arrête ton délire *Police des plaines*. Ça me tue.

Lago : « Mourir, c'est une drôle de façon de gagner sa vie… »

LONG SILENCE.

Lago : Dis-moi que tu connais cette réplique.

Alice : Ça ne me dit rien.

Lago : Tu déconnes ? C'est une des répliques les plus célèbres de Clint. Dans un film non moins célèbre. *Josey Wales hors-la-loi.*

Alice : Les westerns, c'est pas mon truc.

LAGO ÉMET UN PFF ! MÉPRISANT.

Alice : Allons-y. Tu es bourré.

Lago : « Je ne suis pas un animal. Je suis un être humain. »

Alice : *Elephant Man.*

Lago : Merci, mon Dieu, elle peut encore être sauvée !

LAGO RIT.

Alice : Ce que je préfère, c'est les comédies romantiques, abruti. Je parie que tu n'y connais rien.

Lago : C'est un défi ? Tu veux vraiment que je te refasse la scène d'orgasme pendant le dîner, dans *Quand Harry rencontre Sally ?*

Alice : Pitié, pas ça.

Lago : Alors vas-y. Mets-moi à l'épreuve.

Alice : D'accord. « Tu as dit que tu ne pouvais pas croire en quelqu'un qui ne croyait pas en toi. Moi, je croyais en toi. J'ai toujours cru en toi. Mais c'est en moi que je n'ai pas cru. »

Lago : *Rose Bonbon.*

Alice : Mon Dieu !

Lago : Dieu aussi aime ce film. La suite.

Alice : « L'hiver doit être froid pour ceux qui n'ont pas de souvenirs pour les réchauffer. »

Lago : *Elle et Lui*. Un grand classique.

Alice : Tu pleures ?

Lago : Oui et non. Peux mieux faire.

Alice : « Aimer, c'est ne jamais avoir à dire qu'on est désolé. »

Lago : *Love Story*. Ça, c'est un coup bas.

Alice : Tu pleures. Rentrons.

Lago : Barman, une autre tournée !

Barman : Ça m'étonnerait.

Alice : Je ne trouve pas ça très drôle.

Lago : Qui a dit que ça devrait être drôle ? Encore.

Alice : « Loin de ce monde obscur, vulgaire et mensonger, il existe un pays pour les cœurs raffinés. Loin de ce monde amer, violent et tortueux, il existe un pays pour les amants heureux. »

LONG SILENCE. LAGO MURMURE TOUT BAS.

Alice : Ah ! Je t'ai eu. *Cyrano de Bergerac* ! Ça va, John ?

Lago : Fous-moi la paix.

Alice : John, je...

Lago : Je t'ai dit de me foutre la paix !

BRUIT DE VERRE BRISÉ. D'AUTRES CLIENTS INSULTENT LAGO.

Alice : Va te faire foutre, John. Et bonne continuation. Moi, je me tire.

Barman : Allez, connard, on ne te sert plus et tu te tires, MAINTENANT.

Lago : Toi, tu me touches pas !

BRUIT DE VERRE ET DE BOIS BRISÉS, CRIS DU BARMAN.

FIN DE LA TRANSCRIPTION

Chapitre 20

La mort au téléphone

Règle n° 11 : « Toujours faire quand tu es sobre ce que tu as dit que tu ferais quand tu étais ivre. Cela t'apprendra à la boucler. »

Je cite Hemingway parce que, hier, j'ai bu plus en une seule soirée que dans toute ma vie. En général, j'évite l'alcool, car j'ai vu des hommes censés être mes tuteurs se transformer en monstres quand ils étaient ivres. En plus, ça finit par rendre gros et con. Mais après ce qui s'était passé chez Bendini, j'avais décidé de me saouler, tel un hors-la-loi à la veille d'un duel qu'il est certain de perdre. Et c'est au summum de ma rage nihiliste qu'Alice a débarqué, d'humeur coquine. Je me suis conduit comme le dernier des salauds. Cette fois, je crois qu'elle est dégoûtée pour de bon. Je ne suis pas fier, mais c'était la seule solution. Il faut arracher le pansement d'un coup. Quand elle repensera à cette histoire, elle n'aura aucun regret, car mon nom aura rejoint le mausolée des cas désespérés.

Mais ce n'est pas pour ça que je cite Hemingway. Après avoir manqué d'étrangler le barman et quitté les lieux comme un Godzilla mal dégrossi, j'ai décidé que ce serait une super idée d'appeler Bob à 2 heures du matin. Pour lui laisser un message lui annonçant que je ne bouclerais pas ce dernier contrat et qu'il pouvait aller se faire mettre – ou quelque chose du même style. À présent, il est 5 heures et je suis allongé à plat ventre sur le sol de la cuisine, espérant que tout ça n'était qu'un mauvais rêve. Mon téléphone sonne. C'est Bob qui veut qu'on se retrouve dans un snack de Battery Park. J'ai à peine le temps de dire oui qu'il a déjà raccroché. Il n'a pas l'air ravi. Pour couronner le tout, une voiture noire qui m'évoque irrésistiblement un corbillard vient me chercher et me conduit au rendez-vous.

Lorsque j'arrive là-bas, le blouson de Bob présente une bosse caractéristique. Ce doit être une arme petite et légère afin de ne pas m'alarmer. Il veut que je pense que c'est pour « se défendre contre les serpents et les mauvaises rencontres ». Je le suis quand même. Il porte aussi un gilet en Kevlar. C'est une veste fabriquée en Israël, destinée aux policiers en civil, très fine et difficile à repérer sous des vêtements normaux. En plus, le snack se trouve au bord de l'eau, dans un coin sombre. Il est entouré de dépôts de chemins de fer et autres locaux industriels déserts – parfait pour tuer quelqu'un et le jeter dans le fleuve sans témoin. Le pompon, c'est la voiture de police avec à l'intérieur deux faux représentants de la loi qui boivent du café. Bien vu. Je suis sûr que ce sont des hommes de Bob parce que les flics new-yorkais ne sont pas aussi athlétiques. De plus, les tueurs professionnels ont un certain physique. La plupart gobent des stéroïdes comme des bonbons et ils ont tous ce visage musclé. C'est le modèle standard. Des anciens militaires (forces spéciales ou autres) qui font craquer les coutures de leur costard.

Et je suis certain qu'ils ne sont pas seuls. Si Bob a décidé de prendre ses précautions, il n'est pas venu avec deux gardes du corps. Je parie que les employés de cuisine, la serveuse et peut-être même le sans-abri qui chie dans un gobelet de café dehors attendent tous pour se jeter sur moi et me marquer comme un babouin dans un docu animalier. À présent, je n'ai plus le choix. Je vais devoir faire quelque chose que tu ne dois jamais imiter. M'opposer à Bob. C'est comme dans *Jackass* : « N'essayez pas de le refaire à la maison. » C'est cent fois plus dangereux que toutes les missions qu'on pourra te confier et il faudrait vraiment être débile – un débile suicidaire – pour s'y risquer. Si moi je le fais, c'est uniquement parce que je sais que, d'une manière ou d'une autre, je suis fini. Mais je ne vais pas en plus lui faciliter le travail. Manquerait plus que ça.

– John, j'aurais été surpris que tu fasses une chose pareille à 14 ans, mais aujourd'hui, à ton âge, je tombe des nues.

Bob s'efforce, sans succès, de maîtriser sa colère.

– C'est une situation exceptionnelle, Bob.

– Alors monsieur est contrarié et veut tout envoyer balader.

– « Contrarié » n'est pas tout à fait le terme adéquat. Avec tout le respect que je te dois, le moins qu'on puisse dire, c'est que cette mission est très irrégulière.

La main de Bob s'abat sur la table et fait voler tout ce qui se trouvait dessus. À présent, je dois m'attendre à tout.

– Je ne te permets pas d'employer ce ton condescendant avec moi. Nous nous parlons d'homme à homme, maintenant ! hurle-t-il.

Bob ne hurle jamais.

– Puisqu'on se parle d'homme à homme, puis-je te faire remarquer que ce contrat pue depuis le début et que tu as l'air dépassé par les événements ? Et je ne lèverai pas le petit doigt tant que tu ne sauras pas où tu vas. Si ce que je te dis ne te plaît pas, tu devines ce que tu peux en faire. Est-ce que ça me donne droit à ta bénédiction à la John Wayne ?

– À qui tu imagines que tu parles ?

Je lui ris au nez.

– Est-ce que je te fais honte devant la bande de pieds nickelés que tu as embauchés pour m'étriper ? Le gorille là-bas n'est même pas capable de servir un café de manière crédible.

Je me lève et balance ma tasse sur le malabar qui voudrait se faire passer pour un serveur. Il se baisse et elle s'écrase contre le mur derrière lui. Il me fusille du regard. Bob ne réagit pas, ce qui ne réussit qu'à m'énerver davantage.

– Oui, c'est de toi que je parle, le débile mental ! Vas-y, sors l'artillerie que t'as planquée derrière le comptoir que je puisse éclater le ballon plein d'air que t'as à la place de la tête.

Ses muscles ne frémissent pas. En bon esclave, il attend les ordres de son maître.

– Félicitations, Bob. Tu n'es même plus capable de trouver des êtres humains.

– John, est-ce que tu veux que je te tue ? Est-ce que c'est pour cette raison que tu te conduis comme ça ?

Je me rassieds. Le ton de Bob m'a surpris. Il est presque conciliant.

– Je veux que tu me dises pourquoi on est là et que tu arrêtes de me faire tourner en bourrique.

Bob fait un signe désinvolte et le restaurant se vide.

– Très bien.

Il glisse la main dans son blouson. Je pointe mon Glock 18 sur son visage. Il rit.

– Tu crois vraiment que j'essaierais de tirer un flingue de ma poche ? C'est peut-être toi qui es dépassé par les événements, John.

Il sort une enveloppe. La retourne sur la table. Je regarde les photos devant moi. Des clichés de surveillance de Locke, le troisième associé du cabinet.

– Je fais suivre les deux autres avocats vingt-quatre heures sur vingt-quatre depuis le début de ta mission.

Bob a raison. C'est moi le connard.

– Ces photos ont été prises il y a moins de douze heures. Il vend les noms des témoins sous protection à un capo d'une famille de Brooklyn.

– Tu es sûr de toi ?

– Oui. Mais maintenant, c'est de toi que je ne suis plus sûr.

Je lui jette les photos à la figure.

– Alors colle-moi une balle dans le crâne et tue-le toi-même.

– Crois-moi, j'y ai songé. Mes partenaires me l'ont même fortement suggéré.

– Mais tu leur as dit que je méritais une seconde chance. Parce que je suis le seul à pouvoir le faire.

Mon arrogance amuse Bob uniquement parce qu'il peut me mettre le nez dedans.

– Non, John. J'ai un tas de gens qui en seraient capables. J'ai dit à mes partenaires que tu méritais une seconde chance parce que je t'étais redevable – pour toutes ces années de bons et loyaux services.

– Tu te paies ma tête ?

– Je n'ai aucune raison de te mentir. Je crois en toi. Je les ai envoyés balader et je leur ai assuré que si tu te plantais, ils pourraient aussi me remplacer.

– Dans ce cas, que fait-on ici ? Ce n'est pas le genre d'endroit où on distribue des secondes chances.

– Nous sommes ici parce que je pense que le FBI a des soupçons et que je suis en train de faire nettoyer les bureaux.

– Hein ? Tu as des détails ?

– Non. Disons que mon sixième sens est en alerte. Le fait est que l'opération tout entière est en danger et j'ai besoin que mon meilleur agent fasse ce qu'on attend de lui.

– Ça va être galère pour changer de cheval au cabinet, maintenant que je suis dans les petits papiers de Bendini.

– Pour l'instant, tu ne bouges pas. Je ne veux pas que tu te fasses remarquer.

Bob se lève.

– Hé, merci !

– J'aimerais que tu me rendes un service, John. Quelque chose dont tu ne te serais jamais cru capable depuis qu'on se connaît.

– Quoi ?

– J'aimerais que tu me fasses confiance.

– Je te fais confiance, Bob.

– Je ne veux pas que tu le dises. Je veux que tu le croies.

Chapitre 21
Le diable en costard

De retour au bureau, j'épluche le CV de Locke et tout s'éclaire. C'est un avocat pénaliste et il a gagné 99 % de ses procès. Ce type est une bête qui mange les procureurs au petit déjeuner. Bien entendu, il abhorre la presse et n'accorde jamais d'interview. C'est véritablement l'homme en noir qui œuvre dans l'ombre et fait en sorte que les rues ne désemplissent pas d'ordures de premier choix. Sa liste de clients étant chiffrée, je dois consulter les rapports d'obscures revues légales pour savoir de qui il s'occupe. Je ne suis pas surpris d'apprendre qu'un bon nombre de maffieux lui doivent la liberté.

Mais ce n'est pas assez. Ce genre de type est insatiable. Il lui faut toujours plus d'argent, plus de pouvoir. Tout ce qui l'intéresse, c'est de gagner. Alors il met la main sur les noms des témoins sous protection et les vend à ses clients, à leurs amis ou au plus offrant. Ainsi, ils sont sûrs d'être acquittés. Et il affiche un taux de réussite stratosphérique. Pour lui comme pour le cabinet, cela représente des millions de dollars. L'argent que lui rapporte la liste n'est que la cerise sur le gâteau. C'est ce qu'on appelle du « gagnant-gagnant ». Et bien sûr, ses associés sont ravis d'encaisser la monnaie et préfèrent ne pas savoir d'où elle vient.

Je commence à penser que Locke va nous donner du fil à retordre. Il est dangereux, puissant et il doit compter parmi ses relations tout le gratin du crime organisé. Je ne l'aurai pas avec une tasse de café. Je vais devoir me débrouiller pour le coincer quand il n'est pas entouré d'une armée de tueurs. Bob a raison.

On va arriver à la date d'expiration de ce contrat. Il faut que je trouve un moyen rapide de l'approcher sans éveiller de soupçons. Et j'ai besoin d'Alice. Elle est dans l'équipe de Bendini, mais c'est une employée du cabinet. C'est plus facile pour elle que pour moi et je n'ai pas le temps de chercher quelqu'un d'autre. Le problème, c'est que maintenant elle doit avoir plus envie de me donner un coup de pied dans les couilles qu'un coup de main. Il faut que je me fasse pardonner. Quel vin sert-on avec une généreuse portion d'excuses ?

Ministère de la Justice des États-Unis
FBI
Washington, D.C. 20535

TOUTES LES INFORMATIONS CI-INCLUSES
SONT CONFIDENTIELLES.

Transcription de surveillance : enregistrement sonore, micro laser (150 mètres).
Lieu : appartement d'Alice (censuré)/chambre, East Village, Manhattan.
Sujets : John Lago et Alice (censuré).

ON FRAPPE À LA PORTE. ALICE OUVRE.

Alice : Visez un peu le cloporte qui vient de ramper hors du cul du diable.

Lago : Tu as le don de trouver les mots.

Alice : On ne peut pas en dire autant de toi. Fais demi-tour que je puisse voir ta queue entre tes jambes.

Lago : Je te présente mes excuses.

Alice : Tu sais où tu peux te les mettre, tes excuses ?

Lago : Alors je vais aller me recroqueviller dans mon coin et tu auras ta petite vengeance ? Combien de temps tu vas t'amuser à brutaliser quelqu'un qui a l'habitude de souffrir ?

Alice : Je n'en sais rien. Combien de temps tu vas te cacher derrière ta souffrance pour te conduire comme un salaud ?

Lago : Je n'essaie pas de me trouver d'excuses. C'est juste que je ne suis pas... merde. Je n'ai jamais vraiment été avec qui que ce soit. Enfin, j'ai un tas de... mais tu es ma première...

Alice : Petite amie ? C'est ça que tu n'arrives pas à dire ? Parce que la plupart des mecs y parviennent dès la sixième.

Lago : Ma relation la plus longue a duré quinze jours et la fille est morte. Tu te souviens, je t'avais prévenue que ça se finissait toujours mal avec moi.

Alice : Bravo, maintenant j'ai pitié de toi ! Tu crains vraiment.

Lago : Je ne veux pas de ta pitié. J'essaie seulement de t'expliquer pourquoi c'est compliqué. Je vais sans doute faire un tas de conneries que la plupart des autres mecs ont fait une bonne fois pour toutes quand ils étaient beaucoup plus jeunes.

Alice : Et tu veux que je te donne une nouvelle chance.

LONG SILENCE.

Alice : Si tu n'es même pas capable de demander, pourquoi je me fatiguerais ?

Lago : Donne-moi une autre chance, s'il te plaît.

Alice : D'accord.

Lago : D'accord ? Alors c'est bon ?

Alice : Tu dors encore dans la niche. En fait, si la niche était une cellule d'isolement, ce serait mieux.

LONG SILENCE. CONTACT PHYSIQUE.

Alice : Allez, bouge ton cul et entre.

LAGO ENTRE. ELLE VERROUILLE DERRIÈRE LUI.

Alice : J'ai un cadeau pour toi. Je voulais te faire une surprise au bar, avant que tu pètes un câble.

Lago : J'adore les cadeaux. Laisse-moi deviner. Un chiot ?

Alice : Très drôle. Maintenant, je n'ai plus envie de te le dire.

Lago : Allez. Je meurs de curiosité. C'est quoi ?

Alice : Attends ici.

SILENCE.

Alice : Voilà.

Lago : C'est quoi ?

Alice : Lis-le. Un de ces types est sans doute ton père.

Lago : Arrête.

Alice : Dorothy a fait ses recherches. Elle a épluché la liste des gens qui sont venus au service néonatal pendant que tu y étais. Elle a procédé par élimination et il reste dix noms.

Lago : Putain !

Alice : Tout ce que tu as à faire, c'est les appeler.

Lago : Je ne sais pas quoi dire. C'est le plus beau cadeau qu'on m'ait jamais fait.

Alice : Mais si, tu sais très bien ce qu'on dit dans ces cas-là, idiot.

Lago : Merci.

Alice : Peut mieux faire.

Lago : Je t'aime ?

Alice : Tu chauffes.

Lago : Je t'aime.

Alice : Je te crois.

Lago : Et toi, tu ne dis rien ?

Alice : Tu rigoles ! Je te fais toujours la gueule. Sympa, tes fleurs, au fait. Tu les as trouvées chez un croque-mort ?

FIN DE LA TRANSCRIPTION

Chapitre 22

Vive l'amour !

Hier soir, j'ai déchiré plusieurs pages du petit manuel du parfait Hugh Grant et je suis allé chez Alice pour lui offrir des excuses de première classe. Je lui ai fait la totale, ou presque. Je ne me suis pas agenouillé sous une pluie diluvienne mais, crois-moi, s'il était tombé des cordes, je l'aurais fait. Je lui ai porté des fleurs sans intérêt afin d'ajouter du charme à mon numéro. Les fleurs, ça me connaît et si j'avais voulu, j'aurais pu lui apporter de rares crocus safran. Seulement, ça ne correspondait pas à mon personnage et elle se serait méfiée. En plus, les mecs qui gagnent le cœur des filles dans les comédies romantiques ont presque toujours des bouquets pitoyables pour symboliser leur âme en friche qui aurait grand besoin d'une main de femme. Je dirai seulement que ma démonstration a ému Alice et que je suis de retour en grâce. Et dans son lit par la même occasion.

Pour achever de la faire fondre, je l'emmène déjeuner dans un restaurant chic. Elle sera officiellement embêtée étant donné mon salaire, et officieusement aux anges, parce que je suis prêt à me saigner aux quatre veines pour elle. Si j'étais vraiment celui que je prétends être, je n'aurais pas les moyens de me permettre ce genre de folie, mais qu'à cela ne tienne. Vive l'amour ! Enfin, si je parviens à la convaincre de m'aider à approcher Locke.

– « C'est trop, John. Ce n'était pas nécessaire d'en faire autant. »
– Gagné !
– En fait, je voulais te dire quelque chose, Alice.
– Tu attends un bébé ?

– Essaie d'être sérieuse, au moins jusqu'à l'arrivée de la salade.

– D'accord. Qu'est-ce qu'il y a ?

– Tu as peut-être entendu une rumeur au sujet de ton patron ?

Elle sourit. Bien sûr qu'elle a entendu parler de la fusillade de western qui a eu lieu chez Bendini, car je suis sûr que le FBI l'a mis sous surveillance.

– À la fontaine à eau, on raconte qu'il choisirait mal ses partenaires de golf. L'un d'eux aurait essayé de le descendre pendant le week-end.

– J'y étais.

Elle semble sincèrement surprise. Tant mieux. Elle n'était pas au courant.

– Tu es sérieux ? Pourquoi tu ne me l'as pas dit ?

– Parce que je ne suis pas censé en parler. Je lui portais les dossiers de la succession Foster. Il m'avait demandé de les déposer chez lui. Quand j'ai débarqué là-bas, c'était Beyrouth. J'étais mort de trouille. Mais c'est encore lui qui m'a le plus fait flipper. Sans jamais rien dire franchement, il a insinué, très gentiment, que je ne devrais pas raconter ce que j'avais vu, car je risquais de m'attirer des ennuis.

– Oh, mon Dieu !

– Je te fais confiance, ne va surtout pas le répéter.

Elle feint la compassion, mais je vois bien qu'elle est tout émoustillée. Ça confirme ses soupçons et c'est parfait pour moi, parce que je veux qu'elle continue de se focaliser sur Bendini et qu'elle me laisse m'occuper de Locke sans me mettre de bâtons dans les roues.

– Qu'est-ce qu'il a dit au juste ?

– Simplement qu'il avait des ennemis. Et il m'a remercié de lui avoir sauvé la vie.

– Quoi ? Tu lui as sauvé la vie ?

Je lance des regards nerveux autour de moi.

– Plus bas.

– Ça va. On n'est pas dans *Les Trois Jours du Condor*.

– C'est la première fois que je t'entends faire référence à un bon film depuis que je t'ai rencontrée. Eh bien, oui, comme dans le *Condor*, j'ai l'impression qu'il y a des yeux et des oreilles partout. Peut-être que la personne qui a essayé d'éliminer Bendini sait qui je suis et veut se débarrasser de tous les témoins.

– Tu vas trop au cinéma, John.

– Parce que toi, tu es une experte de ce genre de situation ?

Elle va pour s'expliquer, puis se reprend. Elle commence à se sentir trop à l'aise avec moi.

– J'ai pas mal réfléchi et je pense que je préférerais travailler auprès de quelqu'un d'autre au cabinet.

– Je te comprends. Mais qui ?

– Les procès m'intéressent. Je pourrais voir s'il y a de la place chez Locke.

– Le pourfendeur de dragons ? Tu es maso ?

– On dit que c'est le meilleur.

Une phrase digne d'un plouc de Peoria.

– Sans aucun doute, mais il n'est pas cool avec ses employés. Des vrais zombies. La plaisanterie qui court sur eux au cabinet, c'est qu'ils ne prennent jamais de pause déjeuner sinon ils se boufferaient entre eux.

– Ça me va. Tu n'aurais pas un plan pour que je travaille avec lui ?

– Peut-être. Une fille que je connais de la fac est dans son service.

J'ai envie de rire parce que Alice essaie de me trimballer avec sa propre version de l'Intox Express.

– Tu te rends compte que Bendini va l'avoir mauvaise, si tu fais ça ?

– Oui, mais il s'agit de ma carrière.

Je suis vraiment parfait en jeune cadre dynamique nerveux. Dans le genre mec correct qui veut pas d'embrouilles, je n'arrête pas de marquer des points.

– C'est légitime. Je verrai ce que je peux faire.

Chapitre 23
Tu reviens de loin, bébé-poubelle

Après déjeuner, je regagne le placard sans fenêtre qui me sert de bureau. Il est vide. Les murs, tapissés de dossiers quand je l'ai quitté, sont d'un blanc immaculé. Mon ordinateur a disparu lui aussi, ainsi que toutes mes affaires personnelles. Je prends une longue inspiration et j'essaie de comprendre. Je sais que je ne suis qu'un vulgaire tâcheron, mais c'est ridicule.

Tandis que je suis là comme un con, la porte se referme d'un coup sec et on la verrouille de l'extérieur. Quelqu'un possède donc la clé que personne n'a jamais pensé à me donner. De toute manière, peu importe, car celui qui est dehors a manifestement l'intention de me tuer. Et si on réfléchit bien, cette pièce est une vraie souricière. Je suis au premier étage, où on trouve quelques bureaux, mais qui sert surtout de réserve pour le mobilier et les archives. C'est donc calme et je vois rarement qui que ce soit. Et il n'y a pas d'issue de secours. À la différence des autres étages, le premier n'a qu'une porte menant à l'escalier et un seul ascenseur – l'ascenseur de service. Ce n'est pas une blague, il faut utiliser l'ascenseur de service pour accéder à cet étage ! Pas étonnant qu'on adore y mettre les stagiaires. C'est sombre, désert et cela te rappelle sans cesse que tu ne vaux pas mieux que les cafards de la chaufferie dans la hiérarchie du cabinet.

J'entends deux personnes chuchoter à l'extérieur. Elles s'éloignent rapidement, puis je distingue des pas bruyants sur le vieux parquet près de l'ascenseur. J'examine mon placard à balais. Je pourrais démolir la porte sans mal, mais ils doivent avoir posté quelqu'un devant. Ils ont sans doute envoyé un éclaireur pour vérifier que j'étais là avant d'appeler le reste de l'équipe. Si tout va bien, j'ai trente secondes. Je ne peux pas utiliser la porte, il n'y a pas de fenêtre. Je sais à quoi tu penses. La ventilation. Sauf que, pour le coup, c'est vraiment *Mission impossible* : le conduit qui débouche dans un coin au sol fait trente centimètres de large. Je doute que je sois capable de me glisser là-dedans, même s'il fallait que je m'échappe du quartier général de la CIA.

Alors je remarque le mince espace entre la cloison du fond et la moquette année 1950. Celle qui fait l'angle aussi, mais c'est moins visible à cause de la couche de crasse accumulée. Ce sont des parois qui ont été rajoutées après coup pour fermer le bureau. Bien sûr, rien n'est aux normes et c'est ce qui va me sauver. J'entends encore des chuchotements dehors. Il faut agir maintenant. Je sors mon couteau et je transperce le placo. C'est du papier à cigarette. Ça rentre comme dans du beurre. Je découpe une large croix dans la partie inférieure. Les voix se rapprochent. Alors je projette le bureau de métal de toutes mes forces contre la cloison qui se déchire au niveau de la croix. J'entends crier, mais l'adrénaline rugit dans mes oreilles comme un train de marchandises. Je n'ai pas le temps de sortir l'arme que je porte à la cheville et je ne trouve pas mon couteau. Il a dû tomber quand j'ai poussé le bureau. Merde. Je plonge à travers le trou et je me relève d'un bond, prêt à attaquer.

Aïe !

Ce n'est pas une équipe qui s'apprête à vider ses chargeurs sur moi et à trimballer mon corps découpé le long de Central Park South dans un chariot à hot dogs.

C'est Alice brandissant une bouteille de champagne en compagnie de deux gardiens qui charrient toutes mes affaires.

– T'es malade ou quoi ?

– Zut ! je... mais qu'est-ce qui se passe ?

– Tu as été nommé collaborateur. Je suis venue t'aider à déménager ton bureau. On t'attend en haut pour t'offrir à boire.

Elle éclate de rire. Les gardiens, en revanche, n'ont pas l'air de se réjouir. On atteint des sommets de ridicule.

Je bredouille avec un sourire confus :

– Pardon. Je suis claustrophobe.

Elle prend ma main.

– Viens, espèce de maboul.

Nous laissons les gardiens contempler la cloison explosée. Quelques instants plus tard, je sirote du champagne dans mon nouveau bureau au quatrième étage – avec fenêtre.

– Bien sûr, tu es toujours mon esclave, dit Alice, radieuse.

– Bien sûr.

Bendini entre et me serre vigoureusement la main.

– Un million de dollars d'arriérés ? Du jamais-vu. Vous êtes un champion, mon garçon.

– Merci, monsieur.

– Tout le monde vous prenait pour un lourdaud sorti de sa cambrousse. Mais je le savais. Je le voyais dans vos yeux. Vous avez de l'étoffe, jeune homme. Félicitations !

– Je ne sais pas quoi dire, monsieur. En tout cas, soyez assuré que je travaillerai dur pour être à la hauteur de...

– Arrêtez ces foutaises. Buvons un coup.

Sa secrétaire surgit de nulle part avec une bouteille pansue contenant un scotch coûteux.

– À l'avenir brillant de ce jeune homme !

C'est toujours *Le Guide de survie à l'usage des jeunes stagiaires*, mais je ne suis plus stagiaire. Je suis collaborateur dans l'un des plus gros cabinets d'avocats de New York. Si ce n'était pas la pire chose qui puisse m'arriver en tant que tueur à gages, je serais fier de moi. Conçu dans le désespoir, né des entrailles d'une pauvre camée qui n'était pas allée au-delà de l'école primaire, élevé par des alcoolos pédophiles, des dealers et profiteurs du même acabit, recueilli par un ancien marine meurtrier, je devrais être mort depuis longtemps ou au moins interné. Et regarde-moi. Tu reviens de loin, bébé-poubelle.

Et tu sais quoi ? Je vais savourer ma promotion. Pour l'instant, en tout cas, avant de me faire trucider ou arrêter, je peux me targuer d'avoir au moins réussi une chose qui n'a rien à voir avec les assassinats de personnalités new-yorkaises. J'ai un job légal !

Après le départ de Bendini, Alice me rejoint à la fenêtre. J'ai même une vue correcte sur la rue et la bordure du parc. Elle trinque avec moi.

– « Blue Horseshoe adore Anacott Steel. »

Wall Street. Je reconnais tout de suite la réplique et je riposte aussi sec :

– « C'était le service réveil ! Au travail ! »

– Je suppose que Bendini se sentait redevable.

– Oui.

– Tu veux toujours aller lécher les mocassins de Locke ?

– Non, tout compte fait, je ne suis pas si mal ici.

– Profites-en tant que ça dure, parce que je vais avoir ta peau.

Elle croit ce qu'elle dit, mais elle ne dit pas ce qu'elle croit.

Avoir ma peau, c'est bien possible. Pour la première fois, je suis heureux qu'elle me considère comme un mec excentrique qu'elle a du mal à cerner. Ça ajoute du piment. Surtout maintenant que je piétine allègrement toutes les règles du métier. Je pense qu'elle apprécie la situation, elle aussi. J'ai grimpé d'un cran dans son estime. À présent, je suis un rival potentiel. Je touche son cul, juste pour voir où on en est sur ce front-là. Elle caresse le mien. Tant mieux. Ce serait dommage de se priver d'un bon coup à cause du travail.

Ce soir-là, je fais comme si tout était réel et je récolte les fruits de mon labeur. Après être allés acheter de nouveaux costumes avec Alice (aux frais de Bob, bien entendu), nous dînons dans un restaurant chic qui semble avoir été conçu exprès pour m'agacer. Mais je ne suis pas énervé. Je suis grisé, un peu à cause de l'alcool et surtout du pouvoir. J'ai une jolie femme à mon bras. Et je vois qu'elle est elle aussi totalement prise par son rôle. Nous baisons entre de lourds draps d'hôtel et j'ai l'impression d'être à ma place. Tandis que nous nous laissons gagner par le sommeil, je me dis que je dois me rappeler cette soirée, car j'aurai besoin de souvenirs heureux quand tout va nous exploser à la figure et s'achever dans un feu d'artifice sanglant.

Ministère de la Justice des États-Unis
FBI
Washington, D.C. 20535

TOUTES LES INFORMATIONS CI-INCLUSES
SONT CONFIDENTIELLES.

Transcription de surveillance : enregistrement sonore, caméra à fibre optique.
Lieu : Hôtel Flatiron, Manhattan.
Sujets : John Lago et Alice (censuré).

CONTACT PHYSIQUE. LONG SILENCE. LA RESPIRATION DES SUJETS S'ACCÉLÈRE.

Alice : J'adore baiser à l'hôtel. J'ai l'impression d'être une call-girl. C'était d'ailleurs mon plan de secours si je ne devenais pas avocate.

Lago : Combien est-ce que je te dois ?

Alice : T'es marrant. C'est vrai, je devrais me faire payer. Je suis en train de rater une heure de boulot facturable.

Lago : Est-ce que j'ai droit à un prix, entre confrères ?

Alice : Tu peux dormir là où c'est mouillé. Sans supplément.

Lago : Tu es trop généreuse.

Alice : Alors, heureux, le dingue de service ? Tu as le job, la nana et le bureau en prime.

Lago : Et comment ! J'aurais jamais cru que c'était possible. Mais je suis heureux, oui. Peut-être pour la première fois de ma vie.

Alice : Et tout ça grâce à moi.

Lago : Je me prosterne à tes pieds.

UN BOUCHON DE CHAMPAGNE SAUTE.

Lago : Du champagne de minibar ? Ça va nous coûter une fortune.

Alice : C'est une grande occasion. Il faut fêter ça.

Lago : Je croyais que c'était ce qu'on faisait.

Alice : Il ne s'agit pas seulement de ta promotion et de mes prouesses au pieu. Il y a mieux.

Lago : Mon Dieu, tu es enceinte !

Alice : Ah, ah, très drôle ! Non, j'ai une surprise pour toi.

Lago : Quoi ?

Alice : Promets-moi de ne pas te fâcher.

Lago : À cause d'une surprise ?

Alice : Promets.

Lago : D'accord, je promets.

Alice : C'est au sujet de ton père. J'ai appelé les types sur la liste. Mon... Mon père a travaillé pour le gouvernement et j'ai demandé à un de ses ex-collègues de m'aider. Je sais que tu avais du mal à t'en occuper. Tu es en colère ?

Lago : Bien sûr que non. Alors, où tu en es ?

Alice : Je suis presque sûre de l'avoir trouvé.

LONG SILENCE.

Alice : Ça va ?

Lago : Oui. Sous le choc, c'est tout.

Alice : Je veux bien le croire. Mais c'est excitant, non ?

Lago : Et comment ! Comment est-ce qu'il s'appelle ?

Alice : Marcus (censuré).

Lago Ça alors ! Un nom qui tient la route.

Alice : À quoi tu t'attendais ?

Lago : Étant donné mon passé, j'imaginais un surnom du genre Joe la Défonce ou Cocaïne Jim.

ALICE RIT.

Lago : Mais Marcus (censuré). Merde. Ça pourrait être un des types du cabinet. La maffia du squash et du gin.

Alice : Je vois ce que tu veux dire. Il porte sans doute un plastron et des chaussures de voile.

Lago : Merci. Je te suis vraiment reconnaissant. Tu as été géniale et je n'y serais jamais arrivé sans toi. Je t'aime.

Alice : Moi aussi, je t'aime. Appelle-le.

Lago : Je vais le faire.

FIN DE LA TRANSCRIPTION

Chapitre 24

Bienvenue au paradis

Les deux semaines suivantes sont surréalistes. Je suis tellement enseveli sous le travail que j'oublie presque pourquoi je suis là. Ou j'aimerais bien l'oublier. En tout cas, je m'épanouis dans mon nouvel environnement. Les autres collaborateurs, mes collègues, sont tous des gens instruits et intéressants. Ils m'apprécient car ils pensent que je suis un génie mal dégrossi qui a poussé sur le fumier de l'Amérique profonde. Bob estime que c'est mieux ainsi. Ils connaissent leurs pareils – ceux qui ont fait les meilleures prépas, les meilleures facs et qui passent l'été à Southampton. Néanmoins, ils sont prêts à accepter un jeune novice. Ils veulent m'adopter et s'occuper de moi comme d'un chiot abandonné. Ils m'invitent à leurs soirées et à leurs parties de squash. Ils me demandent conseil au sujet de leurs dossiers et m'apportent les caramels maison de leurs grands-mères. Ils me disent que je dois venir skier avec eux à Beaver Creek cet hiver et me proposent de m'inscrire à leur club d'aviron. Et je dis oui à tout. D'abord parce qu'ils peuvent se révéler utiles pour réunir des renseignements sur Locke. Mais aussi parce que ce sont les premiers amis que j'aie jamais eus. Quand j'étais gosse, je pouvais m'estimer heureux si un chat de gouttière à trois pattes voulait bien être sympa avec moi, alors imagine un peu : la crème de l'élite new-yorkaise !

Alice apprécie certains d'entre eux mais la réciproque n'est pas toujours vraie. Les femmes, surtout, ne la portent pas dans leur cœur car elle est tout ce qu'elles ne seront jamais : l'esprit vif, d'une indépendance farouche, forte physiquement et dotée d'une beauté qui n'appartient qu'aux bâtards – totalement originale, sans ce côté Reese Witherspoon que dégagent toutes les filles de la « bande à Barbie », ainsi que je les ai surnommées.

Assis dans mon bureau modeste mais confortable, j'admire ma vue limitée mais pittoresque et je me prends à souhaiter que rien ne change. Bob va peut-être décider que j'ai bien mérité ce qui m'arrive et il va envoyer quelqu'un d'autre tuer Locke. Au fond, je ne suis plus la brise qui se transformait soudain en tempête pour retomber aussitôt après avoir frappé. C'est un rêve plaisant. Je pourrais entamer ma réorientation dès maintenant. Grâce à mon « instinct de tueur », j'escaladerais rapidement les échelons de l'entreprise et piétinerais sans vergogne tous ceux qui se mettraient en travers de ma route. Je pourrais faire un malheur dans cette boîte. Il n'y a pas tant de différence entre un avocat et un tueur. Dans les deux cas, il faut avoir une mentalité de prédateur. Ils sèment tous les deux la destruction sur leur passage. En fait, je me contente de tuer les gens. Les avocats les anéantissent, comme une maffia en col blanc, disposant de pouvoirs quasi divins. Si des avocats ont réussi à faire acquitter un type comme O.J. Simpson, ils peuvent marcher sur l'eau et ouvrir les portes de l'enfer les doigts dans le nez. C'est la carrière idéale pour moi.

Mais je n'ai pas totalement perdu la tête. Je sais bien que ce n'est qu'une chimère. Et Bob ne tarde pas à me faire redescendre sur terre. Il me téléphone pour me dire que ses clients s'impatientent. En fait, ils exigent des résultats et nous donnent deux semaines pour boucler cette opération ou ils embaucheront quelqu'un d'autre et enverront une équipe de nettoyage pour s'occuper de nous. Ce n'est pas la première fois qu'on nous demande d'accélérer le processus. En revanche, jusque-là, on ne nous avait jamais menacés. Je promets de mettre les bouchées doubles. Je ne sais pas s'il lit dans mon esprit, mais il ajoute que je n'ai pas intérêt à faire traîner les choses pour qu'il se fasse descendre et que je sois libre de continuer à jouer à l'avocat pendant le restant de mes jours. Il plaisante, mais c'est une idée qui m'a traversé l'esprit.

Ministère de la Justice des États-Unis
FBI
Washington, D.C. 20535

TOUTES LES INFORMATIONS CI-INCLUSES
SONT CONFIDENTIELLES.

Transcription de surveillance : enregistrement audio.
Localisation : conversation entre téléphones portables – antenne pirate, micro mobile.
Sujets : John Lago et Alice (censuré).

Alice : Je vais te manquer ?

Lago : Bien sûr.

Alice : Bien sûr quoi ?

Lago : Hé ! T'es sérieuse ?

Alice : J'ai besoin de te l'entendre dire.

Lago : Tu vas me manquer.

Alice : Tu vas me manquer également.

Lago : Pourquoi est-ce que tu es aussi solennelle ?

Alice : Parce que tu l'es.

Lago : Hein ?

Alice : Ne sois pas fâché.

Lago : Je ne le suis pas.

Alice : Allez. Qu'est-ce qui ne va pas ?

Lago : J'étais... Je me réjouissais de te voir. Voilà. Satisfaite ?

Alice : C'est malin, maintenant je vais culpabiliser parce que tu es tout mamours.

Lago : Mamours ? Et toi, depuis quand tu es toute *girly* ?

RIRES.

Alice : Moi aussi, j'étais contente d'aller au resto avec toi. Mais ce n'est que partie remise ?

Lago : J'espère bien.

Alice : Merci d'être compréhensif. Ma tante a vraiment besoin de moi.

Lago : À quelle heure est ton avion ?

Alice : Je pars dans deux heures. L'enterrement est demain après-midi.

LONG SILENCE.

Lago : Ça va ?

Alice : Je pensais... C'est tellement facile de perdre quelqu'un. Toi aussi, tu pourrais disparaître d'un instant à l'autre.

Lago : Hé, je ne compte aller nulle part ! Enfin, si. Je vais quand même aller au resto, mais je mastiquerai mon steak lentement.

Alice : Ah, ah ! Tu sais ce que je veux dire. Tout est si éphémère et fugitif. Il y a de quoi devenir dingue.

Lago : C'est pourquoi il ne faut jamais rien tenir pour acquis.

LONG SILENCE. ALICE PLEURE.

Lago : Pardon. Mais c'est que la vie est courte et que je veux me souvenir de tout, du mauvais comme du bon.

Alice : C'est une bonne façon de voir les choses. Mais ça craint aussi. Parfois, j'ai juste envie de dire merde et de tout plaquer.

Lago : Tout plaquer ?

Alice : Oui, me tirer de cette ville. Peut-être même de ce pays. Me fondre dans l'obscurité quelque part et profiter de la vie.

Lago : Ça ne te ressemble pas. Tu deviendrais folle. Tu aimes trop l'action.

Alice : Je n'en suis plus si sûre.

Lago : Au cas où. Si un jour tu te décides, je viens avec toi.

Alice : Merci, John. Tu es un mec bien.

Lago : Si seulement c'était vrai.

Alice : Pourquoi tu dis ça ? Tu m'as trompée ?

Lago : C'est quoi, ce délire ?

Alice : D'accord, je m'excuse. Mais sérieusement, pourquoi tu dis ça ?

Lago : Tu veux vraiment le savoir ?

Alice : Oui. Je veux être certaine que je ne baise pas avec un tueur en série genre Ted Bundy.

Lago : Si au moins j'avais son physique.

Alice : Arrête de déconner.

Lago : Une autre fois. Je suis sûr que tu n'as pas envie de subir le catalogue de mes péchés avant d'aller à un enterrement.

Alice : Je ne te lâcherai pas. Tu me dois une confession.

Lago : D'accord. Mais tu risques de le regretter.

FIN DE LA TRANSCRIPTION

Chapitre 25

La mort inopportune de l'Oncle Sam

Après une partie de squash avec un de mes nouveaux meilleurs amis du bureau, je saute dans un taxi afin de retrouver Alice au restaurant, mais elle appelle pour annuler. Un de ses oncles est mort et elle doit se rendre à Washington où doit avoir lieu l'enterrement. S'agirait-il de son « Oncle Sam », par hasard ? Comme moi, elle doit avoir de temps en temps des entretiens avec ses supérieurs qui s'irritent parce que l'enquête n'avance pas. Au moins, on ne la menacera pas. Enfin, pas de mort, en tout cas. Je lui présente mes condoléances et j'essaie d'avoir l'air sincère. Elle fait en sorte de paraître effondrée. Je ne lui demande pas comment il s'appelle, par courtoisie confraternelle. Je sais qu'elle serait obligée de me mentir, alors autant nous épargner à tous deux un moment inutilement déplaisant.

Je vais profiter de son absence pour m'introduire chez elle et mettre à jour mes informations. Depuis que j'ai piégé son portable, j'ai accumulé une montagne de données brutes. Ça me prendrait une éternité de les trier sans l'aide des drones de Bob. Elle s'est rendue directement à l'aéroport en sortant du travail, son ordinateur doit donc être chez elle. Elle ne l'emporte pas au bureau, sans doute parce que le FBI ne tient pas à voir traîner des informations le concernant dans le cabinet d'avocats le plus influent de Manhattan.

Je décide d'entrer en douce. Ses voisins me connaissent et ils risqueraient de mentionner qu'ils m'ont croisé. Elle vit dans une de ces copropriétés horripilantes où tout le monde croit avoir acheté le droit de se mêler des affaires des autres en même temps que son deux pièces minable dans un immeuble sans ascenseur ni eau chaude. De plus, je ne sais pas si c'est de la paranoïa ou mon instinct de félin mais, depuis le cirque chez Bendini, j'ai l'impression d'être surveillé. Cela dit, ce ne serait pas la première fois et, d'habitude, ça titille mon côté exhibitionniste. Cependant, dans le cas présent, ce pourrait être les gorilles de Bendini ou les petits copains fédéraux d'Alice. Il vaut donc mieux être prudent. En plus, j'adore ça. Tu enfiles une tenue ninja super cool et tu traverses la ville par les toits, comme Batman ou Robert de Niro dans le deuxième *Parrain.*

Je prends un taxi avec mon équipement dans un sac de sport pour me rendre à la salle de gym du YMCA, à quatre immeubles de chez Alice. Je suis membre et je te recommande d'en faire autant, car ça te donne des box de rangement aux quatre coins de Manhattan. Tu peux y louer un casier et le garder aussi longtemps que tu veux. On ne te demande que ta carte du YMCA, qui est à un nom d'emprunt, ainsi qu'une carte de crédit qu'on ne peut pas relier à toi, puisque fournie par Bob. Ni permis de conduire ni passeport sur lesquels ses faussaires devraient suer sang et eau. J'entre d'un air dégagé sans regarder personne et je me dirige vers mon casier.

Règle n° 12 : « Réconcilie-toi avec ton gardien de l'ombre intérieur. »

Tu as déjà entendu parler des ninjas. Et si tu te bidonnes à la simple mention de ce nom, c'est parce que tu es un crétin d'Occidental persuadé que tout ce qui vient d'autres cultures peut être résumé en quelques blagues dans un talk-show de deuxième partie de soirée. Ça va, moi aussi, j'ai vu *Le Ninja de Beverly Hills* avec Chris Farley. Le ninjutsu, ça fait marrer les gens, mais si tu n'es pas complètement demeuré, tu devrais savoir qu'il n'y a pas de quoi rigoler.

Pour commencer, les ninjas sont apparus au XIIe siècle. Comme nous, ils pratiquaient l'espionnage, le sabotage, l'infiltration et l'assassinat. En fait, Bob a fondé son agence en s'appuyant sur quatre des dix-huit principes du ninjutsu : *hensō jutsu* (camouflage et imposture), *shinobi-iri* (infiltration silencieuse), *bōryaku* (tactiques non conventionnelles) et *intonjutsu* (fuite et dissimulation). On pourrait dire que ce sont les quatre piliers de RH.

J'ai connu mon heure de gloire la première fois que j'ai appliqué tous ces principes sans la moindre erreur. Ironie du sort, ma cible était un homme d'affaires japonais appelé Raiden Sanjuro, et son arrière-arrière-grand-père avait été un ninja de l'empereur. Il avait pratiqué le ninjutsu enfant, mais avait déshonoré sa famille lorsqu'il s'en était détourné pour adopter la culture occidentale – qu'il appréciait plus que la sienne. Néanmoins, il y avait des techniques qu'il avait acquises très jeune, pendant ses années de formation et qui étaient restées gravées en lui.

Il dirigeait avec brio une société new-yorkaise de sous-traitance, mais ce n'était qu'une couverture qui dissimulait sa véritable activité : il gérait un réseau de cellules d'espionnage industriel qui recueillaient des informations secrètes aussi bien dans la Silicon Valley que dans l'Hudson Valley et les vendait au gouvernement chinois. Les Chinois sont les rois de l'imitation. Ils ont décidé voilà déjà un moment qu'il était plus rentable d'utiliser les inventions des autres et de trouver des moyens de production et de distribution de masse moins chers et plus efficaces. Ainsi, ils dépensent une fraction de ce que leurs concurrents mettent dans la recherche, tout en restant à la pointe des avancées techniques, éliminant les créateurs du produit originel en écoulant leurs copies à prix cassés. Sanjuro était l'un de leurs principaux fournisseurs de secrets industriels et il était grassement payé pour ses services.

Les Chinois savent également protéger leurs investissements. Ce type bénéficiait d'un dispositif de sécurité comme je n'en avais jamais vu et n'en reverrai sans doute jamais, à moins de me spécialiser dans l'assassinat politique. Il était sous la garde d'un commando militaire chinois – les membres avaient fait leurs études aux États-Unis afin de parfaire leur anglais et leur connaissance de la culture américaine, mais ils avaient été entraînés en Chine si bien qu'ils étaient d'un stoïcisme à toute épreuve et n'attachaient aucun prix à leur vie. Après tout, ces mecs ont appris dès l'enfance qu'ils n'étaient qu'une cellule du corps politique. S'ils meurent, il y en aura toujours des millions pour les remplacer et la Chine ne s'en portera pas plus mal.

Obtenir un stage chez Sanjuro n'était pas évident quand on était Occidental, mais Bob s'est débrouillé. Il m'a concocté un CV avec un passé militaire et une expertise de malade. J'étais censé être un ancien « pilote » de drone, spécialisé dans les communications satellites, l'avionique et les systèmes de localisation géomagnétiques. Intéressant, il faut l'admettre. Il y avait du boulot, mais j'adore tout ce qui est technique, ça ne m'a donc pas trop posé de problèmes. Et Sanjuro n'y a vu que du feu. *Hensō jutsu* : camouflage et imposture. Ça, c'est fait.

Je devais travailler sous les ordres de Zhen, un cadre commercial. Rien à voir avec les joueurs de golf alcooliques qu'on trouve généralement à ce poste. Un ancien des services secrets chinois. Et le plus gros salopard que j'aie jamais croisé. Lorsqu'il voulait quelque chose, j'étais son esclave et j'avais autant de droits qu'une fourmi ouvrière. La docilité avec laquelle j'exécutais ses moindres ordres sans me plaindre ni discuter a fini par l'impressionner, car il croyait jusque-là que les Occidentaux en étaient totalement incapables. Je devais être à sa disposition à n'importe quelle heure du jour et de la nuit, et il m'est arrivé à plusieurs reprises de ne pas dormir pendant plus de vingt-quatre heures d'affilée. Je faisais pour ainsi dire son travail à sa place et, comme tout le monde, Zhen y a pris goût. Il m'a donné de plus en plus de latitude. Trop. Car, à présent, j'avais accès à Sanjuro. *Shinobi-iri* : infiltration silencieuse. Et de deux.

Puis est venu le moment de l'action. J'avais peut-être réussi à endormir Zhen, mais son patron, c'était une autre paire de manches. Sa paranoïa le rendait très inventif et il voyait des ennemis cachés partout. Il me faisait déshabiller régulièrement pour s'assurer que je ne dissimulais pas d'arme. J'avais beau m'adapter à toutes ses exigences sans protester, je ne parvenais qu'à accroître sa méfiance. Il me disait que j'avais le regard rusé du renard et qu'il ne croyait pas que j'étais celui que je prétendais être. Néanmoins, il ne me renvoyait pas, car chaque jour je lui devenais plus indispensable.

En raison de la vigilance de son service de sécurité, cette mission requérait plus qu'aucune autre des tactiques non conventionnelles (*bōryaku*). Mais mes meilleurs plans pour le liquider ne laissaient pas la place à la fuite ni à un bon scénario permettant de détourner les soupçons (*intonjutsu*). Sanjuro contrôlait un vaste réseau qui lui était totalement dévoué. Il avait tout prévu pour que ses affaires tournent sans heurt, même en son absence. Je ne devais donc pas uniquement l'éliminer. Il fallait aussi détruire son organisation. Sinon, à quoi bon ?

J'ai alors songé que ses clients chinois étaient peut-être la réponse à mes problèmes. Si je parvenais à empoisonner leurs relations et qu'ils se sentaient menacés par Sanjuro, ils cesseraient tout commerce avec son réseau. Et je ferais d'une pierre deux coups : un tel échec serait une catastrophe impardonnable pour un Japonais. Même s'il avait rompu avec sa famille, Sanjuro obéissait toujours au code d'honneur des ninjas : la mort plutôt que la honte. Pour sauver la face, il serait contraint de commettre le suicide rituel, le seppuku. Parfois, on peut amener le requin à se dévorer lui-même si on verse assez de sang dans l'eau.

J'ai piraté son ordinateur portable – grâce à la paresse de Zhen et aux cracks de l'informatique de Bob –, ce qui m'a permis de réunir suffisamment de documents pour le détruire dix fois. J'ai caché les fichiers dans un paquet de données fantômes sur son serveur de messagerie électronique sécurisé. Ainsi, quand Sanjuro se connecterait, ils seraient automatiquement envoyés à plusieurs destinataires qui seraient certainement très intéressés par leur contenu : FBI, CIA, Sécurité intérieure – le trio incontournable. Et les documents seraient accompagnés d'un message où Sanjuro réclamait l'immunité et une protection contre les Chinois. La police secrète chinoise ayant des espions à tous les niveaux de notre gouvernement – et réciproquement –, les clients de Sanjuro seraient informés de sa trahison en l'espace de quelques heures. Alors il ne lui resterait qu'à se suicider afin de rétablir l'équilibre avec Bouddha et RH me sacrerait génie du siècle.

Sauf que les choses ne se sont pas passées tout à fait comme prévu. L'e-mail a été envoyé et Sanjuro s'est bien retrouvé sur la liste chinoise des « dix personnes à torturer et à tuer en priorité », mais j'avais surestimé son attachement aux coutumes japonaises. Au lieu de s'éviscérer dignement sur le carrelage de la cuisine, il a fourré tout l'argent qu'il pouvait dans son sac de voyage Vuitton et il a tenté de quitter le pays. Bob était furieux et on a dû trouver un plan de rechange vite fait pour sauver les meubles. La seule solution était de l'enlever avant que l'hélicoptère qu'il avait loué vienne le récupérer sur le toit d'un hôtel de luxe à Los Angeles. Il était planqué dans la « suite overdose » réservée aux célébrités, juste en dessous de l'héliport.

Sanjuro était escorté de douze gardes du corps et il était armé. L'équipe de Bob a intercepté l'appel pour l'hélico et m'a caché dans la soute de l'appareil qu'il a envoyé à la place de celui commandé par l'homme d'affaires. Pendant que le pilote débitait ses salades aux deux types postés sur le toit, je suis sorti en douce et je me suis glissé dans la suite de Sanjuro. Il restait dix gardes. Ça peut paraître beaucoup, néanmoins il n'y avait ni Zhen ni aucun des militaires chinois qui le protégeaient jusque-là, puisqu'ils avaient maintenant l'ordre de le tuer et de faire en sorte que ce soit le plus douloureux possible. Il avait donc réuni un groupe hétéroclite de durs – et c'est leur faire beaucoup d'honneur que de dire ça. C'était surtout Sanjuro que je craignais, mais je savais à présent que c'était un poltron et qu'il tenterait de fuir plutôt que de se battre. Aussi, quand il s'est engouffré dans l'hélicoptère, le pilote l'attendait-il avec une injection du cocktail qui lui avait déjà permis de se débarrasser des gardes. Un truc assez puissant pour assommer un bœuf – ma recette personnelle, bien sûr.

Pendant ce temps, dans la chambre, les dix gorilles se sont jetés sur moi. Ils étaient tellement prévisibles que c'en était risible. Le plus difficile, ça a été de les descendre tous avant qu'ils tirent : je n'avais pas envie de voir la sécurité de l'hôtel, puis la police faire une intervention héroïque pour stopper une fusillade dans la suite présidentielle à dix mille dollars la nuit. Nous avions aussi besoin de nous débarrasser de ces idiots sans laisser de trace. Il n'était pas question que ça tourne au bain de sang.

L'arrière-arrière-grand-père ninja de Sanjuro aurait été fier de moi. J'étudiais leurs techniques de combat depuis mes débuts à RH. Mon corps tout entier était une arme : des doigts aux orteils, en passant par les coudes, les genoux, le menton, le front et les talons. Et quand on veut éviter de faire du bruit, il faut s'en tenir aux méthodes létales les plus efficaces. Ce n'est pas le moment de s'amuser à casser une chaise sur la tête d'un mec ou de le faire tournoyer en l'air avant de le jeter contre une fenêtre en verre blindé. C'est une danse rapprochée, les yeux dans les yeux.

Les deux premiers ont brandi des mitraillettes Mac-10, une arme de gangster de médiocre qualité. J'ai enfoncé le canon dans l'orbite du premier et brisé le cou du second à l'aide de la bandoulière. Croyant que j'étais trop occupé à tuer leurs copains pour faire attention à eux, les autres ont tenté de m'attaquer par-derrière. Ce qui tombait bien, puisque c'était précisément ce que je désirais.

– Allez-y, plongez, les gars, elle est bonne !

J'ai esquivé les deux zigotos qui s'étaient jetés sur mon dos. Ils se sont percutés et je leur ai écrasé la gorge, un pied pour chacun, grâce à un mouvement appelé « le faucon s'empare de la souris ». Lorsque les six autres ont vu ça, je les ai sentis hésiter, mais ils savaient que, de toute manière, ils ne pouvaient plus reculer. Deux d'entre eux ont voulu bêtement dégainer. Ça leur a valu un coup du tranchant de la main dans le nez et des éclats d'os dans les lobes frontaux. Les deux suivants ont quand même tenté de fuir. Ils ont eu droit à la prise dite de « l'homme des cavernes » : tu les chopes par les cheveux et tu frappes les cervicales. Sortie de jeu garantie rapide et sans douleur. Les deux derniers, enfin, ont essayé une tactique éprouvée. L'un a voulu me saisir les jambes tandis que l'autre s'en prenait à mon torse. J'ai attrapé le second par la tête et je l'ai fait passer par-dessus mon épaule, lui brisant le cou et utilisant son corps comme une masse que j'ai abattue sur son camarade, défonçant sa poitrine et écrasant son cœur.

Le pilote a amené Sanjuro toujours inconscient et l'a assis sur le canapé. Quand il est revenu à lui, nous avions déjà fait disparaître les cadavres et remis en état la pièce qui était à présent immaculée. Pendant un instant, il a paru décontenancé, mais, dès qu'il m'a reconnu, il a souri.

– Je ne suis pas surpris.

– Moi, si.

– Pourquoi ?

– Parce que tout ça... Ce n'est pas l'attitude d'un homme d'honneur. La fuite devant l'échec.

Son sourire s'est effacé et il a courbé la tête. Son corps s'est avachi sous le poids de la honte. J'aurais défloré sa sœur que ce n'aurait pas été pire.

– Mais par respect pour vos ancêtres, je veux bien vous aider à faire ce qu'il faut.

J'ai posé un katana sur la table basse. Je l'avais pris chez lui. À en juger par l'usure de la poignée et les petites indentations dans le métal, il n'était pas de première jeunesse, même s'il était en excellent état. Il a éclaté en sanglots à sa vue.

– Vous êtes un homme d'honneur, a-t-il murmuré.

Il s'est incliné profondément et il a planté la lame dans l'espace juste en dessous de la cage thoracique. Il n'a pas eu à s'éventrer, car le coup a tranché son aorte ascendante.

Bob était satisfait. Au bout du compte, tout était bien qui finissait bien. Mais il m'a ordonné de ne plus jamais rien laisser au hasard. Et j'ai obéi. Jusqu'à ce contrat.

Chapitre 26
Copain-copine

Devant mon casier au YMCA, j'enfile une tenue qui ressemble au vêtement traditionnel des ninjas, mais qui est en fait un costume hybride de ma conception. Le tissu est un mélange de microfibres et de Kevlar. Il est donc respirant, souple et capable d'arrêter les lames, les pointes, les aiguilles et même les balles, tant que le calibre ne dépasse pas 9 mm. En plus, ça donne un look d'enfer. Je porte des chaussons d'escalade noirs dotés de semelles adhésives silencieuses et des gants antidérapants avec des coussinets de gel, qui collent à n'importe quelle surface sans laisser de trace. Dans l'escalier qui conduit au toit, je mets ma cagoule percée de minces fentes pour les yeux et mes lunettes de vision nocturne.

Après, c'est la partie que je préfère. Sauter d'immeuble en immeuble. Ce n'est pas pour rien que la plupart des bons films d'action et des séries policières montrent des scènes de courses-poursuites sur les toits. D'abord, c'est sympa à faire. Les cascadeurs adorent ça. Bien sûr, ils ont des filins de sécurité, mais je te promets qu'ils s'en passeraient volontiers. Lorsqu'on saute entre deux toits de hauteurs différentes, on a la sensation de voler. Plus qu'en parachute, où l'on sait que la toile va intervenir. De plus, voler, c'est aller d'un point A à un point B. Les oiseaux ne se laissent pas tomber en ligne droite jusqu'au sol, sauf s'ils fondent sur une proie. L'espace entre deux bâtiments n'est pas immense, mais c'est le danger qui te donne l'impression d'être Iron Man. Cinq mètres à l'horizontale, ça fait plus d'effet que trente à la verticale. C'est comme si tu t'élançais du sommet du Chrysler Building.

Tandis que je franchis la courte distance qui me sépare de chez Alice, je songe que si ça me plaît tant, c'est aussi parce que j'ai le vertige. Sinon, je n'ai pour ainsi dire peur de rien. Je ne me vante pas, c'est la réalité. Enfant, je ne me suis pas épanoui normalement (c'est le moins qu'on puisse dire !) et je n'ai jamais développé une appréhension salutaire face au danger. Cependant, quand j'avais 7 ans, un dealer m'a suspendu dans le vide en me tenant par les chevilles, au sommet d'un immeuble de dix étages. Ça doit paraître bizarre, mais depuis je n'ai cessé de chercher à revivre ce frisson d'effroi. Parce que, ce jour-là, j'avais eu l'impression d'être humain. Avant, j'étais persuadé que j'étais un robot. Je n'étais presque jamais malade ou malheureux. C'était sans doute une question de survie. Mon cerveau évacuait les émotions qui risquaient d'émousser mes instincts et qui de toute manière étaient inutiles, puisque je n'obtenais rien des autres quand je manifestais ce que je ressentais.

Aussi, quand je suis sur les toits, j'éprouve une forme de nostalgie pour mon enfance – encore que « nostalgie » ne soit certainement pas le terme adéquat. Chez certaines personnes, c'est un terrain de base-ball ou l'odeur d'une truite au barbecue qui fait cet effet. Moi, c'est le vertige et le fantasme que je vais m'écraser dans la rue en bas. Ou sur un chariot à hot dogs. Ça m'éclate trop dans les films ! Bam ! Un corps tombe sur un vieux chariot rouillé. Le trottoir est arrosé d'eau chaude et les saucisses trempées glissent sur le béton comme un poisson sur le pont d'un bateau. Ça marche à tous les coups.

Lorsque j'atterris – en douceur – sur le toit d'Alice, je me dis que, elle aussi, elle adorerait ça. Peut-être qu'un jour on pourra aller se balader ensemble, sauter d'immeuble en immeuble jusqu'à un restaurant voisin pour aller manger. C'est plus drôle que de slalomer entre les poussettes, les touristes obèses et tous ces gens incapables d'avancer en ligne droite. Comment est-ce que je pourrais lui présenter ça sans éveiller ses soupçons ?

Ou peut-être devrais-je les éveiller – il semblerait que ça stimule toujours autre chose.

Je prends l'escalier anti-incendie à l'extérieur de l'immeuble et je me faufile chez elle par la fenêtre de la cuisine, comme un chat. Je trouve son portable sagement posé sur le petit bureau dans sa chambre. Cette fois, j'ai apporté l'artillerie lourde : un logiciel bulgare qui non seulement décrypte les mots de passe, mais laisse un niveau de chiffrage assez élevé pour empêcher l'ordinateur de garder une trace de l'ouverture de session. Donc on ne peut même pas savoir qu'on a été piraté. Téléchargé gratuitement sur un site que je ne nommerai pas, car s'il y a des gens qu'il ne faut pas se mettre à dos, c'est bien les hackers. Ils peuvent détricoter ta vie comme un pull bon marché et il ne te restera que les yeux pour pleurer.

Tout marche comme sur des roulettes et, en moins de cinq minutes, je copie le disque dur d'Alice sur mon serveur dédié virtuel. Pendant ce temps, je pense à sa réserve de PopTarts[1] et je me souviens de la scène de *Pulp Fiction* où Bruce Willis retourne à son appartement pour récupérer la montre de son père – celle que Christopher Walken s'était cachée dans le cul quand il était dans un camp vietnamien. Alice dissimule ses biscuits au fond d'un placard d'angle à étagère pivotante, avec un tas de casseroles qu'elle n'utilise jamais. Elle ne les planque pas pour les protéger de ma voracité, mais parce qu'elle ne veut pas que je sache qu'elle en mange, ce qui est idiot, car j'adore le peu de gras qu'elle a en trop sur les fesses. Un cas classique d'addiction aux glucides refoulée. Je lui rends donc service en condamnant deux PopTarts au grille-pain.

Un tintement satisfaisant m'annonce que le téléchargement est achevé. Je referme l'ordinateur, le laissant exactement à la place où je l'ai trouvé. Puis un claquement non moins satisfaisant me signale que mes biscuits sont prêts. Je me laisse guider

1. Biscuits fourrés qu'on réchauffe au grille-pain. *(NdT.)*

par l'arôme enivrant du sirop de glucose-fructose cramé et de la farine enrichie.

Mais quand je pénètre dans la cuisine, je me retrouve face au canon d'un pistolet.

Mes yeux braqués sur l'arme font le point sur le visage de la personne qui la tient, comme une caméra dans un film d'Hitchcock. C'est Alice. Elle me regarde sans ciller.

– Mets-toi lentement à genoux, les mains derrière le dos.

Merde, merde et merde ! Je me flanque une gifle mentale, car je sais que je ne dois pas me laisser influencer par le fait que c'est Alice qui me menace. Je suis acculé, et maintenant, c'est elle ou moi. Alors je me dis que ce serait un scénario super excitant pour un plan baise et je dois me donner une seconde claque virtuelle, plus violente. Ce qui est encore plus excitant. Merde !

Trop de questions. Qu'est-ce qu'elle fabrique ici ? Pourquoi a-t-elle menti au sujet de son voyage ? Est-ce qu'elle sait que c'est moi ? Impossible. Même si le FBI me surveille, je suis vêtu d'un costume de ninja antireflet et je ne vois pas comment ces crétins auraient pu me suivre sur les toits par une nuit nuageuse. Donc elle a menti. Elle avait besoin de temps et elle a inventé la mort de son oncle. À moins qu'elle n'ait simplement oublié quelque chose chez elle.

– Tu es sourd, connard ? À genoux, tout de suite !

Glock 22. Poids de détente deux kilos cinq. Je vais me prendre deux balles dum-dum coup sur coup en pleine poire. Lorsque je la regarde, j'entraperçois la véritable Alice – ou quel que soit son vrai nom – et la puissance qui émane d'elle m'envoie un frisson le long de l'échine. Cependant, il faut que je réagisse très vite, ou c'en est fini pour moi. J'obéis donc et je m'agenouille. Mais, arrivé au sol, je me laisse tomber sur le flanc et j'attrape ses jambes afin qu'elle me rejoigne. Sa tête se cogne par terre et elle lâche son arme. Les représentants des forces de l'ordre ont un sérieux désavantage par rapport à nous. Ils sont censés tenter de nous arrêter d'abord. Ils ne peuvent pas nous descendre sans sommation, ce qu'elle aurait dû faire si elle voulait avoir une chance de s'en sortir. À présent, elle s'en veut de ne pas avoir tiré – elle aurait toujours pu inventer une histoire après coup. On doit quand même pouvoir arguer la légitime défense face à un ninja armé jusqu'aux dents.

Mais je pense trop et je n'agis pas assez. Elle s'est relevée aussi vite que moi. Nous nous mettons en garde. Son visage de guerre est si drôle que j'ai envie de rire. Pas longtemps, parce qu'elle me balance son pied dans le bide. Elle a presque réussi à me priver d'air. Je dis « presque », car le Kevlar amortit l'impact des coups en distribuant la force sur une zone plus large. Ça fait un mal de chien, mais au moins, je ne me retrouve pas plié en deux, au bord de l'asphyxie. On peut jouer au dur tant qu'on veut, le ventre, ça ne pardonne pas. On passe instantanément en mode survie, à tenter de récupérer ce souffle vital sans lequel on n'est qu'une baudruche crevée. Pourquoi crois-tu que les boxeurs et tous ceux qui pratiquent le combat libre font autant d'abdos ? Ils ont besoin d'une véritable armure de muscles au niveau du ventre. Sinon, ils se retrouvent en parfaite position pour recevoir un coup de genou dans le nez dont ils ne se remettront peut-être pas.

Je fais donc mine de me plier en deux et attrape sa jambe en remontant. Je la coince sous mon bras et je fais un violent épaulé-jeté vertical. Elle bascule en arrière et ses genoux atterrissent sur le plan de travail de la cuisine, tandis que son torse plonge en avant. Une des mains qu'elle a tendues pour ne pas se fracasser la tête par terre craque. Elle s'est cassé le doigt et elle hurle de douleur. Je m'en veux aussitôt et je m'en veux de m'en vouloir.

Je comprends que je ne vais pas pouvoir la tuer, ce qui serait pourtant la meilleure décision tactique à tout point de vue. Dans ce cas, il ne me reste pas trente-six mille solutions. Il faut que je me tire d'ici sans faire trop de dégâts. Si Alice me le permet. Elle s'est relevée à l'aide de sa main valide et elle a remis en place son doigt d'un mouvement vif. Elle est énervée, mais pas assez pour que la colère obscurcisse son jugement. Énervée de m'avoir sous-estimé et de se retrouver dans cette situation, ce à quoi elle n'est manifestement pas habituée.

Elle lève les mains. Méthode de combat Keysi. Si elle est un tant soit peu douée, ça craint pour moi. Zone d'attaque rotative à 360 degrés et utilisation de tous les objets disponibles. Tandis que je réfléchis aux techniques de défense les plus appropriées, elle fracasse le bouchon d'une salière et me lance le contenu à la figure d'un geste expert. Gagné. Je suis aveuglé et ça brûle. J'ai envie de crier : « Ah, ah, le bon vieux truc du sel dans les yeux, hein ? », mais je n'en ai pas le temps, car elle fait feu de tout bois – à la Jackie Chan. Elle me frappe à l'arrière des genoux avec un tabouret et brise un lourd plat sur mon dos. Je sens son pantalon alors qu'elle s'apprête à m'achever à coups de robot ménager Kitchen Aid et je m'agrippe au tissu pour littéralement l'escalader, grâce à mes gants adhérents. Elle laisse tomber le mixeur et, d'une prise de chin-na, je la fais pivoter devant moi et j'encercle son cou avec mon bras libre. Pour éviter ses coups de pied, je fais un bond en arrière sans la lâcher et j'atterris sur le plan de travail. J'enroule mes jambes autour de son torse et je l'attire vers moi comme une otarie avec une huître qu'elle veut briser.

Mais je n'ai pas l'intention de la briser. Au lieu de broyer sa trachée, je me sers de mes jambes pour comprimer sa cage thoracique à la façon d'un boa constrictor. Cela fait monter le sang à la tête et lui coupe la respiration. Elle s'évanouit, mais simplement à cause de l'augmentation de la pression dans le cerveau, transmise par les veines qui ramènent le sang au cœur. C'est courant chez les patients blessés par écrasement. J'agis ainsi parce que je ne tiens pas à ce que la privation d'oxygène lui laisse des lésions cérébrales.

Si ça, c'est pas de l'amour, je veux bien être pendu.

Je vérifie ses fonctions vitales tandis que je l'allonge sur le sol. Le cœur bat. Le système nerveux autonome continue son travail et elle respire régulièrement. Elle est comme ça, quand on est au lit ensemble, et j'ai un pincement de tristesse. Mais la tristesse n'a pas sa place dans ce métier. Et ce que je crois ressentir non plus. C'est ce qui a sauvé la vie d'Alice ce soir et ce qui me perdra, j'en suis sûr à présent.

Alors que je reprends mon souffle, assis à côté de la fenêtre de la cuisine, je me tourne et découvre qu'elle a disparu. Quelques secondes plus tard, elle ouvre le feu. Je saute par le passe-plat qui sépare la cuisine de sa minuscule salle à manger et glisse sur la table. Je me précipite vers la chambre. Elle tire à travers le mur, suivant ce qu'elle suppose être mon trajet. Si je m'étais tenu droit, elle m'aurait tué. Mais je cours plié en deux. J'espère que ma mémoire ne me joue pas de tour et qu'il y a bien une poubelle dans la ruelle, sous la fenêtre de la salle de bains.

Je sais à quoi tu penses. Tu penses à ce que j'ai écrit sur la vie qui imite l'art.

Ça ne marche que dans les films.

Peut-être. Mais parfois ça marche aussi dans la vie, même si ce n'est pas particulièrement agréable. Parce qu'il faut être conscient que les ordures ne sont pas moelleuses. Entre les bouteilles de verre, les cintres métalliques et le plastique cassé, tu as l'impression de sauter dans un piège à tigre birman hérissé de pieux. Une brique de lait en carton est aussi dure qu'un bloc de ciment quand on s'écrase dessus à haute vitesse. Mais je compte sur l'air prisonnier des sacs-poubelle. L'impact va pousser l'air contre les bords des sacs avant de les faire exploser, amortissant ma chute pendant une fraction de seconde. Après, advienne que pourra. Cela dit, je ne suis même pas sûr que cette fichue benne m'attend. Et pour éviter les balles, je vais devoir plonger à travers la fenêtre, en espérant ne pas me manger les escaliers de secours de chaque côté. En résumé, je vais essayer de refaire le saut de Trinity dans *Matrix*. Attention, spoiler !

Je me concentre, j'accélère et je m'envole poings en avant, style Superman. Pas le temps de me tourner pour passer les pieds d'abord. Alice déboule à ce moment dans la pièce et vide son chargeur sur moi. Les balles sifflent autour de moi avec ce bruit atroce qu'on entend juste avant la déchirure de la chair ou le craquement des os. Au moment où je fracasse la vitre, je sens quelque chose traverser ma chaussure et embarquer un morceau de mon talon. Puis je tournoie comme un plongeur mexicain qui saute d'une falaise et pointe les pieds vers le sol.

Tout ce qu'il y a en dessous de moi, c'est un chariot à hot dogs.

Chapitre 27
Un instant de lucidité

Non, je déconne. Il y a bien une benne en dessous et elle est pleine. Heureusement que ce n'était pas le jour des poubelles. J'ai l'impression que ma chute n'en finit pas et je fais des moulinets avec les bras pour garder le cap et ne pas perdre mon sens de l'orientation. Mes pieds s'écrasent sur les premiers sacs. J'entends et je sens une tonne de verre se briser. Et le recyclage, c'est pour les chiens ? Connards de New-Yorkais ! Les éclats lacèrent mon costume, tandis que je m'enfonce dans un oreiller en plastique tranchant, crade et puant. Je touche enfin le fond et mon talon blessé envoie à mon cerveau une décharge électrique de dix mille volts. Entre la douleur et l'odeur de centaines de couches-culottes en putréfaction, je vomis illico. Une balle transperce les sacs et ricoche contre les parois. Je lève la tête. Alice descend par l'échelle de secours. Je saute de la benne et je m'élance dans la ruelle. Le temps qu'elle arrive en bas, je suis déjà loin.

De retour chez moi, je jette un coup d'œil aux données que j'ai collectées tandis que je soigne mes blessures. Je suis ravi de constater que Bendini est toujours le principal suspect du FBI. Tant qu'ils ne s'intéressent pas à Locke, j'ai toutes mes chances de mener à bien ma mission. Je dois avouer qu'Alice me déçoit un peu. Je l'aurais crue plus douée. Mais, à sa décharge, elle ne dispose pas des mêmes ressources que moi. Elle et ses collègues sont censés recueillir des informations légalement. Alors que, pour moi, tous les moyens sont bons. Le plus amusant, c'est que ses supérieurs lui ont recommandé à un moment de me considérer comme un suspect ! Ils n'expliquent pas pourquoi dans leurs messages, mais, pour finir, elle leur a répondu qu'elle était en désaccord avec eux et ils ont laissé tomber. Alice, petite friponne ! Qu'est-ce que je disais ? L'amour fausse tout. Elle me protégeait ! Va savoir ce qu'ils auraient découvert si elle avait accepté de fouiner dans ma vie.

À présent, revenons au problème n° 1 : Alice a menti au sujet de son soi-disant oncle et de son départ. Pourquoi ? Les scénarios bourdonnent dans ma tête comme une nuée de mouches répugnantes lorsque mon téléphone sonne – pas celui dont Bob a le numéro, l'autre, celui de mon personnage. Je regarde l'écran. C'est Alice. Merde. Je transfère l'appel vers la boîte vocale pour réfléchir. Elle pensera que c'est le réseau et se déplacera pour réessayer. C'est dans sa chambre que ça marche le mieux. J'imagine qu'elle s'y rend, mettant un peu d'ordre au passage malgré son doigt cassé, après la visite de l'équipe qui est venue chercher sans succès des empreintes ou des traces de ma présence.

Le téléphone sonne de nouveau. Cette fois, je réponds.

– Salut, comment ça va à Washington ?

– Il faut que je te voie. Maintenant. Où es-tu ?

Elle a l'air désespérée et effrayée.

– J'attends une table chez Arnie Morton. Et toi ?

– Je suis chez moi.

– Qu'est-ce qu'il y a, Alice ?

– Viens le plus vite possible. S'il te plaît.

Elle raccroche.

Super. Aucune idée de ce qui va se passer à présent. Si j'insiste, elle va se méfier. Pareil si je ne me montre pas. Si elle me dit franchement qu'elle croit que c'était moi dans son appartement ce soir, c'est qu'elle a tous ses potes qui attendent à côté pour me tomber dessus. Jamais elle n'abordera la question de front si elle n'est pas prête à se la jouer *Règlements de comptes à OK Corral*. Bob ne va pas être content. Pas content du tout.

Il pourrait me tuer rien que pour lui avoir dissimulé qu'elle était agent fédéral. Mais si j'ai toute une équipe du FBI au cul parce qu'ils me soupçonnent d'avoir agressé quelqu'un de la maison, il va me brûler vif. De toute manière, il faut que je me la joue au culot. Je vais aller chez elle en espérant que tout ira pour le mieux et en me préparant au pire.

J'examine la zone autour de son immeuble. Je ne repère aucun des signes trahissant la présence d'une escouade armée prête à intervenir. Pas de petit rigolo en civil qui essaie de prendre l'air dégagé. Ni voitures noires ni SUV suspects. Sérieux, les fédéraux devraient s'acheter des véhicules qui ressemblent à des bagnoles normales. Les Crown Victoria et les Tahoe, ça ne trompe personne. J'ai également dans l'oreille un scanner miniature avec une antenne super sensible. Je passe d'une fréquence à l'autre. Ces mecs sont de vraies pipelettes. Je ne sais pas combien de fois je les ai repérés à cause de leur bavardage radio incessant. On croirait écouter un groupe de représentants bourrés de coke au buffet d'un club de strip-tease.

Je frappe chez Alice. Dans la poche gauche de ma veste, j'ai une grenade incapacitante. Dans la droite, un pistolet-mitrailleur Glock 18, avec un chargeur de dix-sept balles. Ça me laissera au moins une chance de m'échapper en cas de danger. Si ça part en sucette, Alice sera mon bouclier humain et je descends tous ceux qui se placent entre la porte et moi. Et elle se prend un pruneau sous le menton avant que je disparaisse. Ce n'est pas la première fois que je suis à cran quand je sais que ça risque de barder, mais à ce point, jamais. Je sens la sueur dégouliner sous mes vêtements.

Elle ouvre et me regarde un instant. Puis elle m'enlace et éclate en sanglots.

– Qu'est-ce qui t'arrive, Alice ?

Elle m'attire à l'intérieur et se place sous la lampe. Je découvre les vilaines coupures et les hématomes sur son corps. J'ai l'impression que je vais encore vomir. Ce qui m'aide à mimer une expression de surprise convaincante et je l'utilise à mon avantage.

– Quelle horreur ! Que s'est-il passé ?

– Quelqu'un a pénétré chez moi, John. On a essayé de me tuer.

– Hein ? Quand ça ? Je croyais que tu devais partir ce soir ?

– J'aurais dû décoller il y a quelques heures. Mais je m'en voulais de rater notre dîner, alors j'ai modifié mon billet pour prendre un avion un peu plus tard. J'allais me changer et te faire la surprise. Et quand je suis rentrée, il était là.

Je me déteste. Encore plus que d'habitude.

Je regarde les impacts de balles dans les murs.

– Que s'est-il passé ?

– On s'est battus. J'ai un pistolet et...

– TU AS UN PISTOLET ?

– Comme un tas de femmes à New York, John.

– Pardon. C'est que je suis sidéré. Tu as appelé la police ?

– Oui. Ils viennent de partir.

C'est alors que je remarque le bazar laissé par les gars qui ont passé l'appartement au peigne fin : gants de latex, poudre pour les empreintes, papiers des kits de prélèvement. Une belle équipe de souillons.

– Qu'est-ce qu'ils ont dit ?

– J'ai porté plainte. Mais on ne l'attrapera jamais. Il était masqué, je n'ai donc même pas pu leur donner une description.

– Masqué ? C'est du délire.

– Est-ce que tu peux me prendre dans tes bras ? Je n'ai pas envie d'en parler.

– Oui. Ma pauvre chérie !

Nous nous enlaçons. Elle me serre très fort. On dirait qu'elle a peur de tomber si elle me lâche.

– Je suis désolée pour ton steak.

– Ne raconte pas de bêtises. Je suis content que tu sois saine et sauve.

– Allons au lit.

– Tu es sûre ?

– Oui. Je crois que je vais craquer sinon.

Elle rit. Sa lèvre fendue se remet à saigner. J'ai encore la nausée. Je l'embrasse et je sens le goût du sang. Elle entreprend de me déshabiller et je l'imite, quand je pense soudain à mon talon. Je l'ai bandé, mais si j'ôte ma chaussette, je suis cuit. Elle verra la blessure et elle saura. Si tu t'imagines qu'elle a tiré au hasard, tu te fourres le doigt dans l'œil. J'ai trouvé toutes ses cibles utilisées au fond d'une boîte à chaussures une nuit où je fouinais pendant qu'elle dormait. Elle est visiblement fière de son adresse. Je te promets qu'elle se souvient d'avoir touché son agresseur au pied il y a moins de trois heures. Sans parler du fait que je suis couvert de bleus et d'égratignures après mon petit plongeon dans la benne.

Puis j'ai une révélation. Tout cela n'a plus d'importance. Alice ne peut plus me servir à rien, il est donc inutile de continuer à jouer à copain-copine. J'ai obtenu ce dont j'avais besoin. Elle ne soupçonne pas que j'étais l'homme dans son appartement. Je suis tranquille de ce côté-là et, maintenant, ce serait idiot de risquer des ennuis avec Bob.

Je suis venu ici en partie parce que je me sentais responsable. Je voulais la réconforter. Ce ne sont pas des sentiments qu'on éprouve habituellement pour quelqu'un qu'on utilise. Et c'est dangereux. Pas seulement pour moi, mais pour elle aussi. Les mouches bleues. Un autre corps gris et boursouflé dont personne ne se soucie jusqu'à ce que l'odeur indispose Mme Shavitz au deuxième. Le film sépia sale de la mort devant ses yeux sans vie. Ce diorama sinistre ne va faire qu'empirer si je ne romps pas avec Alice. Je pense à mon contrat, à ma propre santé, et je me rends compte que je me fous royalement de mon destin comme de celui de RH. En revanche, je ne me fous pas d'Alice. Et c'est justement pour cela que je ne peux pas rester. Elle sera blessée, mais mieux vaut ça que d'être mort.

C'est mon instant de lucidité.

Je m'écarte. Je sais exactement ce qui la détournera de moi, ce qui empoisonnera le puits. Je sais tuer les gens, mais je sais aussi tuer ce genre de choses.

– Qu'est-ce qu'il y a ?

– C'est que... Je ne pense pas que ce soit une bonne idée. Pas après ce qui s'est passé.

– Sauf que c'est à moi que c'est arrivé. Et moi, je pense que c'est une bonne idée.

– Ce ne serait pas très sain.

– Qu'est-ce que tu racontes ?

– Tu imagines que baiser effacera tout, mais tu te trompes.

– Je n'imagine pas que baiser effacera quoi que ce soit. Je pense que ça m'aidera à me sentir mieux, protégée, consolée et soutenue. Je sais que tu n'es qu'un robot à la con, mais essaie de percevoir les choses du point de vue des humains, pour une fois.

– Pourquoi est-ce que tu m'attaques quand tu n'obtiens pas ce que tu désires ? Tu te conduis comme une gamine qui fait un caprice.

Là, je n'y vais pas de main morte...

– Non. Je fais en sorte d'obtenir ce que je veux. Ça s'appelle avoir des couilles. Tu devrais en essayer une paire à l'occasion. Pour voir.

– Il vaut mieux que j'y aille.

– Parfait. Dès qu'il s'agit de ressentir quelque chose, tu ne penses qu'à partir en courant. Regarde-moi ! Tu ne peux pas avoir l'un sans l'autre. Ce n'est pas que les bons moments et les petits jeux. Regarde-moi dans les yeux et dis-moi que tu vas franchir cette putain de porte !

Je nage en territoire inconnu. Je n'ai pas la moindre idée de ce que je suis censé dire. Ni de ce que je suis censé faire. Je baisse la tête vers mes pieds. Et je sens ma chaussette s'imprégner de sang. J'espère que l'hémorragie ne va pas s'arrêter. Je veux me vider de mon sang maintenant et qu'on n'en parle plus.

Elle me dévisage. Elle attend une réaction.

Je ne peux pas lever les yeux.

Si je le fais, je ne sais pas ce qui va se passer. Je connais ce sentiment. C'est la même chose quand quelqu'un braque un flingue sur mon front ou pointe un couteau vers ma gorge. Je veux me forcer à regarder mais, en même temps, je ne veux rien voir arriver. Une balle serait la bienvenue en comparaison. Un poignard dans le cœur serait une couverture chaude près d'un bon feu. Puis j'entends claquer la porte de sa chambre et tout est fini.

– Alice ? dis-je doucement, peu désireux d'obtenir une réponse.

Et il n'y en a pas. Il n'y en aura plus. Quand elle a décidé que c'était terminé, c'est à jamais. Elle m'a raconté une fois qu'elle avait quitté son fiancé après avoir découvert qu'il correspondait avec son ex sur Facebook. Elle ne lui a plus jamais adressé la parole, alors qu'ils vivaient ensemble.

Avec elle, c'est tout ou rien, et désormais je ne suis rien.

Ministère de la Justice des États-Unis
FBI
Washington, D.C. 20535

TOUTES LES INFORMATIONS CI-INCLUSES
SONT CONFIDENTIELLES.

Transcription de surveillance : enregistrement audio.
Localisation : conversation téléphonique entre portables – antenne pirate, micro mobile.
Sujets : John Lago et Marcus (censuré).

Marcus : Allô ?

Lago : Marcus ?

Marcus : Qui est à l'appareil ? Comment avez-vous eu ce numéro ?

Lago : Je m'appelle John. C'est l'Église mormone qui m'a transmis vos coordonnées. Ils aident les enfants adoptés et... les orphelins à retrouver leurs parents biologiques.

Marcus : Pardon ?

LONG SILENCE.

Lago : Marcus ? Vous êtes toujours là ? Ne raccrochez pas, s'il vous plaît.

Marcus : Je suis là, John. Quelle est votre date de naissance ?

Lago : Si j'en crois mon acte de naissance incomplet, le 2 février 1989.

Marcus : Et où êtes-vous né ? Dans quelles circonstances ?

Lago : À New York. Ma mère a été assassinée et je suis né prématuré de plusieurs semaines. Elle s'appelait Penny.

Marcus : Mon Dieu !

Lago : Est-ce que vous... ?

Marcus : Oui, je le pense. J'avais... une petite amie appelée Penny. Elle est tombée enceinte. Nous étions mêlés à des choses pas joli-jolies. Je ne sais pas quoi dire... John, vous... tu es toujours là ?

Lago : Oui. C'est juste que... Je n'arrive pas à croire que ce soit... toi.

Marcus : Je suis sous le choc moi aussi. Si on m'avait dit ce matin au réveil que je parlerais à mon fils...

Lago : Mais tu es content que j'aie appelé ?

Marcus : Oui, bien sûr. Pourquoi cette question ?

Lago : Je ne sais pas... Puisque... tu ne voulais pas de moi avant...

Marcus : Ce n'était pas ça, John. Si j'étais resté, j'aurais fini en prison. Comme je le disais, nous étions dans de sales draps. Des histoires de drogue. La police a cru que j'avais tiré.

Lago : Et c'est vrai ?

Marcus : Non. Je l'aimais. C'était notre... dealer. C'est compliqué.

Lago : Je sais. J'ai lu mon dossier. Son nom n'est pas cité malheureusement.

Marcus : Il est mort.

Lago : Dommage, je l'aurais bien aidé à franchir le pas.

Marcus : Moi aussi, crois-moi. Mais je n'étais pas le seul. Il a été tué en prison.

Lago : Et tu as quitté le pays.

Marcus : Je n'avais pas le choix. L'accusation de trafic de drogue faisait de moi un complice de meurtre. J'aurais pris vingt-cinq ans.

Lago : C'est mon âge.

Marcus : John... tu ne peux pas imaginer à quel point je regrette.

Lago : Ne te fatigue pas. J'ai vu mon lot de camés, euh... de toxicomanes... dans les familles d'accueil. Je sais ce que ça fait aux gens.

Marcus : Mais je suis ton père. Et je t'ai mis en danger... tu dois me haïr.

Lago : Ce n'est pas faute d'avoir essayé. C'est difficile à expliquer. Je ne sens rien, en fait. Je veux dire... je ne suis pas du genre émotif.

Marcus : Pourquoi est-ce que tu voulais me retrouver, John ?

Lago : J'avais besoin de savoir. D'où je viens. Qui je suis. Pour le meilleur ou le pire... j'ignore si je vais vivre encore très longtemps.

Marcus : Hein ?

Lago : Je suis aussi dans... de sales draps. Tel père, tel fils.

Marcus : La drogue ?

Lago : Non. Autre chose. Je ne peux pas en parler au téléphone. Mais il y a des gens qui... préféreraient me voir mort.

LONG SILENCE.

Marcus : Tu dois venir me rejoindre. Ils ne te retrouveront pas ici. Ils ne m'ont pas trouvé.

Lago : Moi si.

Marcus : Tu seras en sécurité avec moi, je te le promets. Tu vas venir ?

Lago : Je voudrais bien... il faut que je réfléchisse.

Marcus : Bien sûr. Je comprends. Sache seulement que tu es le bienvenu. Quand tu veux.

Lago : Merci. Je dois raccrocher maintenant.

Marcus : D'accord. Tu rappelleras ?

Lago : Oui. Je pense. Au revoir... Marcus.

Marcus : Ça m'a fait plaisir de te parler, John.

FIN DE LA TRANSCRIPTION

Chapitre 28
Le chemin le plus long

Je reçois un appel de Bob le lendemain à 4 heures du matin. Il veut qu'on se parle avant que j'aille au travail. Pour une fois, je suis impatient de le voir. Maintenant que j'ai écarté Alice, j'ai besoin de repartir du bon pied avec RH. De me remettre à fond dans le boulot et d'éviter toutes les distractions potentielles. Je suis prêt à attraper le ballon pour foncer vers la zone d'en-but, et peu importe qui j'écrase au passage.

– Je pense qu'on a un scénario.

Bob a l'air plus optimiste que d'habitude. Je n'en suis pas sûr, mais on dirait même qu'il a une lueur malicieuse dans le regard.

– Je t'écoute.

– Chaque année, le conseil d'administration de Bendini, Lambert & Locke tient sa grande assemblée annuelle. Le règlement intérieur du cabinet stipule que tous les associés doivent y assister. Locke sera donc présent. Et l'événement se déroule toujours en dehors des locaux.

– L'idée me plaît. Il est pour ainsi dire invisible au bureau et c'est mieux de sortir la cible de son environnement habituel.

– D'après nos renseignements, ça se passe généralement dans un lieu tropical top secret. Locke déteste ça, car il prétend qu'il ne se sent pas en sécurité.

– On le comprend.

– Oui, ce n'est pas un débutant.

– Tu penses que ce sera dans un hôtel ?

– Ils se méfient des hôtels. Ils préfèrent louer une villa ou une monstruosité architecturale quelconque qu'ils sécurisent à mort.

– D'accord. Et la bonne nouvelle, c'est quoi ?

– La bonne nouvelle, c'est qu'on ne va pas tenter de le descendre quand il est sous protection maximale. On va le faire là où il ne peut pas l'être. Devine où. Tu as droit à trois essais.

– Tu plaisantes ?

– À propos des trois essais ?

– Non, du lieu. J'ai deviné. Je comprends maintenant pourquoi tu as l'air si joyeux.

– Je suis joyeux, car on a enfin un plan qui tient la route et qui va nous permettre de clore cette affaire. Ça devrait te réjouir toi aussi.

– Attends un peu. Tu veux que je le supprime à bord de l'avion, n'est-ce pas ?

– C'est idéal. L'avion privé de l'entreprise se trouve dans un aéroport municipal de Long Island. La surveillance est dérisoire. Et c'est un Gulfstream 650. Tu auras toute la place que tu veux pour te cacher avant le décollage.

– Il ne pourra emmener que quelques gardes du corps, les meilleurs, mais ce sera toujours mieux que de devoir neutraliser l'équipe au complet.

– Exactement. C'est notre seule fenêtre.

– On sait quand ça va se dérouler ?

– Pas encore. Ils changent régulièrement la date pour des raisons de sécurité. Mais ce sera dans les sept jours qui viennent.

– Tant mieux. On a une simu, Bob ?

– Le labo a déjà conçu un modèle de simulation pour toi.

– Parfait.

– John, je veux que tu te consacres tout entier à cette opération.

– Cela va de soi. Pourquoi tu me dis ça ?

– C'est ta dernière mission. C'est tout. Ce que tu fais après ne regarde que toi. Je ne m'en mêlerai pas.

– Merci. Maintenant, il faut que j'aille bosser.

En sortant du bureau de Bob, je suis soulagé et excité à la fois. J'aperçois enfin une lueur au bout du tunnel et j'ai l'impression d'être de nouveau moi-même. Je peux aller au travail sans craindre d'être gêné si je croise Alice. Je suis concentré. Dans sept jours, je serai libre de faire ce que je veux. Ce sera fini. RH et Bob ne seront plus qu'une image dans le rétroviseur. Et Locke sera mort.

Lorsque j'arrive au cabinet, j'exécute les tâches qu'on me confie sans me prendre la tête. Je ne vois pas Alice. Je sais qu'elle m'évite et je suis soulagé. Bendini demande à me voir deux ou trois fois et je lui remets des centaines de milliers de dollars en affaires facturables afin de couper court à toute conversation. Mais il réussit néanmoins à m'inviter au mariage de sa nièce dans huit semaines. J'accepte avec enthousiasme pour qu'il me lâche. Il me regarde avec son air de Geppetto et me donne une petite tape dans le dos, geste qui semble désormais associé à notre relation. Je lui rends son sourire, tel un Pinocchio qui attend que son nez s'allonge et s'enfonce dans le cœur du vieil homme.

Après le travail, j'ai rendez-vous dans un hangar d'avions du New Jersey. RH a loué un G650 et je m'entraîne sur le simulateur de vol. Bob nous rejoint un peu plus tard et nous discutons de l'exécution à proprement parler. Notre plan étant trop sophistiqué pour des gangsters, nous décidons d'inventer un scénario de vengeance impliquant la CIA. Locke a vendu un agent qui avait infiltré une cellule terroriste, grâce à d'anciens membres d'al-Qaïda passés à l'ennemi. Le nom de l'agent a circulé et il est mort dans une explosion de voiture avec cinq de ses collègues. La CIA apprécie modérément ce genre de plaisanterie. Je vais donc faire en sorte que le meurtre ait l'air d'une opération punitive organisée par leur commando fantôme. Le terme est de circonstance, car ce plan a tout d'une mission suicide.

Chapitre 29
Jusqu'à ce que la mort nous sépare

Deux jours se sont écoulés et Bob s'impatiente déjà. Ses hommes ont du mal à obtenir l'itinéraire de l'avion – l'information est gardée secrète, ce qui n'a rien d'étonnant. C'est donc moi qu'on envoie encore à la pêche aux renseignements. J'étudie tous les moyens possibles d'y parvenir, mais je rentre bredouille. L'agence de voyages avec laquelle le cabinet travaille habituellement n'est même pas au courant. C'est une troisième société, basée à Washington, qui planifie tout. Comme d'habitude, Bob me refile le bébé sans état d'âme.

– Et la fille qui était ton atout dans la place ?

– J'ai tranché dans le vif. C'était pas très joli, mais propre.

– C'est peut-être notre seule chance. Est-ce que tu peux arranger ça ?

– Et je m'y prends comment ?

– Je vois... Ce n'est pas exactement ton domaine d'expertise, c'est ça ?

– C'est rien de le dire. Et on a dépassé le stade des fleurs et des chocolats. Il faudrait un miracle pour qu'elle accepte de poser de nouveau les yeux sur moi.

– Je vais mettre une équipe dessus.

Ça tombe mal, mais à vrai dire je ne suis pas autrement surpris. En plus, Bob a raison. Alice est mieux placée que moi pour accéder à ce genre d'informations. Bendini n'est pas insensible aux jolies femmes et il aime l'avoir à ses côtés. C'est elle qui devra s'assurer qu'il a tous les dossiers nécessaires avant de partir, afin qu'il puisse les consulter pendant le voyage. Par simple déduction, je suppose qu'elle devra tout lui remettre la veille du départ et que ce sera aussi le moment où je devrai me glisser dans l'avion. Mais, alors que j'aurais pu aisément lui soutirer ce renseignement autrefois, au cours d'une banale conversation, c'est devenu beaucoup plus compliqué. Elle me bat froid – et même glacé. Si je l'aperçois au bureau, elle fait un détour pour m'éviter comme si j'étais un rongeur malade de la peste.

Il n'y a pas moyen de contourner le problème. Après notre petite escarmouche chez elle, le FBI a certainement renforcé sa sécurité. Je ne reçois plus de signal en provenance de son ordinateur. Son appartement doit être protégé grâce à un mégapare-feu et il n'y a plus aucune entrée et sortie de données – aucune visible pour moi en tout cas. La triste vérité, c'est que je vais devoir la convaincre de me parler. Ce qui va exiger un certain doigté. Il faut que je lui rappelle qu'elle m'aime, sans qu'elle ait l'impression que cela vient de moi. Alice préfère être aux commandes. Si elle se rend compte que je la manipule un tant soit peu, on court au fiasco. Donc, avec un coup de main des « coachs relationnels » que Bob engage pour aider les robots dans notre genre à paraître humains, je concocte un plan d'attaque.

Phase 1 : mettre le pied dans la porte

Pour cela, l'équipe me donne carrément un pied de mannequin, avec mon nom marqué dessus. *Je suis con comme mes pieds*, c'est le message. Je le place dans l'entrebâillement de la porte de son bureau pendant qu'elle va aux toilettes. Puis j'attends dans la salle de repos voisine. Lorsqu'elle revient, elle fait une pause à la vue de l'objet. Elle le regarde pendant quelques secondes, puis le ramasse et lit ce qui est écrit. Il y a une petite caméra intégrée qui nous permet de juger de sa réaction. Mieux encore, nous avons une autre caméra dans son bureau – celle de son ordinateur, en fait – et deux micros dans les haut-parleurs. Je retourne à mon bureau et j'attends. L'équipe appelle. La phase 1 a réussi. Le pied lui a arraché un mince sourire. On m'envoie une photo du film. Je n'en crois pas mes yeux. Je connais ce sourire. C'est celui qu'elle a quand elle veut faire l'amour ou commander un plat thaï.

Phase 2 : la Cucaracha

Alice est dingue de cette cantine mexicaine à quelques rues du cabinet. Nous avons truffé les lieux de micros et de caméras. Pendant sa pause déjeuner, notre groupe de mariachis s'approche mine de rien de sa table et entreprend de jouer « La Cucaracha ». Elle s'apprête à les envoyer balader lorsqu'elle se rend compte que ce ne sont pas les paroles habituelles – et pour cause, puisque nous les avons réécrites. La chanson dit à présent : « John est la Cucaracha », autrement dit « le cafard », en espagnol. Elle ne peut pas s'empêcher de rire tout haut. Elle regarde autour d'elle, s'assurant que je ne suis pas en train de l'épier, caché dans le restaurant. Elle a l'air légèrement déçue de ne pas me voir surgir de ma cachette. Mais cela signifie aussi que je respecte son intimité et que je ne suis pas trop lourdingue. Dans l'après-midi, je reçois un message d'Alice avec un court extrait de la chanson, et ces seuls mots : *Hijo de puta*. En m'insultant, qui plus est en espagnol, elle me signale qu'elle se prépare à me pardonner. C'est sa manière à elle d'entamer le dialogue, tout en exprimant sa colère de façon un peu espiègle. Elle me connaît assez pour savoir qu'être traité de fils de pute en espagnol m'amusera plus qu'autre chose. Ça s'annonce bien.

Phase 3 : les diamants sont éternels

Je te vois venir. Tu te dis : cet enfoiré ne va quand même pas lui demander sa main ? Eh bien, si. Les demi-mesures, ce n'est pas le genre d'Alice.

Pour cette dernière étape, l'équipe me dote de l'arme la plus efficace que j'aie jamais tenue entre mes mains : une bague de fiançailles Harry Winston avec un diamant de deux carats. Deux carats, parce qu'un jeune collaborateur qui sort de sa cambrousse devrait vendre ses deux reins pour acheter une pierre plus grosse. Harry Winston parce que Alice adore les Oscars et ne rate aucune cérémonie avec tapis rouge. Et dans ce genre de pince-fesses, les bijoux viennent toujours de chez Harry Winston.

Et ce n'est pas fini. Alice est une inconditionnelle de Batman. L'équipe installe donc un puissant projecteur sur le toit de l'un des hôtels autour de Central Park, avec le symbole de la chauve-souris. Alice travaille tard, comme d'habitude, et sort sur la terrasse de Bendini pour fumer une petite cigarette, comme d'habitude. Dès qu'elle est dehors, on balance la lumière. Le signe de Batman apparaît dans toute sa splendeur sur les nuages bas et on voit très bien où le projecteur est placé. Alors je lui envoie un SMS, ma première tentative de communication directe. Il dit seulement : « À la Batcave », la réplique qu'Adam West lançait à Robin – son larbin en collant – quand le commissaire Gordon – son larbin en costard – appelait à l'aide. Quelques minutes plus tard, je reçois sa réponse : « Pow ! », une des onomatopées qui ponctuaient les épisodes.

Ministère de la Justice des États-Unis
FBI
Washington, D.C. 20535

TOUTES LES INFORMATIONS CI-INCLUSES
SONT CONFIDENTIELLES.

Transcription de surveillance : enregistrement sonore – micro laser (300 mètres).
Lieu : Hôtel Surrey/toit-terrasse, Central Park, Manhattan.
Sujets : John Lago et Alice (censuré).

Alice : Batman et ses bat excuses...

Lago : Si je suis Batman, tu es qui ? Catwoman ou Batgirl ?

Alice : Tout le monde veut être Catwoman. Elle ressemble à toutes ces filles qui se déguisent en putes pour Halloween. Donc Batgirl sans hésiter.

Lago : Dommage, Catwoman est sexy.

Alice : Oui, mais elle n'est plus de première fraîcheur.

Lago : Et Batgirl, c'est un peu la fille d'à côté ?

Alice : Celle qu'on présente à maman.

Lago : Je te présenterais à ma maman, si j'en avais une.

Alice : Charmant.

Lago : J'y travaille.

Alice : Il y a du boulot.

Lago : Message reçu.

Alice : C'est quoi ?

Lago : Ouvre.

Alice : Hein ?... Mais qu'est-ce qui te prend ?

Lago : Disons que j'essaie d'avoir des couilles.

Alice : Sérieux ? Voyons ça.

Lago : Voir quoi ?

Alice : C'est pas toi qui devais apprendre à dire les choses ?

Lago : Veux-tu m'épouser ?

Alice : Comment ça se fait que tu sois encore debout ?

Lago : Là, ça va ? Je crois que je me suis agenouillé dans une crotte de pigeon.

Alice : C'est mieux. Maintenant, réessaie.

Lago : Veux-tu m'épouser ?

Alice : Pourquoi je répondrais oui ?

Lago : Parce que je t'aime.

ALICE PLEURE ET RIT À LA FOIS.

Alice : Moi aussi, je t'aime, espèce de salaud.

Lago : C'est un oui ?

Alice : Un putain de oui, même.

SILENCE. CONTACT PHYSIQUE.

Alice : Harry Winston. Bien vu.

Lago : Maintenant, tu peux défiler sur le tapis rouge.

Alice : Toutes ces pouffes auront l'air de guenons à côté de moi.

LONG SILENCE. CONTACT PHYSIQUE.

Alice : Tu as pris une chambre ici ou on baise à la fraîche ?

Lago : Votre palace est juste là, madame.

Alice : Sans rire ?

Lago : Sans rire.

Alice : Qui est-ce que tu as dû tuer pour avoir une chambre sur le toit avec vue sur Central Park ?

Lago : La réceptionniste. Et le gérant. Et la plupart des femmes de ménage. Ça a été un bain de sang.

Alice : Mais ça en valait la peine.

Lago : Et comment !

Alice : Je n'arrive pas à croire que je me marie.

Lago : On est deux.

Alice : J'ai toujours rêvé d'un grand mariage. Merde ! Quand est-ce que je vais trouver le temps d'organiser ça ?

Lago : On n'a qu'à s'enfuir. S'envoler pour une destination exotique et se faire plaisir. Pas de stress. Pas de traiteurs en retard et de musiciens calamiteux. Juste toi et moi.

Alice : Mes parents me tueraient. Puis ils *te* tueraient.

Lago : Réfléchis cinq minutes. Nous pourrions partir ce soir.

Alice : Et ne pas profiter de cette chambre ? Plutôt mourir.

Lago : Ce week-end, alors.

Alice : Tu es en train de me dire que tu veux qu'on file pour se marier ce week-end ?

Lago : Oui.

Alice : Je ne sais pas si tu es fou ou simplement très résolu.

Lago : Je ne peux pas être les deux ?

Alice : Si, bien sûr. C'est pour ça que je t'aime. Tu es une erreur de la nature. Comme moi.

LONG SILENCE. CONTACT PHYSIQUE.

Alice : Est-ce que c'est pour de vrai ?

Lago : Comment ça ?

Alice : Est-ce que tu veux vraiment te marier ou tu es simplement prêt à faire n'importe quoi pour me récupérer ?

Lago : Les deux. J'y tiens vraiment et je suis prêt à faire n'importe quoi pour te récupérer.

Alice : Bonne réponse.

Lago : Quand tu m'as rayé de ta vie, j'ai cru que j'allais mourir. Je ne veux plus jamais que tu recommences.

Alice : Je m'excuse. Ce n'était pas juste. Mais j'ai tendance à faire une croix sur les gens quand je suis blessée. Une mauvaise habitude.

Lago : Si je n'avais pas fait tout ça, est-ce que tu penses que tu aurais fini par me reparler ?

Alice : Pas sûr. Je m'étais convaincue que tu n'étais qu'un minable en costard qui me faisait perdre mon temps. Un de plus.

Lago : C'est un joli costume pour un minable.

ILS RIENT.

Alice : Je dois reconnaître que tu m'as surprise, ce soir.

Lago : J'essaie d'avoir des couilles, comme je le disais. Et ça s'est imposé comme une évidence.

Alice : « Tu avais un cœur, en fait, l'Homme en fer-blanc. »

Lago : Moi qui espérais un cerveau.

LONG SILENCE.

Lago : Est-ce que c'est réel, pour toi ? Tu es sûre que tu veux d'un tordu comme moi ?

Alice : J'ai un faible pour les tordus. Si en plus tu découpes tes victimes...

Lago : Je ne plaisante pas. Je veux que tu saches ce dans quoi tu t'engages.

Alice : Et je m'engage dans quoi ? Est-ce que tu mènes une double vie ? Tu es un trafiquant de drogue cubain ou un mec qui a une femme dans chaque ville ? Ou alors un tueur en série ? Ça ira, on n'aura qu'à acheter une maison avec un grand vide sanitaire pour planquer les corps.

Lago : On peut être sérieux une minute ?

Alice : Comme tu veux. Mais si c'est pour m'expliquer que je devrais renoncer à t'épouser, je te préviens, je te jette par-dessus la balustrade.

Lago : Je ne veux pas faire ça. Je veux juste... Ce qui s'est passé l'autre fois, il ne faut pas que ça se reproduise. Je ne suis pas parfait et...

Alice : Et tu as peur que je te pourrisse la vie chaque fois que tu feras une connerie ?

Lago : Oui.

Alice : Je te pourrirai la vie. Mais je ne te snoberai plus jamais comme ça.

Lago : Et je te promets que je vais arrêter de me regarder le nombril.

Alice : C'est une bonne nouvelle.

Lago : Ça te tente de foutre un bordel monstre dans une suite d'hôtel, style Keith Richards ?

Alice : Est-ce qu'on risque d'être arrêtés ?

Lago : C'est presque garanti.

Alice : Alors oui.

FIN DE LA TRANSCRIPTION

Chapitre 30
De l'autre côté du miroir

Ma soirée avec Alice a été une totale réussite. L'équipe de RH a vraiment assuré et je leur dois une fière chandelle. Je l'ai convaincue que j'étais fou amoureux d'elle et elle a accepté ma demande. Nous avons passé la nuit à l'hôtel, mais elle m'a invité à dîner ce soir. Elle a dit en plaisantant qu'elle allait préparer à manger et que je devais au moins tester sa cuisine avant de m'engager. Chez elle, je ferai un double de sa carte magnétique pour pénétrer dans le bureau de Bendini et trouver l'itinéraire des associés. Alors nous pourrons planifier l'opération.

Règle n° 13 : « Tout est une arme. »

Si tu abordes ce boulot en pensant que les seules armes à ta disposition sont les pistolets, les couteaux et les explosifs, alors tu risques d'être mort avant d'avoir pu encaisser ton premier salaire. Songe aux prédateurs. Les plus efficaces ne sont pas nécessairement ceux qui se jettent sur leur proie pour la capturer de force. Ils la traquent, l'appâtent et parfois la séduisent. Les coyotes – des prédateurs naturels redoutables et souvent incompris – emploient une méthode particulièrement impressionnante. Tu le sais peut-être, si tu viens d'un État comme la Californie, l'Arizona ou le Colorado, les coyotes se sont rendu compte que les animaux domestiques étaient une manière agréable de varier leur menu. Mais leur tanière – la maison de leurs maîtres – est difficile d'approche. J'ai vu une meute envoyer une femelle en chaleur afin d'entraîner un chien à l'écart. Alors qu'il pensait aller faire un tour dans les bois pour tirer un coup, il a été mis en pièces par les mâles. Il ne s'agit pas seulement de tuer. C'est la danse de la mort, une valse fluide qui s'achève par un orgasme sanglant.

Je te dis tout cela, car, quoi qu'il m'arrive, je veux que tu connaisses mes véritables intentions concernant Alice. Si j'échoue, Bob l'accusera, il affirmera qu'elle m'a déconcentré. Mais toi qui m'as suivi pas à pas, tu sais que c'est faux. J'en ai peut-être fait un peu plus que nécessaire pour la séduire. J'ai sans doute franchi quelques limites. Néanmoins, elle aura quand même joué un rôle primordial dans cette opération qui, je le pense, sera un succès. Et même si en fin de compte je vais utiliser une arme dans le sens traditionnel du terme, je ne serais pas en position de le faire si je n'avais pas employé les véritables instruments de combat du prédateur : la ruse, la persistance et, surtout, la patience.

Ministère de la Justice des États-Unis
FBI
Washington, D.C. 20535

TOUTES LES INFORMATIONS CI-INCLUSES
SONT CONFIDENTIELLES.

Transcription de surveillance : enregistrement sonore.
Localisation : conversation entre portables – antenne pirate, micro mobile.
Sujets : John Lago et Marcus (censuré).

Marcus : Allô ?

Lago : Marcus ?

Marcus : John ?

Lago : Oui. On peut parler ?

Marcus : Bien sûr. Je suis content que tu appelles.

Lago : On dirait que tu n'es pas seul.

Marcus : Une fête religieuse. Dans la rue. Je ne sais plus quel saint.

Lago : Je ne téléphone pas pour bavarder. J'espère que tu ne m'en voudras pas.

Marcus : Parfait. Le bavardage, ce n'est pas mon truc non plus. Que se passe-t-il ?

Lago : Quand ma mère est morte, c'était comment ?

Marcus : Je ne comprends pas.

Lago : Pour toi. C'était comment pour toi ?

Marcus : C'était... dur à expliquer. J'ai cru que j'allais mourir moi aussi. Je voulais mourir.

Lago : Parce que tu l'aimais ?

Marcus : Oui. Ça faisait si longtemps que nous étions ensemble que je ne pouvais pas imaginer la vie sans elle. Elle était ma seule véritable famille.

Lago : Vous étiez mariés ?

Marcus : Oui. Depuis plusieurs années. Nous avions fait une escapade au Honduras et nous nous étions mariés dans une petite chapelle, à la sortie de la ville.

Lago : C'est pour ça que tu es retourné là-bas ?

Marcus : Oui. Il fallait que je quitte le pays de toute manière, alors autant aller dans un endroit qui me rappelait ta mère.

Lago : Je suis amoureux.

Marcus : C'est merveilleux. Comment est-ce qu'elle s'appelle ?

Lago : Pas tout de suite. D'accord ?

Marcus : Comme tu veux. Tu veux bien me parler d'elle ?

Lago : Oui. Elle est très belle.

Marcus : Ça aide, en général.

Lago : En tout cas, ça ne gâche rien.

Marcus : Mais encore, elle est comment ?

Lago : Dure. Elle ne s'en laisse pas compter. Comme un mec. Mais très femme aussi. Presque trop, si tu vois le genre.

Marcus : Je crois, oui. Ça ne doit pas être facile tous les jours.

Lago : C'est le moins qu'on puisse dire ! Est-ce que ma mère était pareille ?

Marcus : Non. Elle était calme et douce. Discrète. Je ne pense pas qu'on se soit jamais disputés. Pourtant, on a traversé des moments difficiles.

Lago : Je traverse un moment difficile moi aussi.

Marcus : Tu veux en parler ?

Lago : Je vais essayer. Dans mon métier... ce n'est pas recommandé d'avoir une relation amoureuse.

Marcus : Pourquoi ?

Lago : C'est... dangereux.

Marcus : Est-ce que tu peux me donner des détails ? Je pourrai peut-être t'aider.

Lago : Non. Pas au téléphone. Je ne sais même pas si je pourrai en parler un jour.

LONG SILENCE.

Marcus : John, tu es là ?

Lago : Oui. Je suis fatigué.

Marcus : Tu préfères qu'on se rappelle plus tard ?

Lago : Non. Je n'ai plus beaucoup de temps.

Marcus : Pourquoi ? John, je veux t'aider.

Lago : Comment ? Tu es au Honduras.

Marcus : Je suis un homme plein de ressources. Je ne serais plus de ce monde si ce n'était pas le cas.

Lago : Personne ne peut m'aider, Marcus. J'ai juste besoin de parler un peu.

Marcus : Alors parlons.

Lago : Si tu avais pu faire quelque chose pour protéger ma mère, mais que ça mettait ta propre vie en danger, est-ce que tu l'aurais fait quand même ?

Marcus : Oui. Sans hésiter. D'autant plus qu'elle était enceinte de toi. J'aurais fait n'importe quoi...

Lago : Marcus ?

Marcus : Oui. C'est que... c'est douloureux de repenser à tout ça.

Lago : Je m'en doute.

Marcus : Elle est en danger ? La femme que tu aimes ?

Lago : Oui.

Marcus : Alors tu dois faire tout ce qui est en ton pouvoir pour la protéger. Tu es mon fils, et je ne veux pas qu'il t'arrive malheur. Mais je ne veux pas non plus que tu aies à vivre avec le fardeau qui a été le mien... C'est... Ce n'est pas une vie.

Lago : Il faut que je lui dise la vérité. Il n'y a pas d'autre solution.

Marcus : Alors fais-le. Joue cartes sur table si ça peut l'aider.

Lago : Elle ne voudra plus de moi.

Marcus : Pas si elle t'aime.

Lago : Tu le crois vraiment ?

Marcus : Je le sais... J'ai fait... des choses que je redoutais de révéler à ta mère... Des choses atroces, liées à mon... addiction. Mais elle est revenue vers moi. Quand on s'aime, il y a quelque chose qu'on ne maîtrise pas. Quelque chose qui a une vie propre.

Lago : J'ai peur.

Marcus : Tant mieux. Ça signifie que tu seras prudent. La peur est un atout majeur si tu sais t'en servir.

Lago : C'est drôle que tu dises ça.

Marcus : Pourquoi ?

Lago : Je n'en sais rien. Je suppose que je ne m'attendais pas à ce que tu sois aussi intéressant.

Marcus : Parce que je suis un ancien camé qui se planque en Amérique du Sud ?

Lago : Non... Oui.

Marcus : Un jour, tu apprendras à me connaître. Et je crois que tu seras surpris.

FIN DE LA TRANSCRIPTION

Chapitre 31
Le jour où j'ai failli être sincère

Je dîne avec Alice ce soir. Je ne sais pas ce qui me rend le plus nerveux : l'idée de l'endormir pour copier sa carte magnétique, tout en m'attendant à voir le FBI me tomber dessus à chaque instant, ou la perspective de discuter du « mariage ». J'apporte une bouteille de cabernet Silver Oak, le seul traitement efficace pour apaiser aussi bien le premier type d'angoisse que le second. Je presse la sonnette. Pas de réponse. Je parie qu'elle est encore sous la douche. Elle est toujours en retard, c'est plus fort qu'elle. C'est sa manière de dire : « Je suis importante, bande de ploucs, et vous n'avez qu'à attendre que je sois prête à me consacrer à vous. »

Maintenant qu'on est pour ainsi dire fiancés, elle m'a confié une clé de son appartement. Tandis que j'ouvre les dix-sept verrous (alors que les deux charnières pourraient être facilement démontées par un voleur un tant soit peu expérimenté), je joue avec l'idée de m'enfuir avec elle ce soir. Bob n'a qu'à descendre Locke tout seul. Se bouger le cul pour une fois et bosser comme tout le monde. J'ai de l'argent, je n'ai pas besoin de sa prime. Et il n'aura pas le temps de me courir après, pas tout de suite, en tout cas : il sera trop occupé à liquider Locke s'il ne veut pas risquer d'être liquidé lui-même. Et quand il aura terminé, nous serons loin. Je suis sûr que la véritable Alice aimerait autant vivre comme une reine dans un coin tropical paumé plutôt que de passer encore dix ans à gagner des clopinettes au FBI, tandis que tous ses collègues blancs de sexe masculin graviront les échelons de la hiérarchie.

La porte s'ouvre et j'entre d'un pas assuré. L'homme de la maison.

– Chérie, c'est moi, dis-je, d'une voix digne d'une série télé des années 1950.

Pas de réponse. Elle est sans doute dans la salle de bains à faire des trucs de fille. Je débouche la bouteille et nous sers deux verres. Je laisse la première gorgée me réchauffer, songeant que je me sens étrangement chez moi. Je repense à mon scénario de fuite. Alice a affirmé qu'elle avait envie de se tirer. Les vapeurs boisées du vin commencent à me monter à la tête et je suis de plus en plus convaincu que je dois l'emmener ce soir et mettre le plus de distance possible entre RH et nous. Le temps de terminer mon verre, je suis prêt à lui annoncer la nouvelle.

Je traverse le salon à grandes enjambées, mais je crois voir quelque chose sous la porte de sa chambre et je m'arrête net. L'appartement est assez sombre et je pense d'abord que ce n'est qu'une ombre. Cependant, plusieurs voitures passent dehors et leurs phares se réverbèrent sur le mur blanc, illuminant ce qui se révèle être une flaque de sang. Je sors mon arme et je tends l'oreille. Je ne distingue aucun bruit et mon cœur se serre.

Je fais un pas. Puis un autre. Il faut que je sache. À présent, je suis devant sa chambre, ma chaussure trempée. Toujours aucun son. Je mets des gants et ma main se referme sur la poignée. Elle est cassée et atterrit sur la moquette imbibée de sang avec un bruit humide répugnant. Je reste là, à regarder la porte en me disant que je sais très bien ce qu'il y a derrière et que je ne suis pas obligé de m'imposer ça. Je peux laisser ça aux mouches bleues et aux hommes en combinaison plastifiée. J'avance la main.

– Pourquoi est-ce que j'ouvre cette putain de porte ?

Entendre ma voix ainsi dans une situation qui exigerait un silence complet est terrifiant. Ma main tremble pour la première fois de ma vie. Il ne me reste plus une goutte de salive dans la bouche et mon sang bat sous mon crâne avec une telle violence que j'ai l'impression que mes yeux vont jaillir de leurs orbites.

J'entre dans la chambre. Il fait sombre, mais la lumière du salon tranche l'obscurité comme un rasoir.

Alors je la vois.

Je dois me mordre la lèvre pour ne pas crier. Son corps est étendu face contre la moquette, dans une mare de sang. Je m'approche, malgré mon instinct qui me souffle de partir en courant. Ses mains sont couvertes de blessures : profondes entailles et bleus violacés qu'elle a dû se faire en tentant de se défendre. Ses cheveux poisseux de sang sont collés sur son crâne. Elle a été frappée à plusieurs reprises à la tête avec un objet contondant. Ses jambes sont tordues par des fractures multiples. Son dos nu est lacéré de dizaines de plaies de couteau, autant de petites bouches rouges hurlantes. Je me retiens pour ne pas vomir, le souffle bref et rauque. Elle me regarde, son visage défiguré par les coups. C'est un masque violet, boursouflé, tabassé sans pitié, avec des yeux comme deux boules de billard noires percées de deux fentes écarlates. J'ai tué beaucoup de gens, mais je n'ai jamais abîmé personne ainsi ni infligé de telles souffrances. Celui qui a fait ça est un monstre et tient à le faire savoir au monde entier.

J'entends ma voix, fragile et enfantine :

– Pourquoi est-ce que tu les as laissés entrer ?

Je réponds à sa place dans un murmure :

– Je pensais que c'était toi.

– J'allais te demander de partir avec moi...

Les mots tombent l'un après l'autre sur la moquette et se dissolvent dans le sang. Je reste là un long moment à contempler la bague à son doigt. Je songe que, pour la première fois, j'ai failli devenir sincère et que ça ne se reproduira sans doute jamais plus. La souffrance que m'inflige la vue de son corps n'a nulle part où aller. Cet état m'est tellement étranger que j'ai l'impression d'être habité par un esprit pendant un instant. Je réagis violemment dans un premier temps. Je sens monter une bouffée de rage aveugle qui crispe mon visage et mes mains. J'ai l'impression d'être au bord de la folie, un trou noir qui m'attire vers son centre avec une force d'attraction assez puissante pour me broyer. Puis quelque chose s'éteint en moi, comme si un disjoncteur avait coupé le courant, et l'hébétude me gagne. Je retire la bague de fiançailles de son doigt raide et enflé. Mon corps devient froid et je saigne mes sentiments sur le sol. Notre vide est à présent la seule chose que nous partageons.

Je quitte sa chambre et je ne pense plus qu'à effacer toute trace de mon passage.

Ministère de la Justice des États-Unis
FBI
Washington, D.C. 20535

TOUTES LES INFORMATIONS CI-INCLUSES
SONT CONFIDENTIELLES.

Transcription de surveillance : enregistrement sonore.
Localisation : conversation téléphonique – antenne pirate, micro mobile.
Sujets : John Lago et Marcus (censuré).

Marcus : John ?

Lago : Je t'ai réveillé ?

Marcus : Ce n'est pas grave. Quoi de neuf ?

Lago : Je suis dans... c'est horrible. Je crois que je vais vomir.

Marcus : John, tu as bu.

Lago : Je m'excuse.

Marcus : Ce n'est rien. Je veux juste savoir ce qui t'arrive...

Lago : Elle est morte.

Marcus : Mon Dieu ! Que s'est-il passé ?

Lago : Elle était si belle. Ils...

LAGO PLEURE.

Lago : Son visage. Jamais je ne... ce qu'ils lui ont fait.

Marcus : Dis-moi.

Lago : Ils l'ont tabassée. Ses mains...

Marcus : Quoi, ses mains ?

Lago : Elle s'est battue. Ils se sont conduits comme des bêtes sauvages. Aucune pitié.

Marcus : Qui a fait ça ?

Lago : Je ne sais pas. Ça pourrait être n'importe qui.

Marcus : Tu n'as aucune idée de qui il s'agit ?

Lago : Non. Mais je les retrouverai. J'ai quelque chose… pour eux.

HURLEMENTS. DÉLIRE ININTELLIGIBLE.

Marcus : John, attends. Essaie de te calmer.

BRUIT DE VERRE ET DE BOIS BRISÉS.

Marcus : John. Arrête ! Quelqu'un va appeler la police. Arrête !

Lago : La police ?

Marcus : Les gens. Ils vont t'entendre et téléphoner. Ce n'est pas le moment.

Lago : Je les tuerai.

Marcus : John, tu ne vas tuer personne. Tu comprends ?

LONG SILENCE.

Lago : Oui.

Marcus : Parle-moi d'elle.

Lago : On allait… se marier… je la vois quand je ferme les yeux. Je vois ce qu'ils lui ont fait. Ce n'est plus elle. Ce n'était pas elle.

Marcus : Je suis de tout cœur avec toi.

Lago : C'est horrible. Horrible. Horrible.

LAGO VOMIT.

Marcus : John ? Ça va ?

Lago : Oui. Ça me rend malade. Malade !

Marcus : Je sais. J'ai connu ça. Il faut que ça sorte. Est-ce que tu te sens un peu mieux ?

Lago : Oui. J'ai besoin de dormir.

Marcus : Non. Attends un peu. Reste au téléphone. Va chercher de l'eau. Tu as du café ?

Lago : Je suis le roi du café.

Marcus : En fait, non, laisse tomber le café. Je ne voudrais pas que tu te blesses.

Lago : Le roi du café…

Marcus : De l'eau, John. Bois de l'eau. D'accord ?

Lago : Oui.

BRUIT D'EAU QUI COULE. LAGO BOIT ET CRACHE.

Lago : Putain !

Marcus : Bien. Maintenant, assieds-toi et concentre-toi sur ma voix.

Lago : Merci.

Marcus : Il y a pas de quoi. Mais écoute-moi. J'ai des questions importantes à te poser.

Lago : J'essaierai de répondre.

Marcus : Les gens qui ont fait ça, est-ce qu'ils savent qui tu es ?

Lago : Aucune idée.

Marcus : Est-ce qu'ils peuvent te trouver ? Ils savent où tu habites ?

Lago : Impossible.

Marcus : Tu es sûr ?

Lago : Répertorié nulle part. C'est... impossible.

Marcus : Comment ça, répertorié nulle part ?

Lago : Je ne peux pas en parler.

Marcus : Et ton travail ? Est-ce qu'ils savent où tu travailles ?

Lago : Ça, c'est... possible. C'est... oui.

Marcus : Alors n'y retourne pas. Tu n'y mets plus les pieds.

Lago : Non.

Marcus : C'est bien. Surtout, n'y va pas. Ils t'attendront là-bas.

Lago : Ils attendront. C'est là que je vais les trouver. Je les attendrai.

Marcus : Non, John. Surtout pas. Tu n'y retournes PAS.

Lago : Je veux... je veux leur montrer quelque chose.

Marcus : Tu ne peux pas prendre ce risque. Je sais très bien ce que tu veux faire.

Lago : Je veux... J'ai un flingue. Un tas de flingues.

Marcus : John. Ne parle pas comme ça. Concentre-toi. Pour moi. S'il te plaît.

Lago : Je me concentre... toi.

Marcus : Est-ce que tu as avalé autre chose que de l'alcool ce soir ?

Lago : De l'Oxycontin.

Marcus : Quand ?

Lago : J'en sais rien... il y a environ une heure.

Marcus : Tu as dû le vomir. Ne prends rien d'autre, d'accord ?

Lago : Marcus ?

Marcus : Oui ?

Lago : J'ai besoin d'aide.

Marcus : Je fais de mon mieux. Je suis désolé de ne pas être près de toi.

Lago : Tu m'as abandonné.

Marcus : Je suis désolé.

Lago : C'est pas grave. Je suis... un prédateur. Je survivrai.

Marcus : Je sais. Et on va faire en sorte que ça continue. D'accord ?

Lago : Oui.

Marcus : Je veux que tu viennes ici. Chez moi.

Lago : Dans ta maison ?

Marcus : Oui. Tu vas venir ?

Lago : Oui.

Marcus : Parfait.

Lago : Comment je viens chez toi ?

Marcus : Je vais t'expliquer. Tu t'en souviendras ?

Lago : Je sais pas.

Marcus : Est-ce que je peux te téléphoner demain ? Quand tu te sentiras mieux ?

Lago : Oui.

Marcus : Où est-ce que je peux te joindre ? Tu as un numéro ?

Lago : Je t'appellerai.

Marcus : D'une ligne fixe ?

Lago : Oui. Faut que je dorme.

Marcus : D'accord. On se parle demain et je te dis comment venir chez moi.

Lago : D'accord. Marcus ?

Marcus : Oui ?

Lago : Merci.

Marcus : Pas de quoi. À demain…

ON RACCROCHE.

FIN DE LA TRANSCRIPTION

Chapitre 32
Tu as pété un câble ?

Tu te souviens, j'ai mentionné le trouble explosif intermittent – cette rage aveugle et incontrôlable qui te transforme en dingue violent et parfois meurtrier ? C'est important d'en parler, car si tu n'apprends pas à le dominer, c'est lui qui finira par prendre le pouvoir. Pour l'instant, je suis sous son emprise. J'ai peut-être l'air lucide, mais je te promets que je ne le suis pas. Il est 5 heures du matin et je me balade pieds nus dans les rues. J'ai du sang et des éclats de verre dans les cheveux. Le battement violent qui résonne dans ma tête est soit une gueule de bois carabinée, soit un traumatisme crânien dû à un accident de train dont j'ai réchappé de justesse. Je marche avec détermination comme quelqu'un qui sait où il va. Lorsque j'arrive au carrefour suivant, je retrouve mes repères : je suis à deux rues de RH. J'ai mon Glock 18 dans une poche et plusieurs chargeurs dans l'autre.

J'essaie de me rappeler pourquoi je me rends au bureau à cette heure et dans cet état. Puis ça me revient. Je vais tuer Bob, bien sûr.

« Tu as pété un câble ? »

C'est la question que tu dois avoir envie de me poser. Et la réponse est oui. J'ai pété un câble. Oui, c'est à cause d'Alice. J'ai vu pas mal de saloperies au cours de ma vie, mais c'est rien à côté de ce qu'ils lui ont fait. Je suis certain que Bob était au courant de mes sentiments pour elle, les mêmes sentiments qui à présent m'obligent à le tuer. Il savait ce que je ressentais et il s'est empressé de l'éliminer dès qu'elle a cessé de nous être utile. À présent, je suis sûr qu'il avait découvert qu'elle était du FBI. Bien sûr, c'est Bob tout craché. Il a conçu un scénario pour qu'on attribue le meurtre d'Alice à la maffia, qui aime les battes de base-ball autant qu'elle hait les fédéraux. Ça pue sa méthode à plein nez et maintenant je vais lui montrer la mienne.

– Pose cette arme.

Il tente de me désarçonner en usant d'un ton censé m'obliger à prendre conscience de la futilité de mes actions.

– Va te faire foutre.

Nous sommes dans son bureau. Il est trop tôt pour que les recrues soient sur place. Dommage, parce que tu vas manquer un chouette spectacle. Je braque le pistolet sur son visage. Ça le rend furieux.

– Pourquoi ?

– Pourquoi quoi, John ?

Il a les dents qui grincent de rage.

– Tu sais très bien de quoi je parle.

– Non, je n'en sais rien. Pose cette arme.

Je souris.

– Sinon quoi ?

– Sinon, je ne le demanderai pas une seconde fois.

– Tu n'auras pas à le faire.

– Tu es plus intelligent que ça, John.

– Tu crois vraiment ?

– Regarde-toi.

– C'est bien le problème, Bob : je suis en train de me regarder. Je suis un quadragénaire psychotique qui pense qu'il a le droit d'éliminer tous ceux qui le dérangent. Je suis un maître manipulateur avec un chacal enragé en guise d'âme. Je suis toi si je ne te supprime pas tout de suite.

– C'est fini ?

– Non.

– Si.

J'ai la vision trop trouble et je suis trop bouleversé (deux handicaps fatals) pour voir la grenade incapacitante qu'il a posée sur un tas de dossiers, comme un presse-papiers. Il se jette prestement à terre lorsqu'elle explose. La secousse me projette contre le mur du fond. Bob profite de ce que je suis sonné pour appeler deux de ses gorilles qui me ramassent et me traînent hors de son bureau. Lorsque je reprends connaissance, je suis à l'infirmerie de RH. On m'immobilise, tandis que le docteur Hatchet et sa joyeuse bande d'infirmières ex-strip-teaseuses préparent des seringues.

Dès que je sens mes mains de nouveau, je plante une des aiguilles dans le cou du gorille n° 1. Son compère tente alors de m'étrangler, exposant le côté droit de sa cage thoracique. Mon coude écrase sa trachée. Tandis qu'il suffoque, j'enfonce la seconde seringue dans sa jambe. Fais de beaux rêves, tête de nœud. Le médecin se carapate, laissant sa portée d'infirmières hystériques se défendre toutes seules.

Je réfléchis à toute allure. Je suis dans un bâtiment qui grouille de tueurs. Je suis à moitié aveugle et je marche à un rythme gériatrique. J'ai besoin d'un flingue. Je fouille le gorille n° 1 et trouve mon Glock dans la poche de sa veste. Même si mes chargeurs ont disparu, j'ai dix-sept balles dedans. Pas mal, mais, comme je le disais, je suis entouré de pros, avec des armes autrement plus impressionnantes. J'ai un avantage, néanmoins. Survivre m'importe peu. Tout ce que je souhaite, c'est coincer Bob, puis finir dignement. Est-ce que je veux mourir pour Alice ? Non. Je veux que Bob meure pour Alice, nuance. Ainsi qu'il le dirait lui-même, je ne serai qu'un dommage collatéral.

Je regarde l'horloge : 6 h 30. À présent, vous êtes tous à l'entraînement, et Bob parade comme un coq de combat, chantant les louanges de ses techniques de terrain. Je me dirige vers l'endroit où je pense pouvoir le trouver avant que le docteur Hatchet répande la nouvelle de ma fuite. Quand j'arrive au dojo, la salle est dans la pénombre. Bob se tient au centre, avec quelques recrues auxquelles il apprend à se battre à l'aveugle. Tout le monde a un bandeau devant les yeux et le retire à mon entrée. Bob garde le sien.

– John.

– Bob.

– Un petit combat amical ?

Deux gorilles armés nous rejoignent et je jette mon Glock par terre. Je m'approche de Bob et de son cercle de mort.

– Rien que pour te prouver que tu te trompes, je vais te laisser lutter avec moi. Rangez vos armes !

Les gardes obéissent en silence.

– Tu peux enlever ton bandeau, Bob.

– Je le garde. Ce sera une excellente démonstration pour mes élèves.

Très bien, dans ce cas, moi aussi je peux donner des leçons. Je lui apprends à tomber à plat ventre d'un coup dans les jambes qui l'envoie au sol.

– Coup bas, connard, lance un élève renfrogné.

Tandis que je le fusille du regard, Bob, toujours à terre, me balance son pied dans les couilles. Je me plie en deux et manque de vomir de douleur. Il en profite pour me donner un coup circulaire à la mâchoire. Je fais un vol plané et fauche trois ou quatre recrues au passage. Pendant que je rassemble tant bien que mal mes esprits, Bob entame son cours comme si cet intermède faisait partie de la leçon du jour.

– Il n'y a pas de coup bas, quand c'est une question de vie ou de mort, pontifie-t-il. Il n'y a que des avantages et des désavantages.

Bob me soulève, employant la prise de catch dite « du pompier », et me jette contre un râtelier de bois où sont rangées des armes d'entraînement. Elles fusent dans tous les sens comme un jeu de Mikado géant. Je suis blessé à la tête. Le sang qui jaillit de l'entaille m'aveugle.

– Est-ce que vous pensez que John m'a fait tomber parce qu'il m'a eu par surprise ? Ou est-ce que je l'ai laissé faire, car j'anticipais un commentaire d'un de mes plus mauvais étudiants, qui le distrairait un instant et me permettrait de reprendre l'avantage ?

On marmonne dans les rangs.

– Vous l'avez fait exprès, dit enfin une jeune femme. Il est plus jeune et plus fort. Vous avez profité de sa distraction pour lui donner un coup à l'entrejambe. Puis vous l'avez frappé à la mâchoire pendant qu'il était plié en deux. Et avant qu'il ne se ressaisisse, vous l'avez mis hors d'état de nuire.

Bob se tourne vers moi.

– Une de mes meilleures étudiantes.

Bob me fait signe d'approcher. Je me lève avec peine et prends une posture qui appartient à une forme de kung-fu appelée Pak Mei, ou le « sourcil blanc ». Bob, lui, adopte le style du singe.

– Le sourcil contre le singe. Qui gagne ? demande Bob.

– Le sourcil blanc est supérieur, lance l'étudiant de tout à l'heure.

J'attaque. Bob réplique avec une férocité surprenante. Je me sens faible et nauséeux, à cause de l'alcool, mais aussi parce que j'ai vraisemblablement une commotion cérébrale. Le pire, c'est qu'il prévoit chacun de mes mouvements. Il est en train de me massacrer. Un coup de talon derrière l'oreille m'envoie par terre. Je gis à demi inconscient, tandis que le cours se poursuit.

– Comme vous pouvez le constater, John a reçu une excellente formation. Mais c'est moi qui la lui ai donnée.

Il passe au jiu-jitsu. De mon côté, j'opte pour le silat, une technique asiatique qui vise uniquement à tuer ou à blesser grièvement. Ce n'est pas lui qui me l'a apprise et cette fois je m'en donne à cœur joie. Les recrues sont bouche bée.

Je le frappe avec une telle violence qu'il fait un salto arrière et atterrit sur le ventre. Il reste à terre, pantelant.

– Malheureusement pour Bob, j'emploie une méthode qu'il ne m'a pas enseignée. Il a fait l'erreur de croire que je n'utiliserais que ce qu'il m'avait appris.

Je m'apprête à lui sauter sur le dos pour lui briser la colonne vertébrale, mais il se pousse de côté. Je retombe par terre et m'éclate les rotules. Il roule sur le sol comme un étrange animal et passe ses bras autour de mon cou. J'ai beau me débattre, il est trop fort au jiu-jitsu brésilien et je suis à sa merci. Il peut me tuer à tout instant, maintenant.

– En revanche, je n'ai pas fait l'erreur de croire que tu aurais l'intelligence de profiter de mon désavantage pour t'emparer d'une arme. À la place, tu as fait ce que j'avais prévu : tu as tenté de m'achever d'une manière spectaculaire comme si tu étais dans un film, alors que ton pistolet se trouvait à quelques mètres. Tu es content de toi ?

Chapitre 33

L'ange déchu

Je me réveille dans une chambre d'hôpital. C'est une pièce très curieuse. Presque trop blanche et immaculée. D'abord, je pense que je suis mort et que je suis en enfer. Puis que je rêve. Mais une infirmière repoussante entre pour s'assurer que tout va bien du côté de mes fonctions vitales. Son odeur évoque une conserverie de harengs. Je ne rêve jamais de femmes repoussantes. Puis je me rends compte que cet hôpital est bizarre parce que ce n'en est pas un. C'est l'infirmerie de RH. Je suis le seul patient ici. Le docteur Hatchet sourit, découvrant ses dents tachées de nicotine.

– Alors, comment on se sent ? Comment se porte cette crise de connerie aiguë ?

– Dehors, ordonne Bob.

Il sort et Bob s'approche.

– Salut, John.

– Salut, Bob.

– Comment ça va ?

– Pas trop mal.

– Tant mieux.

Il me donne un coup de poing dans la mâchoire. Je suis sur le point de m'évanouir quand il me frappe à l'estomac. Ça me réveille aussi sec et je suffoque.

– Toujours les tripes d'abord et le cerveau ensuite, hein, John ?

J'acquiesce d'un halètement. Il m'attrape par le col. Entre mes larmes, je vois qu'il est furieux, mais également dépité.

– Quand Dieu a exilé l'ange, il était loin d'être aussi déçu que moi.

J'essaie de répondre, mais j'ai toujours le souffle coupé.

– Si nous n'étions pas en plein milieu d'une opération, je me débarrasserais de toi maintenant. Aujourd'hui. Hélas, c'est un luxe que je ne peux pas me permettre ! J'ai déjà pris trop de retard et nous n'aurons pas de seconde chance pour régler cette affaire. Mais je ne t'apprends rien, n'est-ce pas, John ?

– Non, Bob.

– Très bien. Tu te crois peut-être malin, mais un tas de crétins s'imaginent qu'ils le sont. Tu l'es juste assez pour te foutre en l'air. Et c'est ce que tu as fait en me mettant dans cette situation. Tu peux faire une croix sur ton avenir. Tu es grillé dans le métier. J'en ferai une affaire personnelle. Tout le monde saura que tu es ingérable.

– Pas de problème, Bob.

Il est la proie d'une rage si intense qu'il en pleurerait presque. C'est déstabilisant, parce que je l'en croyais incapable.

– Tu es tellement désinvolte, tellement dédaigneux. Est-ce que tu as oublié qui t'a tiré de prison avant que tu te retrouves le souffre-douleur d'un caïd, là-bas ?

– Non, je n'ai pas oublié. Ce n'était pas...

– Ta gueule. Tu devrais avoir honte. Tu ne mérites pas d'être dans la même pièce que moi ni de quiconque de RH. Tu as peut-être un certain nombre de réussites à ton actif, mais c'est une goutte de pisse dans l'océan, à présent.

– J'ai tué beaucoup de gens, Bob. Je ne parlerais pas de réussites.

– Tu es un professionnel hors pair, formé par les meilleurs pour éliminer les pires. Tu rends un service crucial à la société. Tuer n'est qu'un moyen, John. Mais quand je vois la façon dont tu t'es conduit aujourd'hui, j'ai le sentiment que tu as piétiné tout ce que je t'avais appris.

– Tu n'aurais pas dû supprimer la fille, Bob.

Furieux, il sort un pistolet, il l'arme et me le tend.

– Si tu penses que je suis responsable de sa mort, alors venge-toi.

Je soupèse l'objet. J'ai l'impression de ne jamais rien avoir tenu de si lourd. Je regarde Bob. S'il l'a tuée, c'est un véritable malade mental, sauf que nous savons qu'un sociopathe comme lui ne peut pas être fou au sens clinique du terme.

– J'ai peut-être écrasé quelques insectes au cours de ma vie, John, mais je ne prendrais pas le risque d'éliminer un agent fédéral simplement parce que tu la baises !

Il récupère le pistolet et vide le chargeur dans le mur et le matériel médical. Un nuage de verre, de fumée et de coton s'élève. Il jette l'arme à l'autre bout de la chambre. Je ne l'ai jamais vu ainsi. J'ai l'impression que tout s'écroule autour de nous, un château de cartes en plaques de ciment, avec uniquement des rois de cœur.

– N'insulte plus jamais mon intelligence, John.

– Pardon, Bob. J'ai perdu mon sang-froid.

– Je ne te le fais pas dire. Et ça me rend malade. Parce que ça signifie que j'ai échoué.

C'est parti pour les violons. Je reste silencieux, comme si j'étais en train de me flageller mentalement. Il s'adoucit un peu.

– La bonne nouvelle, c'est que ton incompétence crasse ne nous a pas tués. Nous avons récupéré la carte magnétique et l'ordinateur de ta copine dans l'un des bars dont tu t'es fait virer. Il n'y avait rien sur le portable, donc nous avons envoyé quelqu'un au cabinet avec la carte cette nuit et à présent nous avons l'itinéraire chiffré. Tu as vingt-quatre heures pour te remettre d'aplomb.

– Tu veux toujours me confier la mission ?

– Je n'ai pas vraiment le choix. Soit tu réussis et on poursuit tous notre bonhomme de chemin, soit tu continues à jouer au con et on est morts. Et il ne s'agit pas que de toi et moi. Si tu foires ce coup, tout le monde trinque, même les recrues à peine sorties du berceau devant lesquelles tu t'es ridiculisé.

– Je vais le faire.

Il se tait un moment, consulte sa montre puis me regarde.

– Qui l'a exécutée, Bob ? Tu as une idée ?

– Un clan de Brooklyn. Une vieille histoire. Un membre de la famille qu'elle a envoyé au trou. Si ça peut te consoler, je les ai tous fait liquider. Je ne tenais pas à ce que tu perdes ton temps avec ça.

– Merci, Bob.

Lorsqu'il sort, je me vois dans le miroir et je me souviens de ce qu'il a dit au sujet de l'ange déchu. C'est moi, décidé à faire payer le monde avec des larmes et du sang. Et Bob se sert de ça. C'est ce qui lui garantit son retour sur investissement. Et c'est aussi la seule raison pour laquelle je suis encore en vie.

Chapitre 34
Vers des cieux plus cléments

La nuit recouvre tout comme une marée noire. Une lune pleine, rouge sang, s'élève dans le ciel, comme pour annoncer le baptême du feu imminent. Je traverse un champ humide en direction d'un aéroport privé. J'aperçois le G650 qui doit transporter Locke et sa suite jusqu'à une retraite secrète, sur une île au large de Belize. Ses associés voyageront à bord d'un second engin. Dans le monde de l'entreprise, on appelle ça la « gestion du risque ». Si un avion s'écrase, ils ne perdent pas toute la direction du cabinet. Locke n'est pas encore arrivé. Ils sont censés décoller à 1 heure. Il n'y a qu'un garde armé posté à côté de l'appareil, et un autre dans le hangar. Ce ne sont pas des pros. J'ai les chaussures et le pantalon trempés par la rosée. Je ne me plains pas, parce que je me dis que c'est peut-être la dernière fois que j'éprouve une telle sensation. C'est peut-être la dernière fois que j'éprouve quoi que ce soit.

Avant aujourd'hui, je n'ai jamais songé à ce genre de choses. Si j'y pense soudain, c'est que je suis certain que dans quelques heures je serai mort. Jusque-là, j'ai toujours tenu pour acquise ma petite vie à la con. Vingt-cinq ans, c'est rien. Moins que rien. Je n'ai fait que m'accrocher à la souffrance du passé ou à attendre l'avenir. Je n'ai jamais vécu l'ici et maintenant. Mais ce soir, je suis le loup, je perçois le monde avec tous mes sens. Pas seulement la vue, le plus trompeur d'entre eux, mais également l'odorat et le toucher. Son goût aigre-doux aussi. Néanmoins, je refuse de me lamenter. Je suis un tueur. J'ai mis un terme à de nombreuses existences. Quoi qu'il m'arrive, je l'ai mérité. Il ne s'agit pas d'une crise morale de la dernière heure qui me rendrait soudain plus proche de M. Tout-le-Monde. M. Tout-le-Monde peut aller se faire foutre. C'est un blaireau qui bouffe, chie, baise et se crève le cul, alors que sa vie n'est qu'un interminable suicide. Non, c'est simplement que je me regarde en face pour la première fois.

Je suis mes chaussures mouillées.

Je suis le souffle froid et humide.

Je suis mes mains moites.

Je suis la pesanteur qui écrase l'herbe sous mes pieds.

Je suis Kevlar, plomb et acier.

Je suis la vision laser.

Je suis la mort.

Et j'arrive.

Des nuages noirs s'amoncellent au-dessus de moi et je considère que c'est un signe, une métaphore du Tout-Puissant qui me dit que je dois me préparer comme un samouraï à redevenir cendres et poussière. Mais je l'accepte. Je suis dans les ténèbres et j'y suis bien.

Je marche d'un pas décidé sur le tarmac, m'abritant comme je peux pour ne pas être repéré. Mais les gardes s'intéressent plus à leur iPhone qu'à leur travail. Je vois l'écran se refléter sur leur visage, tandis qu'ils consultent leur messagerie, mettent à jour leur page Facebook, rêvent de vivre, de respirer et de baiser par le biais anonyme des SMS et des MMS. Je suis caché derrière un camion de kérosène et je guette l'occasion de m'approcher de l'avion. Alors les nuages noirs qui m'avertissaient de ma mort prochaine il y a un instant m'apportent un cadeau inespéré : la pluie. Dès les premières gouttes, Bouffon n° 1 quitte la piste en trottinant pour se réfugier dans le hangar et attendre la fin de l'averse avec Bouffon n° 2. Merci la dualité ! Tu nous as encore montré la beauté d'un univers atteint de troubles de la personnalité.

Plié en deux, je cours jusqu'à l'avion et je grimpe dans la case de train d'atterrissage. C'est là que les exercices de simulation prennent tout leur sens. Dans l'obscurité totale, je dois ramper jusqu'au fond du compartiment. J'utilise ma lampe de poche à infrarouge pour trouver les trappes d'accès au-dessus de moi. Je repère celle qui mène à la cabine des passagers et je trace dessus une croix avec un marqueur fluorescent.

Puis je me blottis contre la paroi. Si je suis trop près du train d'atterrissage quand il se repliera, je serai écrasé ou je perdrai un membre dans le meilleur des cas. Afin d'éviter l'asphyxie, j'ai un masque à oxygène qui me fournira quinze minutes d'air entre sept mille six cents mètres (où ça devient craignos pour les êtres humains) et quinze mille trois cents mètres (où les humains meurent de toute manière). Et n'oublions pas les risques d'hypothermie. Lorsque nous aurons atteint notre altitude de vol, la température sera de quarante ou cinquante degrés en dessous de zéro. Je sais que je peux le supporter pendant quelques minutes avant de tomber dans les pommes. Bien sûr, je suis bourré d'amphés jusqu'aux oreilles pour garder l'esprit vif et doper mon système nerveux. J'ai aussi de l'acétazolamide, un médicament que prennent les alpinistes contre le mal des montagnes. Il acidifie le sang, facilitant le transport de l'oxygène vers les organes vitaux. J'ai également une plaquette de cyanure. Je sais, un truc d'espion ringard. Mais je me dis que, dans l'hypothèse peu vraisemblable où je serais capturé et pas tué, je tirerai ma révérence style Seconde Guerre mondiale et je laisserai ces connards disposer de mon corps bavant et convulsé.

Ça a l'air sympa, hein ? En fait, ce que je viens de décrire, c'est justement la partie la plus cool. C'est après que ça devient galère. Quand on sera en vol, si je suis toujours en vie et conscient, je devrai forcer le panneau d'accès de la cabine passagers et me glisser dans l'avion. Et j'espère qu'il me restera un peu d'énergie pour tuer tout le monde à bord. Mais comme je suis du genre prudent, j'ai prévu une seringue remplie d'adrénaline qui, couplée aux amphés, me transformera en un monstre invincible et insensible à la douleur, avec la force de cinq orangs-outangs. Je n'ai pris ce cocktail détonnant qu'une fois et, si ma mémoire ne me joue pas de tours, ce jour-là, j'ai arraché le bras d'un type et je l'ai assommé avec. Je les entends charger les bagages. Ils sont également en train de faire le plein, un détail que je croyais réglé. Ça craint. Les émanations vont m'irriter les voies respiratoires et je vais déjà avoir les poumons qui brûlent avant le décollage, comme si je n'aurais pas assez de mal avec le manque d'oxygène sans ça. Je fourre le nez dans mon gilet en Kevlar afin de minimiser les dégâts. Après ce qui me paraît une éternité, j'ai la tête qui tourne (ce qui n'est pas bon pour la combinaison sang-cerveau-oxygène), mais j'entends les lourds véhicules qui transportent Locke et sa troupe rouler sur le tarmac. J'ai l'impression qu'il a avec lui une bande d'enragés, sans doute des anciens militaires bourrés de stéroïdes, parce qu'ils conduisent comme des dingues jusqu'à l'avion, pilent dans un crissement de freins et braillent comme une équipe de sportifs en goguette en grimpant à bord. En plus, ils sont super lourds. L'appareil s'affaisse de quelques centimètres quand ces tas de viande se laissent tomber sur leur siège.

Il va y avoir du grabuge. Ces colosses qui ont l'habitude de se battre sont une vraie calamité. Ils se considèrent comme des gladiateurs et essaieront toujours de t'entraîner dans un combat d'homme à homme. J'adore lorsqu'ils disent « mano a mano » au lieu de « man to man », sans se rendre compte que *mano* signifie « main ». Mais pourquoi se fatigueraient-ils à apprendre des rudiments d'espagnol ? Il n'y a que la moitié des États-Unis qui le parle, après tout. Quoi qu'il en soit, il ne faut pas se laisser impressionner. Ils meurent comme les autres si on fait son boulot correctement. Les gros balèzes au regard d'acier peuvent serrer la mâchoire tant qu'ils veulent, ils se vident quand même de leur sang quand ils ont l'aorte percée. Dis-toi que tu travailles à l'abattoir. Ne t'approche pas trop du bétail, et emploie la bonne technique pour les assommer et les saigner.

Les pilotes ferment enfin l'avion et démarrent. Je me prépare. Je m'accroche par des sangles qui ont une résistance de plus de deux mille kilos. Ça m'évitera d'être aspiré hors de l'appareil si je m'évanouis. Le Gulfstream 650, c'est un genre de fusée avec des sièges en cuir confortables et des bombasses aux seins comme des obus en guise d'hôtesses. Il lui faut moins de deux mille mètres pour décoller à 550 kilomètres/heure. Sa vitesse maximale est de Mach 0.925 et il peut l'atteindre très rapidement. Tant qu'on ne sera pas à trois mille mètres, altitude à partir de laquelle on continue à s'élever à une allure moins agressive, je serai plaqué contre le métal, incapable de bouger un muscle.

Le pilote est un vrai cow-boy, car il ne ralentit même pas quand il tourne et se place sur la piste. Puis il met les gaz. À vue de nez, il n'a utilisé que mille des deux mille mètres requis pour le décollage. Parce que l'appareil est presque à la verticale, je suis à présent à la merci de l'accélération de l'avion et de la gravité. Je ne maîtrise pas mon corps. Je suis donc mal barré quand je me sens glisser. Je me retrouve avec les jambes qui pendouillent à l'extérieur et se balancent au vent – un vent de 600 kilomètres/heure. Si je reste là, lorsque le train d'atterrissage se repliera dans quelques secondes, je serai coupé en deux.

Je déplace ma main comme une nageoire d'otarie cassée et sors ma seringue de ma poche de poitrine. J'ai l'impression d'essayer de soulever une Volkswagen à bout de bras. Je parviens à tirer le piston avec les dents tandis que j'entends le pilote tenter de rentrer les roues. Une de mes sangles les bloque, ce qui me permet de gagner quelques précieuses secondes. Je me plante la seringue dans le cou et j'appuie. Presque instantanément, je suis dopé jusqu'aux dents. Je m'agrippe au métal et je remonte vers le fond du compartiment pendant que les servomoteurs broient ma sangle. Avec les jambes à l'intérieur, c'est plus facile de manœuvrer, et tant mieux, car mon attache vient de céder. Elle claque si brusquement qu'elle me propulse contre la paroi de ma cachette avec la puissance d'un train de marchandises. La dernière chose que je vois, c'est ma main avant que mon nez s'écrase dessus.

Chapitre 35
Mano a mano

Lorsque je reprends connaissance, je suis en hypothermie et je suffoque, car nous avons presque atteint notre altitude de croisière. Je mets aussitôt mon masque et j'aspire l'oxygène à grandes goulées. Mes mains et mes pieds sont engourdis et les araignées noires des engelures se propagent sur ma peau. Si je sentais quoi que ce soit, ma clavicule me ferait un mal de chien. Je sais qu'elle est cassée parce que j'ai une bosse de la taille d'une balle de golf dessus. Quoi d'autre ? Des orteils brisés et peut-être une cheville foulée, mais l'engourdissement masque la douleur due à d'éventuelles blessures.

Ma montre m'avertit qu'il me reste une minute d'air. Je n'ai plus de temps à perdre. Je sors mes outils de mes poches à zip avec des mains tremblantes et m'attaque au panneau que j'ai appris à retirer les yeux fermés. Il est ouvert en deux secondes. Une bouffée de chaleur m'inonde le visage, mais je ne m'attarde pas, car je sais que ce trou dans le fuselage provoquera une chute de pression qui elle-même déclenchera une alarme. Je me glisse dans l'orifice étroit en me tortillant et me retrouve accroupi à l'intérieur du compartiment à bagages. Je remets aussitôt le panneau en place et le fixe avec un ciment de réparation utilisé sur les bateaux.

La plaque scellée, je prends un instant pour profiter des plus belles choses de la vie : l'oxygène, la chaleur, la lumière. Mon mésencéphale me souffle : *C'est tout ce dont on a besoin, le reste, c'est de la poudre aux yeux.* Je suis toujours en hypoxie, alors j'avale encore un peu d'acétazolamide. Aussitôt, la sensation d'être dans la brume s'évanouit et je me retrouve en possession de toutes mes facultés mentales et physiques.

Normalement, il devrait y avoir un transformateur qui contrôle l'éclairage de la cabine passagers à l'intérieur de la cloison, quelque part entre les toilettes et le compartiment à bagages. Je découpe la paroi en plastique moulé jusqu'à ce que je le trouve. Il fournit aussi le courant pour le chauffage et la climatisation. Je dois veiller à ne pas couper ces fils. Sinon, nous serons tous morts de froid avant que le commandant ait pu redescendre vers des hauteurs plus hospitalières. Je les scotche à la cloison et je sectionne ceux qui correspondent à la lumière.

L'avion est plongé dans l'obscurité.

Je les entends qui discutent calmement du problème. Je mets mes lunettes de vision nocturne. J'ai quelques secondes avant qu'ils se rendent compte que l'interrupteur d'urgence est à côté de moi. J'attends le premier qui aura l'intelligence de venir ici. C'est un monstre. Un Samoan de cent trente kilos avec une chevelure prodigieuse nouée en chignon à l'arrière de son crâne. Je suis prêt à le recevoir, avec l'un des rares flingues que l'on peut utiliser sans risque à bord d'un avion. Il a une portée de trente centimètres. Un genre d'arme à impulsion électrique. Tu te souviens de ce que je disais à propos de l'abattoir ? Eh bien, cette arme s'inspire d'un pistolet d'abattage à projectile libre. La plupart de ces engins sont équipés d'un piston captif qui transperce le crâne avant de réintégrer leur logement. Le projectile libre a été conçu pour les cas d'urgence, l'euthanasie sur le terrain de gros animaux de ferme qui ne peuvent être immobilisés. Un peu comme mon nouvel ami le Samoan. Le projectile pouvant se dissocier du pistolet, on peut s'en servir à une courte distance et le contact n'est pas nécessaire. Le mien a un cylindre de la taille d'un canon de revolver et, dans la mesure où les projectiles sont fins, il peut en contenir quinze.

Pan !

Le premier des bestiaux a été euthanasié. Il tombe en avant. Un de ses camarades arrive en courant, alerté par le bruit, et pan ! il s'écroule sur le corps du premier. Je me baisse quand une autre brute se met en tête de balancer des poignards dans ma direction. J'en retire un qui s'est enfoncé dans la paroi et je le lance sur le roi du couteau à sept mètres. Il se le prend en plein milieu du front. J'ai raté ma vocation, j'étais fait pour le cirque. Il pointe le doigt vers sa tempe comme pour dire : « Est-ce qu'il y a quelque chose là-dedans ? » et s'effondre sur un plateau de cocktails. Les gardes s'abritent tous, il est donc difficile de les compter, mais j'estime qu'il reste neuf cerbères et je ne vois ma cible nulle part. Ça me va, car ces types ont un protocole à respecter, tandis que Locke est sans doute planqué dans une chambre forte sur mesure.

Je fais quelques pas dans la cabine passagers. Je ne te raconte pas le souk. Du verre cassé à droite et à gauche, trois cadavres, et la fête ne fait que commencer ! L'un des balèzes sort un pistolet à impulsion électrique qui fonctionne avec de l'eau. Il crache une gerbe d'eau très conductrice, composée de sel et d'autres minéraux. Il vise les couilles. Heureusement, le Kevlar est isolant, mais c'est quand même assez désagréable de se prendre quelques milliers de volts dans les bijoux de famille. Le problème avec son arme, c'est que, contrairement à la mienne, elle ne lance pas des pointes aiguisées qui s'enfoncent dans la peau comme des hameçons et te permettent d'électrocuter un pauvre bougre tant que tu as des batteries. Je lui tire donc à mon tour dans les parties pour voir s'il aime ça, lui. Puis je coince la détente avec un bouchon de vin et le laisse griller jusqu'à ce que sa tête commence à fumer.

Maintenant entre en scène le mec qui a « assez rigolé » et veut... mais oui, gagné : qu'on se batte *mano a mano* ! C'est une montagne humaine. Sa stratégie est de me foncer dessus. Je me mets illico en mode toréador. Plutôt que de subir l'assaut de ce taureau plus lourd, plus fort et plus enragé que moi, je fais un gracieux pas de côté et Pan ! un projectile dans la nuque.

Mais je reçois un nouveau jet d'eau électrifiée et je suis touché juste en dessous du protège-cou. Je tombe à la renverse sur le

Samoan mort. Je roule par terre et me retrouve dans la cuisine. Un autre gorille m'arrive dessus. C'est ce qu'il voulait, un combat de catch qui lui permettra de m'étouffer sous ses muscles et sa virilité. Je vois son visage tandis qu'il coince mon bras d'une prise exotique et sort un couteau acéré qu'il entend m'enfoncer dans la gorge. Je l'arrête de ma main libre, mais pas pour longtemps. Il a l'appui, le poids et la force en sa faveur. Alors que moi, j'ai les doigts encore à moitié gelés et je suis épuisé.

Cependant, son sourire sadique m'emplit d'une rage incontrôlable. Elle court sous ma peau comme une vague de chaleur liquide. Je suis en sueur et j'entends rugir dans mes oreilles ce que je suppose être une décharge d'adrénaline. Sans hésiter, j'attrape sa main armée et plonge la lame dans ma chair, au-dessus de ma clavicule cassée. Elle me traverse de part en part et se plante dans le sol. La douleur est indescriptible, mais maintenant le couteau est coincé et il est désarmé. Il libère mon autre main pour s'emparer de quelque chose. Grossière erreur. Je le saisis par les cheveux et lui enfonce deux doigts dans l'œil. Il tente de se repousser, mais, à l'aide de mes genoux, je le fais passer pardessus moi et il atterrit sur le dos. Aussitôt, j'arrache le couteau et le plante derrière son oreille jusqu'au tronc cérébral.

– Alors, on ne sourit plus, connard ?

Je me relève d'un bond et me précipite vers les trois autres gorilles qui arrivent à ma rencontre. Mais, plutôt que de foncer dans le tas, je me jette sur les genoux du premier de tout mon poids. Il flanche et j'entends le claquement caractéristique des ligaments et des tendons. Tandis que le type gît à terre, gémissant. Je ris tout haut.

– Ah ouais, ça fait mal, gros lard ?

Je presse ma rotule contre son cou, lui écrasant la trachée et lui brisant les vertèbres. Les deux derniers dégainent. Ils ont des armes à munitions lentes. Ils espèrent que les balles ne me traverseront pas et qu'ils se débarrasseront de moi sans abîmer l'avion.

– Allez-y, espèces d'abrutis. Tirez. Vous allez faire exploser cet appareil comme une canette de soda trop secouée et tous nous tuer.

Ils ne disent rien. Ils s'approchent de moi en silence, m'obligeant à reculer jusqu'à la paroi de la cuisine qui est assez épaisse pour arrêter un projectile. Je dois agir vite. Je dégaine mon second Taser et vise l'un des gardes à la poitrine. La décharge le fait sursauter et il tire par terre. Oups ! Tandis qu'il est agité de soubresauts, l'autre type se jette sur un siège, se préparant à la chute de pression qui va faire plonger l'avion. Je le ligote avec les fils de mon pistolet et le pousse vers le sol. Je repère alors une de leurs armes et je m'en empare.

– T'as déjà joué à ce jeu de fête foraine, celui où tu vises le sourire du clown avec le pistolet à eau pour gonfler le ballon ?

Je les asperge, lui et son pote. L'eau pénètre dans leurs narines, leur bouche et leurs oreilles. Ils grillent comme des condamnés à mort sur la chaise et leurs orbites s'enflamment. Je les enveloppe d'une couverture pour éviter de provoquer un incendie, puis j'évalue la situation. Les gardes du corps sont hors jeu. Mais Locke est toujours invisible. Soudain, tous les écrans plasma s'allument et il apparaît.

C'est lui qui pilote l'avion.

– Salut, connard, dit-il cordialement dans le micro.

Je ne réponds pas. J'ai la tête qui bourdonne d'épuisement.

– Le stagiaire. Bravo ! Pour qui est-ce que tu travailles ?

– Le juge Judy[1].

Il sourit.

– Est-ce que tu as déjà entendu parler du vol parabolique ? C'est ce qu'on fait pour simuler les environnements en apesanteur. On met les gens dans un fuselage vide et l'avion monte à quarante-cinq degrés avant de redescendre, toujours à quarante-cinq degrés. En gros, on coupe les gaz et il plonge vers le sol.

1. Juge d'une émission de télé-réalité. *(NdT.)*

– Ça a l'air cool.

– Attache ta ceinture, au cas où il y aurait des turbulences.

L'appareil accélère et s'élève presque à la verticale. Je suis projeté contre la cloison de la cuisine qui cède sous mon poids.

– Aïe ! Ça doit faire mal, lance-t-il.

Soudain, Locke coupe les gaz et l'avion tombe comme une pierre. Je flotte dans la cabine. Je m'accroche à ce qui me tombe sous la main pour me rapprocher du poste de pilotage. Mais déjà l'engin reprend de la vitesse et remonte. Je lâche prise et je traverse le fuselage comme un boulet, me cognant à tous les angles au passage. Je me protège la tête avec les mains avant de m'écraser contre le petit bar qui vole en morceaux. Les éclats de verre fusent.

– Voilà ce qui se passe quand on me cherche.

Et c'est reparti. On tombe en piqué, sauf que, cette fois, on tournoie en même temps. J'ai l'impression d'être une chaussette pendant le cycle d'essorage. Je ne sais plus où sont le haut et le bas, mais il y a une chose dont je suis sûr : je ne supporterai pas ça longtemps. J'ai le sang qui me sort par les narines et les oreilles, je souffre d'une commotion cérébrale et j'ai peut-être même un tympan percé.

J'emprunte deux couteaux aux gardes morts et les fiche dans le sol, les utilisant comme des serres de métal. Si Locke change encore de direction, je n'aurai qu'à planter mes lames dans une autre surface. Comme une araignée, je progresse petit à petit en direction du cockpit. J'y mets un tel acharnement que j'ai les mains en sang.

– Cette porte blindée que tu espères enfoncer est en titane renforcé avec une épaisse couche de Kevlar au milieu. Bonne chance !

– Je n'aurai pas à le faire puisque tu vas l'ouvrir pour moi.

Il éclate de rire et vire brusquement pour me faire tomber, mais je m'accroche comme une tique et me rapproche inexorablement.

– Pourquoi est-ce que je ferais une chose pareille ?

– Parce que ta fille s'est enfermée dans les toilettes et si tu n'obéis pas, je lui réserve un autre jeu de fête foraine.

– Je ne sais pas de quoi tu parles.

– Tu es un beau salopard. Je l'ai vue se réfugier là quand j'ai zigouillé ton premier gorille.

– Qu'est-ce qui te fait croire que c'est ma fille ?

– Ah oui ? Tu veux jouer au dur ? Elle était sur la liste des passagers.

– C'est ma secrétaire. Si tu imagines que je vais me sacrifier pour elle, tu rêves.

Je fais demi-tour et je me dirige vers les toilettes. J'ouvre la porte d'un coup de pied. La fille à papa est blottie sur un strapontin à l'intérieur, ceinture attachée. Je la libère et la traîne hors de sa cachette pour la forcer à s'asseoir dans la cabine passagers.

– On va bien voir !

Je récupère l'une des armes des gorilles et la pointe sur sa nuque.

– Papa ! hurle-t-elle.

– On dirait que j'ai fait mouche !

Silence dans le cockpit.

– Je crois que c'est une petite qui en a dans la tête – on va vérifier ça tout de suite.

J'arme le pistolet pour plus de réalisme, et la magie opère. La porte s'ouvre. Locke se tient dans l'encadrement et il me vise.

– Pose ça immédiatement !

– Va te faire foutre.

Il tire, mais il me manque et perce un trou dans le plancher, juste derrière l'aile gauche. L'alarme retentit. Des masques à oxygène tombent et l'avion descend en piqué. Je roule par terre, jusqu'à la porte où Locke m'attend, son pistolet pointé sur mon visage.

– C'était vraiment très con !

– Parfois, ce qui semble le plus fou est en fait le plus sensé, répond-il.

– Va dire ça à ta fille, salopard.

Elle sanglote sur son siège, paniquée et incapable de respirer. Prenant soudain conscience de ce qu'il a fait, il la regarde, frappé de stupeur. Et tout de suite après, c'est par mon pied qu'il est frappé, en plein dans les couilles. Il s'effondre en se tenant l'entrejambe, le souffle coupé. Je l'attrape par le col et le traîne jusqu'au cockpit.

– Maintenant, tu vas faire atterrir ce putain d'avion et je vais t'abattre. Mais si tu veux jouer au plus con avec moi, je la flingue aussi, sous tes yeux. Compris ?

Il hoche la tête et reprend les commandes. L'appareil tremble violemment et il s'efforce de stabiliser notre descente. Après une quinzaine de minutes éprouvantes, nous nous maintenons à une altitude de cinq mille quatre cents mètres.

– Où sommes-nous ?

Il regarde son GPS.

– À environ cent cinquante kilomètres au sud de Miami. Je cherche un aéroport privé à Grand Cayman, ou peut-être à la Barbade.

– Mets le cap sur le Honduras. Il y a un aérodrome à la sortie de Puerto Cortés.

– Le Honduras ? On risque de ne pas y arriver avec le trou dans le fuselage.

– Obéis.

Chapitre 36
La Cucaracha

Deux heures plus tard, nous atterrissons au Honduras. Locke approche l'appareil de l'unique bâtiment de l'aérodrome pour constater qu'il est vide.

– Arrête-toi ici.

Il s'exécute et je le fais asseoir à côté de sa fille. Je place le pistolet contre sa tempe et je l'arme.

– Non ! Papa !

– Silence !

– Je vous en prie, ne le tuez pas !

– Est-ce que tu sais qui il est vraiment ? Est-ce que tu en as une idée ?

Elle gémit.

– Il a vendu les noms des témoins protégés par le FBI au plus offrant : maffia, cartels, suprématistes blancs et j'en passe.

Elle secoue la tête en hoquetant.

– Laisse-la et finissons-en !

– Ta gueule !

Je lui flanque une baffe avec le pistolet qui lui entaille profondément la joue et le nez. Je me tourne vers sa fille.

– Je m'excuse de t'imposer ça, mais il faut que tu saches quel genre d'homme t'a élevée. C'est une ordure qui a du sang plein les mains. Il mérite de mourir.

Je pointe l'arme sur lui.

– On m'a envoyé ici pour l'exécuter. C'est mon boulot...

Je presse le canon plus fort contre sa tempe... puis je l'écarte.

– Mais je ne vais pas le faire.

Locke et sa fille me regardent, abasourdis.

– Car je viens de prendre ma retraite.

Je récupère toutes les munitions et les armes que je trouve sur les cadavres, puis je retourne les voir.

– Vous avez assez de carburant pour aller jusqu'au Mexique. Je vous conseille de ficher le camp vite fait, avant que le cartel apprenne qu'un jet privé à quatre-vingts millions de dollars s'est posé sur son aérodrome.

J'abaisse l'escalier et ils me regardent descendre, sans voix. Dehors, il fait chaud et humide. Je suis sans voix moi aussi. Je me retrouve en territoire inconnu, dans tous les sens du terme, et j'essaie de me repérer. Et tu dois être également surpris de voir que j'ai épargné Locke. Rassure-toi. Ce n'est pas que j'ai entendu Dieu ou que j'ai eu une révélation. C'est à cause du premier commandement de ma bible personnelle : la survie. Si Locke ne meurt pas, Bob va sans doute y passer, lui, liquidé par ses clients.

En résumé, en laissant Locke en vie, je suis sûr d'être débarrassé une bonne fois pour toutes de Bob et je me déclare officiellement à la retraite. Déçu ? Toutes mes excuses si ce n'est pas le happy end que tu espérais. Mais je t'avais prévenu. Il faut s'attendre à tout. Et même si je ne quitte pas RH avec ma montre en or et ma pension, au moins je suis vivant. Ce qui n'est pas si mal, car, ces derniers temps, plus le moment de partir approchait, moins j'y croyais. Pourquoi ferais-je confiance à quelqu'un comme Bob ? Ce serait idiot.

En ce qui te concerne, je te conseille d'établir une stratégie de sortie vite fait. Il va y avoir du grabuge et il vaut mieux ne pas être dans les parages à ce moment-là.

Règle n° 14 : « Étudie l'art subtil de la stratégie de sortie. »

Mon dixième contrat consistait à éliminer le directeur général d'une compagnie de navigation internationale qui tirait un appoint non négligeable du trafic humain. Ses cargos arrivaient dans les ports de Los Angeles, New York, Miami et Oakland, remplis de produits venus d'Asie : crottes de chien en plastique, gratte-dos – et esclaves. Tu connais par cœur ce genre d'histoire, alors je t'épargnerai les détails. Il suffit de dire que ce salopard fournissait 90 % des ateliers de misère du pays et gagnait un max de blé. Il enculait le rêve américain pour que tu puisses t'acheter des tee-shirts pas chers à Old Navy. Elle est pas belle, la vie ?

Je suis parvenu à m'introduire dans le cercle de ses collaborateurs les plus proches au port de New York, mais Bob me réservait une surprise. Il m'a demandé de prendre sous mon aile une nouvelle recrue. Un genre de formation en alternance. Il m'a passé de la pommade, affirmant qu'il souhaitait que les bleus apprennent auprès des meilleurs. J'étais flatté. Cependant, j'ai vite déchanté quand j'ai rencontré la jeune femme que j'étais censé chapeauter. Je l'appellerai Juno. Tu as vu ce film, non ? Dans ce cas, tu sais que Juno est une tête à claques qui ne ferme jamais sa gueule. Eh bien, c'était la même. Bob l'avait fait entrer dans la boîte comme stagiaire et je devais lui montrer les ficelles du métier. Elle avait sans doute 19 ans, à l'époque. Et je n'étais pas le seul à vouloir l'étrangler. Tous les employés du bureau rêvaient d'une strangulation en réunion. Mais il faut reconnaître que cette fille était impressionnante sur le terrain. Je n'avais jamais vu personne tirer, taillader ni se battre mieux qu'elle. Donc je me suis tout de suite demandé si Bob ne l'avait pas chargée de m'éliminer.

Quoi qu'il en soit, le jour J arrive pour notre esclavagiste. Bob avait prévu un scénario de vengeance type triade chinoise. Nous comptions propager la rumeur que les triades voulaient que le Blanc paie un impôt très élevé pour avoir le droit d'opérer en Asie. Mais esclavagiste blanc bêtement refuser. Alors esclavagiste blanc massacré afin que triades reprennent sa filière. Net et sans bavure. Hormis que quand les triades décident d'exécuter quelqu'un, c'est tout sauf net et sans bavure. Disons simplement que le processus requiert de lourds couperets rouillés, la signature de la maffia chinoise.

Nous avions prévu d'agir à l'aube, lorsqu'il arrivait au travail. Il était au bureau dès 4 heures du matin pour passer ses appels en Asie. Le reste du personnel se présentait en général à 8 heures. Cela nous laissait donc quatre heures pour découper notre gars en autant de pièces de puzzle. Je suis allé chercher Juno à 3 heures. Une fois n'est pas coutume, elle était silencieuse et ma paranoïa a vite atteint un paroxysme. J'étais prêt à la tuer à cause d'un simple regard de travers. Et j'avais une stratégie de sortie. Avec notre équipement, j'avais apporté un sac de survie qui me permettrait de tenir quatre semaines en mer. Après avoir liquidé Juno, je n'aurais qu'à me cacher dans l'un des conteneurs qui servaient à transporter les esclaves pour disparaître en Asie. Un petit coup de baguette magique esthétique et *sayonara* la compagnie.

Nous nous sommes glissés dans le bureau du patron et nous l'avons attendu. Il était un peu en avance, donc ça s'est passé à l'intérieur. Je t'épargnerai les détails sordides, mais je comprends à présent pourquoi les triades tuent ainsi depuis des siècles. La perspective de finir atrocement mutilé fait qu'on y réfléchit à deux fois avant de leur chercher des noises. D'abord, c'est tout sauf une mort rapide et sans douleur. Et ensuite, personne n'a envie que sa famille soit obligée d'enterrer un cadavre en morceaux. Ce n'est drôle pour personne. Et à propos de famille, la question ne se pose même pas puisque la plupart du temps les triades les découpent dans la foulée. Heureusement, Bob n'a jamais émis l'idée d'aller aussi loin par souci d'authenticité, car je me serais retrouvé devant un grave dilemme moral.

Contre toute attente, Juno s'est trouvée paralysée au moment de passer à l'action. J'étais furieux et je l'ai forcée à ramasser tous les morceaux et à les mettre dans des sacs. Nous nous apprêtions à partir lorsque j'ai reçu un SMS de Bob.

« Tue-la. »

Bon, ma paranoïa n'était peut-être pas rationnelle tout compte fait. Je m'étais totalement planté dans mon analyse de la situation. Pourtant, certains indices auraient dû m'alerter. Comme le fait que, à 19 ans, elle n'avait toujours pas accompli la moindre mission. À 17 ans, j'en avais déjà sept à mon actif. Il s'avérait que cette pipelette sans cervelle s'était fait virer de tous ses stages à cause de son caquetage imbécile. La discrétion, ce n'était décidément pas son fort, à cette pauvre Juno.

Je la regardais qui rangeait le matériel, couverte de sang, et j'ai fait une chose qu'aujourd'hui encore je ne comprends pas. Je lui ai montré le message. Elle a blêmi. Je la devinais qui réfléchissait à toute vitesse, se demandant ce qu'il fallait qu'elle ramasse pour se défendre. J'ai levé les mains et je lui ai affirmé que je ne comptais pas la tuer. Elle a froncé les sourcils. Si je n'obéissais pas à Bob, il allait nous supprimer tous les deux. Bravo ! Tout compte fait, tu as quelque chose dans le crâne, Juno. Alors je lui ai filé mon sac de survie et je lui ai dit que le climat en Asie était censé être très agréable à cette période de l'année. Elle s'est mise à pleurer, étreignant le sac comme elle m'aurait serré dans ses bras, si elle avait pu. Elle a bredouillé que personne n'avait jamais été aussi gentil avec elle. Je lui ai répondu que je ne faisais pas ça par gentillesse, mais parce qu'elle était l'une des nôtres et que même si Bob n'avait pas d'honneur, nous en avions, nous.

Règle n° 15 : « On tue les autres, mais on ne s'entre-tue pas. »

Le simple fait qu'il m'ait ordonné de la supprimer te dit tout ce qu'il y a besoin de savoir sur Bob. On ne peut pas avoir quelqu'un comme Juno dans nos rangs, mais ce n'est pas notre problème. C'est celui de Bob. Et j'avais beau avoir envie qu'elle la ferme, je ne tenais pas à la faire taire définitivement. On lui a trouvé un conteneur vide sur un cargo en partance pour Hong Kong et je lui ai fait mes adieux. Elle m'a demandé comment elle pourrait me remercier. Je lui ai répondu qu'elle aurait tout le temps d'y réfléchir. Quand je suis retourné au bureau, Bob ne m'a jamais posé de questions. Si ce n'est pas de la confiance, je n'y connais rien.

Chapitre 37
Saigner sur la page

Le *Guide de survie à l'usage des jeunes stagiaires* touche à sa fin, abrupte mais inévitable, comme la conclusion du séjour de Juno parmi nous. Je t'ai dit presque tout ce que je savais. L'un de vous sera peut-être chargé de m'éliminer, je préfère donc garder quelques tours dans mon sac. Il faut que tu trouves ta propre voie. C'est ton unique chance de survivre. Ce qui a marché pour moi ne fonctionnera pas nécessairement pour toi. Tu es encore malléable et ce serait dommage d'adopter le dogme d'un autre. J'ai tenté de te montrer que tu étais une arme à toi tout seul, une arme unique en son genre. Comme les forgerons d'épées japonais, trempe-la à force de patience et garde un esprit aussi ouvert que le ciel.

Si tu en as assez de mon bla-bla et que tu as hâte de t'illustrer dans le secteur fascinant de l'extermination humaine, je te souhaite bonne chance et je croise les doigts pour que ton pistolet ne s'enraye jamais. Si tu as trouvé dans ma logorrhée une pépite de sagesse susceptible de t'aider, remercie-moi en évitant de te faire zigouiller avant d'être assez vieux pour acheter un pack de bières.

Si, comme moi, tu ne peux pas détourner les yeux d'une catastrophe ferroviaire ou d'un carambolage de voitures, je t'invite à poursuivre ta lecture, mon frère, ma sœur. Ce livre sera plutôt un journal intime, désormais. J'ai aimé « saigner sur la page », ainsi que Hemingway l'a si bien dit. En fait, l'écriture de ce guide a eu un effet cathartique. La confession, ce n'est peut-être pas aussi idiot que ça en a l'air, après tout. Je ne crois pas que notre grand déballage intéresse beaucoup Dieu : finalement, c'est elle qui nous a créés enclins à commettre des transgressions et elle nous voit faire. Cependant, je commence à penser que la confession est le seul moyen que nous connaissons pour nous pardonner à nous-mêmes.

Je n'ai jamais raconté à personne ce que tu viens de lire. Même si je ne me sens pas à proprement parler absous, je suis soulagé d'un poids. Les péchés n'ont peut-être pas de masse, mais ils pèsent une tonne, surtout si tu dois te les traîner tout seul jusqu'à la tombe. Et il y a Locke. Il « méritait » certainement de mourir, au moins autant que mes cibles précédentes. Pourtant, je ne l'ai pas tué. Ce n'est certes pas grand-chose, mais, pour la première fois de ma vie, je me sens libre parce que j'ai pris cette décision. Et en ce moment, quelques grammes de rédemption valent plus qu'un kilo de cette chimère que les vendeurs d'assurances appellent « tranquillité d'esprit ».

Alors reste là, profite du spectacle, mais ne t'attends pas à ce qu'il y ait de survivant.

Chapitre 38
Marcus

Je suis au Honduras parce que c'est ici que vit mon père. Je le cherche depuis des années, habité par le besoin irrésistible de savoir d'où je viens. Je suis sûr que tu me comprends. En bref, je suis le fils de deux camés. Ma mère a été assassinée par un dealer alors que j'étais encore dans son ventre. Mon père a quitté le pays pour ne pas être accusé de complicité de meurtre. Il aimait ma mère. Il ne l'a pas tuée, mais, pour l'État de New York, il est en partie responsable, car il était l'associé du dealer. Ils vendaient de l'héroïne en gros. Un trafiquant de ce calibre n'a aucune chance dans ce genre de situation. La loi est ainsi faite que tout devient un élément à charge. Si ton activité provoque même indirectement la mort de quelqu'un, tu es complice de meurtre et tu prends vingt ans, voire perpète, si c'est ta troisième condamnation.

Après le décès de ma mère, j'ai donc élu domicile dans une couveuse pendant quelques semaines, le temps que ce qui devait ressembler à un fœtus de cochon se transforme en petit être humain. Tandis que je poireautais au service néonatal, mon père a réussi à me rendre visite quelques fois avant que ça devienne vraiment chaud et qu'il doive filer au Honduras. C'est comme ça que je l'ai retrouvé. Avec le concours d'une mormone spécialiste de la généalogie que m'avait recommandée Alice (paix à son âme !). Ces gens sont forts quand il s'agit d'aider les gamins adoptés qui cherchent leurs parents biologiques. Ça doit être lié à leur religion. Quoi qu'il en soit, c'est elle qui a eu l'idée de consulter la liste des visiteurs du service néonatal. Pendant que j'écrivais ce guide, Alice et moi essayions de retrouver sa trace. Et nous avons réussi. Un type sympa. Il se sent coupable. Il voudrait que je lui pardonne. En ce qui me concerne, je ne sais même pas si j'attends quoi que ce soit de lui. Connaître mes origines, peut-être le voir une fois, c'est tout ce qui m'intéresse.

Je me rends en stop jusqu'à Puerto Cortés, une petite ville côtière à une quinzaine de kilomètres de l'aérodrome. On crève de chaud, au Honduras. J'ai mal aux pores tellement je transpire. Mais je me sens léger parce que j'ai coupé tout lien avec Bob, que j'ai pas mal de fric planqué aux quatre coins du monde et que je vais enfin rencontrer mon père. C'est une drôle de sensation. Je n'ai jamais été libre que dans ma tête et toute cette liberté d'un coup, c'est presque écrasant.

J'arrive devant la petite maison de Marcus en fin d'après-midi. Il n'est pas chez lui, alors je m'assois dans la chaise longue rouillée à l'arrière et je regarde l'océan. Puis je pense que je l'aperçois qui surfe à une centaine de mètres du rivage. Je n'en suis pas certain, parce que je ne sais pas à quoi il ressemble, mais il y a des chances que ce soit le grand Blanc au milieu d'un groupe de petits hommes à la peau brune. Il a une longue planche de bois et on sent qu'il a des années de pratique derrière lui. Il se déplace entre l'avant et l'arrière du surf, et réussit même un « hang ten », les dix orteils tout au bout de la planche. Puis une vague le pousse jusqu'au bord et il me rejoint.

– Soit tu es là pour me tuer, soit tu es mon fils, dit-il avec un sourire.

C'est lui, ça ne fait aucun doute. J'ai l'impression qu'il est tout ce que j'aurais été si je n'étais pas né prématuré et si j'avais été nourri correctement. Je suis plus petit que lui, les traits moins affirmés, mais la ressemblance saute aux yeux.

C'est le moment que j'attends depuis l'âge de 8 ans, alors que je m'apprêtais à régler leur compte à Mickey et Mallory, avec deux sacs plastique et un rouleau de ruban adhésif. Je sais qui je suis.

Même si tout s'arrêtait maintenant, je serais satisfait. Je suis une vraie personne, pas un robot comme je l'imaginais quand j'étais petit.

– C'est moi, John.

Nous nous serrons la main. Il hausse les épaules comme pour dire : « Et puis merde », et il m'étreint, trempant ma chemise d'eau de mer tiède.

– Marcus Hunter. Je suis heureux de te voir.

– Moi aussi.

– Une bière ?

– Ce serait pas de refus.

Nous regardons le soleil se coucher en vidant quelques bières locales et en parlant surf. Nous ne souhaitons ni l'un ni l'autre ressasser le passé. Il y a une sorte de barrière invisible qui nous permet d'envisager l'avenir sans que nos fantômes reviennent nous hanter. C'est mon père, mais nous avons tout à découvrir l'un sur l'autre. À la nuit tombée, alors que résonne autour de nous un concert qui semble émaner d'une multitude de perroquets et de singes, Marissa, la femme qui tient la maison de Marcus, arrive et panse mes blessures. Elle est infirmière de formation, mais gagne plus en récurant les toilettes. Je suis impressionné par sa rapidité et son efficacité. Elle applique un cataplasme de sa composition sur mes engelures qui soulage immédiatement la douleur.

Après, elle nous prépare à dîner. Un repas tout simple, du poisson et des fruits, mais j'ai le sentiment de n'avoir jamais rien mangé d'aussi bon. C'est le goût de la liberté. J'espère que tu en feras l'expérience un jour. À table, je raconte à Marcus l'histoire de ma vie. Il est abasourdi – et le mot est faible. À la fin du dîner, son visage est empreint d'une profonde tristesse et je me rends compte qu'il regrette sincèrement de m'avoir laissé dans cet hôpital.

Marissa débarrasse et rentre chez elle. Marcus et moi allons sur la plage pour fumer des cigares roulés à la main et un verre de *guaro* glacé fait par Marissa : un alcool de sucre de canne qui ressemble au rhum blanc.

– On vit bien ici, Marcus. Tu t'es trouvé un coin peinard.

– Pourquoi est-ce que tu ne restes pas ? Tu pourrais en profiter aussi.

– Je ne demanderais pas mieux. Mais il va falloir que je parte bientôt.

– Dommage. Ça m'aurait fait plaisir de te garder un peu.

– J'aimerais vraiment. Mais c'est impossible. Ce serait dangereux pour nous deux.

– Les gens qui ont tué Alice ?

– Peut-être. Peut-être d'autres. Difficile de savoir.

Nous passons le reste de la soirée à boire, à fumer et à bavarder. Marcus a quelque chose. Quelque chose de paternel. Il écoute et évite les réactions émotives dans la mesure du possible. Je n'ai jamais connu ça avant. Toute ma vie, on m'a aboyé à la figure sans prêter attention à ce que je disais.

C'est pour ça que j'étais un stagiaire si doué.

Je suis toujours crédible dans le rôle de l'androïde docile, parce que c'est comme ça que j'ai été élevé. Mais avec Marcus, j'ai le sentiment que ce que je dis est important, que mes mots ont un effet sur lui. Et j'ai l'impression de lui transmettre quelque chose. C'est de l'ordre de la tradition orale. J'ai passé mon histoire à Marcus et à présent elle a une réalité en dehors de moi, même si je meurs demain. Je me sens soulagé du fardeau d'être le témoin de ma propre vie.

À la fin, il me dit qu'il comprend pourquoi je dois partir, mais qu'il aimerait me rejoindre à terme, si je suis d'accord. Je lui réponds que ça me ferait plaisir. Puis le *guaro*, la rumeur de l'océan et tout ce que j'ai infligé à mon corps au cours de ces deux derniers jours ont raison de moi. Nous allons tous les deux nous coucher.

Chapitre 39
Sommeil paradoxal

Je dors profondément, mais je fais un cauchemar atroce. Dans mon rêve, c'est moi qui tue Alice. Tout commence comme la fois où on s'est battus chez elle, le soir où elle m'a surpris en tenue de ninja. Puis la scène se transforme en un montage ignoble : nous baisons, en sang, alors que je la tabasse et la réduis en bouillie. Je me réveille en sursaut, désorienté et en pleurs. Le temps de trouver mes repères et de m'habituer à la pénombre...

Alice émerge de l'ombre, souriante.

J'ai le souffle coupé. Elle a l'air tellement réelle. Je murmure d'une voix rauque :

– Alice ?

Elle ne répond rien. C'est le rêve le plus réaliste que j'aie jamais fait.

Puis c'est Bob qui entre dans la chambre, un pistolet contre la tempe de Marcus, et le rêve se transforme en cauchemar éveillé.

Les lumières s'allument sur l'escadron de la mort hondurien qui se tient derrière lui.

– Surprise ! lance Bob avec un sourire détendu.

– Merde, qu'est-ce que c'est que cette histoire ? m'entends-je demander.

Je n'ai même pas le temps de penser à me lever. Bob me tire dessus avec une fléchette tranquillisante assez grosse pour transpercer la peau d'un éléphant.

Tout s'éteint.

Chapitre 40
Le bagagiste

Quand je me réveille, Marcus et moi sommes tous les deux attachés à des chaises dans son salon. Nous sommes entourés par l'escadron de la mort hondurien. Ils ont l'air d'une meute de chiens sauvages affamés lorgnant sur les restes du repas. Marcus semble s'être pris quelques pains dans la figure, mais je vois à son regard qu'il est lucide. Alice se tient devant moi, en chair et en os, et je suis encore sous le choc de sa résurrection. Si on ajoute à cela qu'elle fait manifestement partie de l'équipe de Bob, lequel trône avec un petit sourire satisfait sur un tabouret de bar, le mot « abasourdi » semble bien faible pour exprimer ce que je ressens. Une part de moi se demande si je ne suis pas la proie d'un délire psychotique : en fait, je me trouve dans un hôpital psychiatrique marron-gris-vert, à me balancer d'avant en arrière en marmonnant des propos incohérents, tandis que je gratte la cicatrice encore fraîche de ma lobotomie. Quand j'y pense, je me ferais volontiers sauter la cervelle sur-le-champ pour avoir été aussi con si j'avais un pistolet sous la main. À cet instant, je me rends compte que j'étais réellement amoureux. Quel abruti !

– Je sais ce que tu penses, John, dit Alice.

– Ah oui ?

Je me rends compte que ma voix est faiblarde.

– Et la réponse est oui. Tous tes pires cauchemars se sont réalisés et à un point que tu n'avais jamais imaginé.

Elle sourit. C'est une citation du guide. Il ne faut pas que je la laisse se balader dans mon cerveau. Je me concentre sur ma colère. Je songe à Mickey et à Mallory, attachés à des chaises comme nous. Je parie qu'il y a des sacs plastique dans le prochain acte de la petite pièce de Bob. Je n'aurais jamais cru qu'il aimait autant les coups de théâtre. Mais je suppose que ce n'est pas la seule chose que j'ignore à son sujet. Un jour, j'ouvrirai peut-être sa tête pour examiner ce qu'il y a dedans. En attendant, il faut que je me secoue.

– Alice, tu es très en beauté – plus que la dernière fois que je t'ai vue, en tout cas.

– Ah oui, le tabassage : le dernier soin esthétique à la mode !

– Et c'était qui, la fille ?

– Est-ce que ça a de l'importance ? intervient Bob.

– Oui, réponds-je froidement.

– C'était personne, lance Alice sans se départir de son sourire.

– Personne n'est personne, Alice.

– Elle voulait dire que ce n'était pas une personne, affirme Bob.

– Je croyais que t'étais cinéphile, ricane-t-elle. C'était un mannequin. Un maquilleur qui bosse dans les effets spéciaux s'en est chargé. Un génie, ce mec.

Elle rit, un peu trop fière d'elle.

– Assez !

Je retrouve mon bon vieux Bob. Le boulot avant tout.

– Je repose ma question. Qu'est-ce que c'est que cette histoire ?

Bob tapote l'épaule de Marcus.

– C'est ton contrat.

– Je ne te suis pas.

– Il parle de moi, John.

– Ça fait une paye que je te cours après, pas vrai, Marcus ?

– Va te faire foutre, tu n'es rien de plus que le bagagiste dans cette histoire.

– Ouille !

Alice qui ne peut pas s'empêcher de la ramener.

– Peut-être, mais je t'ai retrouvé, non ? réplique Bob.

– En te servant de mon fils.

Ils commencent à me taper sur les nerfs.

– Putain, est-ce que quelqu'un va m'expliquer ce qui se passe ?

– Pourquoi tu ne t'en chargerais pas, Marcus ? Moi, je ne suis que le bagagiste.

Marcus me regarde en ayant l'air de s'excuser.

– Pardon, John. J'aurais dû te dire la vérité lorsque tu as appelé. Quand j'ai vu que tu connaissais mon véritable nom, j'ai compris que j'étais dans la merde. Mais tu es mon fils. Tout ce temps perdu. Je suppose que j'espérais que tu m'aies trouvé seul.

Je repense à la soi-disant générosité d'Alice. La mormone aussi devait bosser pour Bob. J'ai soudain la tête qui tourne.

– Qui es-tu, alors ?

– Je ne suis pas un ancien camé qui se cache de la police. Ta mère n'était pas une droguée non plus. Nous travaillions tous les deux pour la CIA. Nous étions des agents fantômes, toute trace de notre identité avait été effacée. Nous opérions en dehors des règles, en dehors de toute légalité. Nous avons eu un désaccord avec...

– C'est un traître, lance Bob, presque trop vite.

Sa jalousie saute aux yeux. Il est vexé que je l'aie lâché pour retrouver mon père, même si c'était manifestement l'objectif depuis le début.

– On nous a désavoués parce que nous avons refusé d'exécuter un ordre. Mais nous savions que si nous obéissions, nous ne pourrions plus nous regarder en face. Nous voulions nous enfuir, mais ta mère était enceinte et...

– Ils l'ont tuée, avec moi à l'intérieur, dis-je dans un souffle.

– Oui. Je ne pouvais pas t'emmener. Je suis resté aussi longtemps que j'ai pu. Mais c'était intenable. Tu étais sous assistance respiratoire... et...

Même si, en fin de compte, nous faisons des boulots similaires, Marcus n'est pas comme moi. Il a des sentiments. Il a une conscience. Je comprends que ça puisse passer pour une faiblesse, mais moi, ça m'impressionne. Marcus avait des valeurs et il ne les a pas reniées. Il leur est resté fidèle au risque de foutre sa vie en l'air.

Parfois, c'est la seule chose qui compte.

– Alors ils te cherchaient depuis toutes ces années ?

– Ça fait un petit moment qu'on l'a retrouvé, intervient Bob. Mais on savait qu'aucun agent ne parviendrait à l'approcher. Pas avec son entraînement et son expérience.

Soudain, j'ai une révélation qui me fait l'effet d'un coup de pied vicieux dans les couilles :

– Il fallait que ce soit moi, parce que vous étiez sûrs qu'il me ferait confiance.

– C'est une idée de génie, quand on y pense, lance Alice.

– Toi, ferme ta jolie petite bouche et laisse les hommes parler.

Elle me flanque une gifle du revers de la main. À présent, c'est moi qui suis dans sa tête. Je connais sa faiblesse : l'orgueil. Elle est prête à risquer sa vie pour ça. Elle a quelque chose à prouver. Eh bien, je vais lui en donner l'occasion. Et ce sera sa perte.

Bob sourit et s'interpose, l'éloignant avec douceur de moi. Merci, Bob. La fierté d'Alice en a encore pris un coup. Elle n'a déjà plus toute sa lucidité. Il s'accroupit à côté de moi, paternel, bienveillant.

– Je cherchais ton père et c'est toi que j'ai trouvé. Ta force m'a impressionné. Tu étais minuscule, mais je savais que tu te battrais comme un diable pour faire ton chemin. Je veille sur toi depuis ta plus tendre enfance. Alors que Marcus s'était enfui, je te rendais visite à l'hôpital. Je payais les factures. Je t'ai suivi, en famille d'accueil, puis au service psychiatrique et à la prison pour mineurs. Quand j'ai su que tu étais prêt, je t'ai aguerri. J'ai endurci ta peau trop sensible. J'ai aiguisé tes dents.

– Et le couple de dealers de San Francisco ?

– Ton premier contrat, qui m'a aidé à faire de toi ce que tu es.

Indio et El Diablito. Aux ordres, eux aussi, bien sûr !

– Ce que je suis ? Rien n'est réel dans ma vie. Elle a été créée de toutes pièces par RH. Par toi.

– Tu te rappelles ce que t'a dit cet assistant social quand tu avais 6 ans ? Tu n'es rien si tu ne sais pas d'où tu viens. Tu n'as pas oublié, John ?

Je hoche la tête. J'ai soudain l'impression d'être Rachel, la répliquante interprétée par Sean Young dans *Blade Runner*, quand elle découvre que tous ses souvenirs appartiennent à quelqu'un d'autre et qu'ils ont été implantés dans son cerveau pour qu'elle se croie humaine et continue d'alimenter la chaudière de l'Intox Express.

– Puis tu as rejoint nos rangs, poursuit Bob. Et nos clients étaient aux anges. Au début, ils voulaient tout organiser eux-mêmes. Mais je les ai prévenus que tu étais du genre méfiant, que tu flairerais quelque chose. C'est pour ça que je t'ai mis la pression avec Bendini, Lambert & Locke. « Très irrégulier », c'est ce que tu as dit, n'est-ce pas ? Encore plus que tu le croyais.

– Et tu m'as envoyé Alice. Je dois reconnaître que c'était particulièrement bien vu.

– Alice appartient à la nouvelle génération, claironne Bob. Elle est plus intelligente, plus dure, et elle arrive avec un bagage psychologique moins lourd. Aucune de ces conneries égocentriques que j'ai dû supporter avec toi.

– Ah oui, et quand elle m'a tiré dessus dans son appartement et qu'elle a failli tout foutre en l'air ? C'est ça ta nouvelle génération ? Une belle génération de demeurés, tu veux dire !

Alice commence à parler. Mais Bob se rend compte que j'essaie de la faire sortir de ses gonds et il lève la main pour qu'elle se taise. Elle est sur le point d'exploser.

– Allons, John. Il n'y a pas de honte à admettre que tu t'es laissé prendre à son jeu. Elle est extraordinaire. Et très douée. C'est la femme idéale pour toi. Sans elle, tu n'aurais jamais suivi le chemin totalement irrationnel et émotif qui t'a conduit jusqu'ici.

L'ampleur de la trahison de Bob me donne le vertige. Être dupé, ça arrive, mais être le dindon d'une farce qui transforme ta vie en un vaste canular, c'est carrément autre chose. Pendant des années, je n'ai vu que ce que Bob voulait que je voie, fonçant à bord de l'Intox Express tout droit vers mon enfer personnel. J'attends l'engourdissement salvateur, mais non. Tout ce que je ressens, c'est une haine qui me remonte à la gorge, comme de la bile.

– Bob, dis-je en imitant son sourire cynique. Maintenant, je sais que ta poupée gonflable et toi, vous êtes les plus forts. Très bien, mais quelle importance, puisque vous allez nous tuer ? Je ne comprends pas, ce n'est pas ton genre de faire le malin.

– John, si je voulais te tuer, ce serait réglé depuis longtemps. Tu es toujours en vie parce que ta famille, c'est moi. Tu crois que ce type est ton père ? L'homme qui a abandonné un prématuré à l'article de la mort ? Ce traître qui serait exécuté s'il remettait les pieds dans son pays ? Non, il ne t'est rien. Et je suis tout pour toi. C'est pour ça que je te laisserai partir si tu acceptes de le tuer.

Je ris tout haut. Ce qui provoque un gloussement dans les rangs de son escadron de mercenaires.

– Tu es encore plus malade que je le pensais, Bob.

– Putain, qu'on les élimine tous les deux et qu'on n'en parle plus.

– Ta gueule, Alice.

Excellent. Elle fulmine à présent.

– Je crois en toi, John. Tu es intelligent, loyal et tu as une remarquable capacité d'analyse. C'est pour ça que tu es le meilleur. Mais ne va pas jouer au héros pour lui. Ce serait te laisser guider par des émotions faussées que j'ai créées. Et au bout du compte tout le monde serait perdant. Je te donne le choix. Descends-le, montre-nous qu'on peut te faire confiance et vis. Ou refuse et meurs. De toute manière, on le tuera. Si tu joues le jeu, dans quelques heures, tu seras à bord d'un jet privé qui te conduira à Paris où tu pourras démarrer une nouvelle vie. Sinon, tu iras droit en enfer, qui est sans doute l'endroit où tu te trouves en ce moment même.

– Fais-le, dit Marcus calmement.

– Non. Tu es mon père.

– N'importe quoi. J'ai été ton père plus qu'il ne le sera jamais.

Bob en fait vraiment une affaire personnelle.

Marcus l'ignore.

– Il faut que tu le fasses, John, supplie-t-il. Je ne supporterai pas d'avoir aussi ton sang sur les mains. Je veux que tu puisses enfin vivre. Fais-le avant qu'il change d'avis.

– Pas question.

Je commence à perdre les pédales. Mon cerveau refuse d'accepter la réalité et je me sens au bord de la crise psychotique. À ma décharge, il n'y a pas grand monde qui croirait à une histoire pareille, alors l'accepter, je ne t'en parle même pas. On dirait la fin d'un épisode de *Scoubidou* écrit par la famille Manson... sous acide. Je m'attends presque à voir débarquer Véra, son col roulé orange maculé de sang après un meurtre rituel, prête à arracher le masque du méchant et à lancer une accusation d'une voix stridente. À ce propos, voyons si je peux recoller les morceaux. Alice ne travaille pas pour le FBI. Elle travaille pour Bob... Ah ouais ? Alors j'ai batifolé avec une sociopathe chargée de me manipuler ? *Filez-moi une camisole de force !* Bob pourchassait mon père, un ancien espion de la CIA, depuis plus de vingt ans ? *Envoyez les électrochocs !* Bob et Alice se sont servis de moi comme appât (entre autres clichés) pour coincer mon père, sachant qu'il ne ferait confiance à personne d'autre. Tout le reste n'était qu'un écran de fumée pour dissimuler leur plan. *Eh merde, passons direct à la lobotomie !* J'ouvre les yeux et, à la vue de leurs petites tronches suffisantes, je sens monter une rage comme de la bile dans ma gorge. *Retiens-toi.* J'essaie, mais le sol s'effondre sous moi. Je m'accroche à mes derniers lambeaux de raison pour m'adresser à mon père.

– Je te cherche depuis que j'ai 8 ans. Ça ne peut pas se terminer comme ça.

– Et ça va se terminer comment, à ton avis ? demande Bob d'un ton insouciant.

– Pourquoi on les descend pas tous les deux ? insiste Alice.

Je hurle.

– Ta gueule, sale pute !

Elle me flanque un coup de poing dans la figure. Ma chaise bascule et je tombe sur le carrelage. Et c'est là que je pète un câble pour de bon. Pendant les quelques minutes suivantes, je braille et m'agite comme un forcené. La corde de nylon m'entaille les chairs et je saigne. Je leur offre une crise de nerfs en règle et personne ne sait quoi faire. Chacun réagit à sa manière. Cela va de l'empathie (Marcus) au dégoût (Bob), en passant par l'amusement (Alice) et la franche hilarité (l'escadron de la mort). Alors que je tressaute par terre, je me retrouve face aux portes-fenêtres coulissantes qui donnent sur la terrasse à l'arrière de la maison. Les autres tournent le dos à la plage, je suis donc le seul à voir les soldats honduriens armés jusqu'aux dents qui courent dans notre direction. J'ai une montée d'adrénaline qui m'éclaircit l'esprit et je sens tout mon corps se concentrer sur un objectif unique, un objectif que je n'aurai que quelques secondes pour atteindre. Je donne un coup de pied dans la chaise de Marcus et il tombe à côté de moi. J'utilise mes dernières forces pour libérer une de mes mains.

– *Alto !* crie le commandant hondurien, tandis que ses hommes se déploient dans la pièce.

Personne ne bouge. Le commandant regarde Marcus qui me regarde. Je souris. La cavalerie est arrivée.

– Reste où tu es, me dit-il.

Chapitre 41
Mordre la main qui t'a nourri

Pendant un instant qui paraît aussi long qu'un épisode de *Police des plaines*, le temps semble suspendu. C'est ce que, au cinéma, on appelle une « impasse mexicaine » – ou peut-être devrais-je dire hondurienne. Trois andouilles qui se menacent et personne qui n'ose mettre le feu aux poudres. Puis arrive ce qui devait arriver : un des joyeux lurons de l'escadron de la mort a la détente qui le démange et il tire. En un instant, la pièce est envahie d'un épais nuage noir. Les balles fusent dans tous les sens. Marcus et moi sommes toujours à terre, attachés à nos chaises. Je dégage ma main vivement et arrache un couteau à un militaire mort. Je me libère rapidement, puis coupe les liens de mon père. Une balle lui érafle le cou et sa chemise s'imbibe de sang, mais il ne perd pas le nord. L'instinct du pilote de chasse. Tout compte fait, nous n'avons pas que des gènes en commun.

– Vite ! hurle-t-il en m'attrapant par le bras.

Nous traversons le chaos en rasant le sol pour nous réfugier dans la chambre de Marcus. Il retire des lames de parquet dans la penderie et sort deux MP7. Il m'en lance un, au moment où les mecs de Bob s'engouffrent dans la pièce. Nous ouvrons le feu en même temps, rectifiant proprement ces fils de pute édentés avant qu'ils puissent tirer. Tel père, tel fils.

– Dehors !

Je me dirige vers la porte cassée derrière lui mais, sur la terrasse, nous nous retrouvons soudain sur le front d'une bataille rangée entre les mercenaires de Bob et l'armée hondurienne. Une salve de balles éclabousse le mur et nous avons tout juste le temps de nous baisser. Je vois Alice qui nous bombarde avec constance depuis la plage.

– Occupe-toi d'elle. Je me charge de Bob ! crie Marcus.

Nous nous séparons. J'essaie de me rapprocher d'elle en tirant, mais j'ai du mal à viser à travers la fumée. Je m'abrite et je jette un coup d'œil par une fenêtre cassée. Marcus, embusqué à côté de la cheminée, a acculé Bob derrière l'îlot de la cuisine. Il est coincé. Il ne tardera pas à se retrouver à court de munitions et il devra tenter une percée.

Une balle perfore le mur et la poussière de plâtre qui m'aveugle me rappelle qu'Alice est toujours là. Au lieu de continuer vers la plage, je reviens sur mes pas pour faire le tour par l'autre côté. Je mets un nouveau chargeur dans le MP7 et l'installe entre la façade et le bloc du climatiseur, le canon pointé vers Alice, puis je coince la détente avec une pierre. Tandis que la mitraillette tire toute seule, je sprinte vers l'avant. Au passage, je récupère une kalachnikov sur un cadavre et je m'embusque derrière un mur en stuc.

Je repère Alice qui s'avance, me cherchant du regard. Je vise soigneusement la tête et je suis sur le point de faire feu, mais j'hésite. Je n'y arrive pas. Merde. À cause de ma soudaine distraction, le coup est parti tout seul. Ce qui, bien sûr, renseigne Alice et les autres sur ma position, et, tous en chœur, ils ouvrent un tir de barrage dans ma direction.

J'entreprends de descendre les mercenaires un par un. C'est fastidieux mais, quelques instants plus tard, il ne reste plus qu'Alice et moi. Retour à la case départ. On s'égratigne mutuellement, cependant, on est tous les deux trop bien entraînés pour s'exposer à une balle mortelle. Pendant ce temps, j'essaie de voir ce qui se passe à l'intérieur. Bob lance une grenade incapacitante M84 qui projette violemment Marcus contre la cheminée en pierre.

Bob va s'enfuir. Je m'élance, vidant mon chargeur sur Alice pour l'obliger à rester à plat ventre dans le sable. Lorsque j'arrive dans la maison, je suis à court de munitions. Je me jette sur Bob. Nous nous bagarrons comme des chiens enragés pendant que les militaires et les mercenaires s'entre-tuent. Bob passe d'une technique de combat à l'autre avec dextérité, mais il ne peut rien contre la fureur aveugle qui m'anime. Je frappe, je cogne, je mords, je lacère. J'ai soif de sang, je veux déchiqueter ma proie, la dévorer.

Je le soulève et le jette contre la cheminée tête la première. Mon intention est de lui briser le cou ou de lui fracasser le crâne, malheureusement, il est agile et il rentre la tête à la dernière minute. Le choc est violent, mais pas fatal. Il s'écroule et reste immobile un instant. Je rampe dans sa direction sous une pluie de balles. Lorsque je suis tout près de lui, il sort un rasoir et m'entaille profondément la paume. Il se relève tant bien que mal et brandit sa lame comme un animal pris au piège qui lacère le vide devant lui pour se défendre.

– Alors c'est ça, ta conception de l'honneur, John ? hurle-t-il entre ses dents ensanglantées. Mordre la main qui t'a nourri ? Qui t'a vêtu ? Qui t'a sauvé la vie ? Et tu vas me tuer comme un chien ?

– Non, intervient Marcus. C'est moi qui vais le faire.

Il vise le front et tire. Bob recule, une expression de surprise sur le visage, et passe à travers la fenêtre. Lorsque je le vois étendu là, j'ai du mal à croire qu'il est mort. Je le pensais indestructible, comme l'acier et le verre de la ville dont il a fait ma prison quand j'avais 12 ans. À présent, avec ses jambes qui tressautent contre les bords ensanglantés de la vitre cassée, ce n'est plus qu'une idole renversée par un homme qui vaut mieux que lui, une dépouille abandonnée aux rats.

Marcus me montre le trou dans son dos. La balle lui a traversé le corps. La plaie aussi grosse qu'une soucoupe suinte un sang noirâtre.

– J'ai été salement blessé.

Très salement. Merde.

– Tirons-nous, dis-je.

– Attention !

J'aperçois le reflet d'Alice dans la fenêtre. Elle a une kalachnikov. Je me jette par terre au moment où elle appuie sur la détente. Les soldats la mitraillent. Elle court vers moi, évitant les balles. Les derniers mercenaires ripostent et nous sommes pris entre deux feux.

Je la fais trébucher avec une chaise. Son crâne heurte violemment le sol et elle lâche son arme. Cela la ralentit à peine. Elle se relève aussi vite qu'elle est tombée. J'amène Marcus dans l'autre pièce, à l'abri. Elle nous suit. Nous nous faisons face. Elle me donne un coup de pied à la tempe et je me retrouve à genoux. La garce en profite pour me frapper à la gorge. Pas cool, après tout ce qu'on a vécu ensemble.

Je vise son entrejambe. Oui, ça leur fait mal à elles aussi. Elle se plie en deux, non sans m'adresser un regard outré au passage, et je lui flanque mon talon dans la figure. Elle fait un salto arrière et glisse sur le sol. Autour de nous, ça canarde toujours dans tous les sens.

– Il faut y aller maintenant ! crie Marcus.

Je me tourne vers lui. Il gît par terre, très pâle. Il a perdu beaucoup de sang.

Je cherche Alice, mais elle a déjà disparu.

– Il y a une goulotte pour le bois. Derrière la cheminée, lance-t-il.

Nous rampons tous les deux et nous glissons par l'étroit orifice que Marissa utilise sans doute pour faire passer les bûches à la saison froide. Nous nous retrouvons à l'extérieur, sur le côté, relativement au calme. Alors que nous nous éloignons sans bruit dans l'obscurité, Marcus tire un iPhone couvert de sang de sa poche. Il tape un code et sa maison explose dans un fracas assourdissant, projetant des cendres brûlantes vers le ciel. Nous disparaissons en boitillant dans un nuage de fumée.

Chapitre 42
Penny

Dans la rue, je vole une voiture pour conduire Marcus à l'hôpital le plus proche, où l'hygiène semble être une notion totalement inconnue. Nous soudoyons une infirmière qui nous trouve une chambre individuelle, puis un médecin qui parle anglais. Le pronostic n'est pas très optimiste. Les éclats de la balle ont détruit une partie du foie et touché une veine importante en traversant le dos. Il a aussi une hémorragie cérébrale, très localisée, mais potentiellement létale, résultat de sa chute contre la cheminée en pierre. À la perspective de subir une opération neurochirurgicale au Honduras, Marcus éclate de rire, ce qui n'amuse guère le docteur. Pour couronner le tout, il a une étrange arythmie cardiaque, sans doute due au vaisseau endommagé et à l'hémorragie. Nous commençons à distribuer les dollars afin d'obtenir du sang, des antibiotiques et des analgésiques. Et d'autres médecins.

Tandis qu'on tente de le stabiliser, je sors voir si on nous cherche. Si quelqu'un a survécu à l'explosion, c'est ici qu'il viendra, le seul hôpital digne de ce nom à cent kilomètres à la ronde. Après avoir scruté sans succès les rues de chaque côté de l'établissement, je regagne la chambre de Marcus. Il dort, mais se réveille quand j'allume la télévision pour savoir si nous sommes au journal de 18 heures. Rien. Je suppose que les fusillades sont considérées comme des divertissements familiaux dans cette région du monde. Je me rends compte que Marcus souffre, alors j'essaie de le distraire.

– Parle-moi encore de ma mère.

– Pourquoi ? Maintenant que tu sais qu'elle était espionne, ça t'intéresse ? Elle n'était pas assez bien pour toi quand elle était toxico ?

Nous rions tous les deux.

– C'est bon, j'avoue. Je suis snob.

– Je comprends. Je détestais ça. Je me sentais vraiment minable de jouer le camé. Je peux m'estimer heureux : tu aurais pu péter les plombs et me dire d'aller me faire foutre.

– Parce que tu crois que je suis en position de juger ?

Nous piquons une crise de fou rire. Marcus est secoué d'une quinte de toux et nous devons nous calmer un peu. Je vérifie sa tension. Elle chute. J'ai besoin qu'il reste éveillé encore un peu, au moins le temps qu'on lui fasse la transfusion.

– Elle était extraordinaire. Ne le prends pas mal, mais je n'ai jamais désiré d'enfants. Je pensais que ce n'était pas l'environnement idéal pour les élever...

Nous rions à nouveau. C'est plus fort que nous.

– Elle disait que sans enfants, notre vie n'aurait aucun sens. Sinon, pourquoi aurait-elle épousé un sale ronchon de mon espèce ?

– Elle n'avait pas tort.

– Sans doute. Et dès qu'elle est tombée enceinte, ça a fait comme un déclic dans ma tête... Et dans mon cœur.

Il tente de refouler ses larmes, sans parvenir à cacher ses sentiments – pour elle, mais aussi, curieusement, pour moi.

– Vous aviez choisi un prénom ?

Les larmes resurgissent.

– On peut parler d'autre chose, si tu préfères.

– Non. Donne-moi une minute.

Il se reprend, puis il rit.

– Ça n'a pas très bien commencé. Ta mère a suggéré Homère.

– Hein ? Non !

– Puis j'en ai rajouté une couche avec Titus.

– C'est bien ma veine. Des intellos humanistes.

– Ma foi, on s'est rencontrés à Yale. Donc je suppose qu'on était un peu intellos.

– Yale ? Tu crois que je serai favorisé si je veux m'inscrire, en tant que fils d'anciens élèves ?

– Bien sûr, sauf que mon identité a été effacée par la NSA.

Nous rions encore.

– Puis on s'est décidés. Nous avons admis que nous n'étions pas le genre créatif. En plus, nommer un enfant pour le reste de sa vie, ce n'est pas anodin. Alors on s'est rabattus sur un nom qui était déjà dans la famille.

Il s'interrompt une fois de plus, ému.

– Marcus ?

Il hoche la tête.

– Ce n'est pas un nom d'emprunt ?

– Non. C'était le mien. L'ironie, c'est qu'après avoir été excommunié par la CIA, je me suis rendu compte que j'avais tout intérêt à me cacher sous ma véritable identité. Marcus Hunter avait été effacé de toutes les bases de données gouvernementales quand j'étais entré dans la clandestinité.

– C'est un beau nom.

– J'espère bien ! Mon arrière-grand-père – ton arrière-arrière-grand-père – était un héros de la Première Guerre mondiale et il s'appelait Marcus. Il avait des tripes, le bonhomme, et c'est pour ça que mon père m'avait baptisé comme ça.

– Ça me va. John est officiellement décédé. Enchanté. Je m'appelle Marcus.

Je lui tends la main et il la serre. Je vois qu'il est fier.

– C'est un beau nom. Tu le portes bien, dit-il avec un sourire.

– Je te ressemble. Sauf que je me suis fait gruger sur la taille.

– Il vaut mieux ne pas être trop grand, dans ton métier.

– Mon métier... C'est fini maintenant.

– Tu as de l'argent ?

– Plus qu'il n'en faut.

– Alors tu peux faire ce que tu veux. Le monde t'appartient.

– C'est vrai. Sauf que je ne sais pas ce que je veux.

– Tu trouveras. Merde, en comparaison de ce que tu as vécu jusqu'ici, ce qui t'attend, c'est du gâteau. Rappelle-toi ce que Keith David dit à Charlie Sheen dans *Platoon* : « Tout ce que tu dois faire, c'est sortir d'ici. Et après, ça roule. Le reste de tes jours, ça roule. »

– Tu aimes le cinéma ?

– J'adore.

– Ça me rappelle quelqu'un.

On rit tous les deux.

– Et elle ? demande-t-il.

– Qui ?

– Tu sais bien. La harpie blonde à la mitraillette. Qui n'arrivait pas à décider si elle avait fait tout ce chemin pour te descendre ou pour que tu sois le père de ses gosses.

– Alice ? Elle est morte. En ce qui me concerne, en tout cas.

– Il ne faut jamais rien laisser en suspens. Tu devrais peut-être régler ça.

– Oui, mais même si elle est vivante, maintenant que Bob n'est plus là, je doute qu'on la revoie un jour.

– On ne sait jamais. On n'est jamais trop prudent.

Je n'ai pas envie de penser à elle. Pas maintenant. Jamais. Je veux qu'elle reste dans mon souvenir la poupée meurtrie que j'ai pleurée à New York.

– Parle-moi encore de ma mère.

Nous discutons d'elle pendant plusieurs heures. Penny. Comme Marcus, c'était une perfectionniste qui collectionnait les diplômes et qui possédait un QI supérieur à la moyenne. Mais ce qui me fascine, c'est qu'elle avait une grande capacité d'empathie, la qualité qui justement me fait défaut. Chaque fois qu'on les envoyait dans un trou perdu, elle prenait toujours sur son temps pour secourir les plus misérables. Curieusement, selon Marcus, plus elle voyait d'enfants défavorisés et ce qu'ils enduraient, plus elle en désirait. Je me demande ce qu'elle aurait pensé si elle avait su que son propre fils serait un de ces gamins déshérités. Marcus affirme que ça lui aurait brisé le cœur. Il me donne une photo d'elle, tachée de sang, bien sûr. Elle est devant l'océan, son ventre rond, l'image de l'insouciance. Elle tient la main d'un homme qu'on ne peut pas identifier, car il est couvert de sang. C'est le cliché dont m'avait parlé l'assistant social quand j'étais enfant. Et l'homme, c'est Marcus, évidemment.

Chapitre 43

« Tu n'as pas besoin de le dire »

Je m'endors au milieu d'une phrase vers 3 heures du matin et rêve de ma mère. La photo sur la plage s'anime. Mon père et elle marchent, ils parlent à son ventre, lui disent que tout ira bien et m'appellent Marcus. Quand je me réveille, il est assis sur son lit et regarde avec intensité la pleine lune dehors. Il est très pâle, mais sa fréquence cardiaque et sa tension semblent normales. Soudain, je me rends compte qu'il a branché les appareils de mesure à mes doigts.

– Marcus, que se passe-t-il ?

– C'est ma dernière lune, mon garçon. Elle est belle.

– Non. Je vais appeler les médecins.

Je me lève, mais il pose doucement sa main sur mon bras.

– Le temps que tu reviennes, ce sera fini.

– Je ne vais pas te laisser mourir.

– Tu ne me laisses pas mourir. Je meurs, c'est tout. Et c'est bien comme ça.

– Non.

Je ne peux pas parler. Les mots ne viennent pas. J'ai l'impression que je suis encore dans mon rêve et que je marche sous l'eau. Mes yeux sont tellement gonflés par les larmes et la peine que je suis aveuglé. Je revis le moment où j'ai tué Mickey et Mallory. Je saute dans le vide, je tombe, mais je veux m'arrêter, défier la gravité, remonter, rentrer en courant et dire à mon père inconnu que je l'aime.

– Je sais, dit-il.

– Quoi ?

Ma voix s'étrangle.

– Je sais ce que tu ressens. Tu n'as pas besoin de le dire. Dès l'instant où on s'est retrouvés, hier, j'ai compris que rien, même pas le temps, ne nous avait jamais séparés.

– C'est la seule chose que j'aie jamais voulue. J'ai attendu...

– Et ça en valait la peine.

– Mais maintenant, il ne me reste rien.

– Ce n'est pas vrai. Il faut que tu saches. Tout ce que tu as fait, ce n'était pas toi. Tu as fait ce qui était nécessaire pour survivre. Pas seulement pour sauver ton corps, mais ta santé mentale.

Il pose la tête sur l'oreiller, les yeux noyés de larmes, un sourire sur son visage bienveillant. Ce sourire me remplit d'un sentiment de paix nouveau pour moi. Il prend ma main.

– Tout ce que tu as dû faire pour survivre, la violence et à la fin la trahison, c'est ce qui t'a amené ici. Ce qui t'a amené à moi. Même Bob et toutes ses conneries, il t'a amené à moi. Et maintenant, tu peux être toi.

– Je n'abandonnerai pas.

– Jamais. Nous ne...

Il est mort. Son dernier souffle semble un léger soupir. La pleine lune dehors s'est voilée de nuages et la chambre s'obscurcit. Je touche son bras et j'éprouve quelque chose qui ressemble à de la gratitude.

Chapitre 44
Au bord du vide

Cinq semaines plus tard. Ce journal s'achève ici. Je ne suis pas en train de couler une retraite dorée en Europe. J'y suis resté un mois. Je m'étais installé à Prague et j'allais subir l'intervention de chirurgie esthétique qui aurait fait de moi un autre homme, lorsque j'ai enlevé les intraveineuses de mon bras et que je suis sorti de l'hôpital, mon cul nu visible à l'arrière de ma chemise de nuit. Je sentais les pavés lisses sous mes pieds et jamais mon esprit ne m'avait semblé aussi lucide. Je m'entendais répéter, à voix haute et dans ma tête :

– Je m'appelle Marcus.

Pas John. Pas celui que je serais devenu si j'étais allé jusqu'au bout. Je m'appelle Marcus. Je ne détruirai pas la seule chose qui me relie à mes origines. Je veux pouvoir contempler ce visage dans le miroir tous les jours.

Et me voilà dans le New Hampshire, au cœur de l'hiver. En pleine tempête de neige. Je n'ai jamais rien vu de pareil. J'ai l'impression d'être Dustin Hoffman dans *Marathon Man*. Ma voiture manque de déraper à chaque instant. Je sais que je ne peux faire confiance à personne. Je sais que la mort me guette à chaque tournant, qu'elle est l'homme souriant qui m'offre une tasse de café brûlant pour me réchauffer.

Est-ce que je peux lui faire confiance ?

La réponse à cette question n'a aucune importance. Plus maintenant. En fait, il n'y a qu'une chose au monde qui compte pour moi et je la cherche dans cette immensité blanche, un paysage gelé prêt à m'engloutir s'il parvient à glisser ses doigts glacés sous ma peau. Au loin, à travers le cercle de dix centimètres qui n'est pas givré sur mon pare-brise, je l'aperçois. C'est un chalet au milieu de nulle part. L'endroit idéal pour disparaître.

Je me gare assez près, dans un bosquet qui dissimule ma voiture. Je prends garde à ne pas laisser de traces devant le chalet. Je fais le tour par-derrière, recouvrant mes empreintes dans la poudreuse avec une branche de pin. La température est glacée. Je sens l'humidité à l'intérieur de mes narines et de mes yeux geler chaque fois que le vent souffle.

J'entre par-derrière. Il fait noir et froid à l'intérieur. Je m'assieds dans un fauteuil, je m'enveloppe dans une couverture et j'attends. Au bout d'une heure, j'entends des pneus crisser sur la neige, puis des bottes marteler les marches du porche. La porte s'ouvre.

Alice apparaît.

Elle porte un sac de courses. Je la salue d'une balle dans l'épaule avec mon Walther P22. Ses achats volent et elle tombe littéralement sur le cul, sa main sur la blessure. Elle cherche son arme, puis me reconnaît et se ravise. À présent, j'ai toute son attention.

– John ? Qu'est-ce que tu fous là ?

– C'est Marcus, maintenant. Comme mon père. En fait, c'est lui qui m'a soufflé l'idée de venir te voir. Que je règle ce que j'avais laissé en suspens.

– Tu penses vraiment que je serais ici si je voulais te descendre ?

– Tu es ici parce que tu as un contrat. Vu le genre d'endroit, je parie que c'est quelqu'un des services secrets. CIA. Passé à l'ennemi. Un mètre soixante-dix-sept, soixante-cinq kilos. Josef Ricard. Je chauffe ?

– Qu'est-ce que tu as fait ?

– Je lui ai conseillé de quitter Dodge avant que sa cervelle se retrouve éclatée aux quatre coins de l'État de Robert Frost. Je lui ai révélé que sa charmante assistante était en fait une tueuse impitoyable qui voulait lui trancher la gorge avec un couteau *tanto* – à la façon des yakuzas, bien entendu.

– Félicitations ! Maintenant que tu as bousillé ma carrière, s'il te plaît, dis-moi quelque chose de mystérieux au sujet de ces choses qu'il ne faut pas laisser en suspens et abrège mes souffrances.

– Il ne s'agit pas de toi, Alice. C'est moi qui suis en suspens.

– Ça veut dire quoi cette connerie ?

– Je n'ai pas compris mon père non plus quand il m'a suggéré de venir ici. Puis j'ai réfléchi et d'un coup, ça m'a paru évident. Il avait deviné que je ne pourrais jamais refaire ma vie si je ne savais pas.

– Si tu ne savais pas quoi ?

Je pose mon arme par terre.

– Je t'aime, Alice.

J'envoie mon pistolet hors d'atteinte d'un coup de pied.

– Tout ce que je veux, c'est savoir si toi tu m'aimes.

Je pousse le coffret avec la bague Harry Winston sur le sol, à sa portée. Elle me regarde comme si elle attendait toujours la chute de la plaisanterie.

– Tu es complètement dingue, tu en es conscient ?

– Non, je ne le suis plus, justement.

Elle sort son arme et la pointe vers moi.

– Je ne t'aime pas, déclare-t-elle d'un ton de défi. Et je ne vois pas comment tu pourrais m'aimer.

– Crois-moi, si je pouvais franchir cette porte sans me retourner ou mieux, te mettre une balle dans la tête, je le ferais. Mais je sais qui je suis, maintenant. Et je sais que tu fais partie de ma vie.

– Non, John. Tu te trompes.

– Alors presse la détente.

Je suis prêt à tout. Je peux me jeter à l'eau, à présent. Et me décomposer dans les profondeurs.

Elle est paralysée, déchirée entre sa vraie nature et le personnage qui est tombé amoureux de moi.

– Je n'y arrive pas.

– Il n'y a qu'à appuyer.

– Je ne parle pas de te tuer. Je parle de ce qui va se passer si je ne te tue pas. Ce que tu veux. Je n'en suis pas capable.

Elle ne veut pas pleurer, mais les larmes coulent sur son visage, comme un pied de nez à ses bravades.

– Moi non plus. Mais j'aime mieux mourir que ne pas tenter le coup.

Alors que nous nous regardons, nous demandant ce qu'il faut faire et réfléchissant par nous-mêmes pour la première fois, je repense à ma première semaine de formation. Après m'avoir sorti de prison, Bob m'a emmené dans un chalet au fond des bois, très similaire à celui-ci. Il m'a préparé un repas chaud et m'a envoyé au lit. Je n'avais pas aussi bien dormi depuis des années. Mais à mon réveil, il avait disparu. D'abord, j'ai cru qu'il était parti acheter des provisions. Puis les balles ont commencé à crépiter sur les vitres, transperçant les meubles autour de moi. J'ai passé les trois jours suivants à essayer de ne pas me faire tuer. Lorsque j'ai voulu me cacher dans un coin, Bob a mis le feu au chalet. Quand j'ai tenté de m'enfuir, il a envoyé des chiens après moi. Chaque fois que je tentais de riposter, c'était un déluge de balles et d'explosifs.

Le troisième jour, tandis que je tremblais derrière un rocher, affamé, gelé, brûlé, en sang et déshydraté, j'ai hurlé que j'abandonnais, qu'il pouvait me flinguer s'il le désirait. En fait, j'ai supplié qu'il m'achève. Alors Bob s'est approché et m'a fait asseoir sur le rocher. Au lieu de me tuer, il m'a donné de l'eau, m'a enveloppé dans sa veste et m'a annoncé que j'étais prêt. Il a vu l'expression de totale incompréhension sur mon visage et m'a expliqué que si je n'étais pas prêt à mourir, je ne serais jamais un vrai prédateur.

C'est cette phrase qui a fait de moi ce que j'ai été à RH. Et c'est cette même phrase qui a fait de moi celui que je suis aujourd'hui. Je ne suis pas un prédateur. Je m'appelle Marcus Hunter. Qui es-tu ?

Remerciements

Ce livre n'existerait pas sans le courage et le génie de Sarah Knight, l'âme rock and roll d'Hannah Brown Gordon, les bons conseils de Brad Mendelsohn qui n'ignore rien de l'art de cacher un corps, la sagesse de Marysue Rucci et Jonathan Karp – grands maîtres du kung-fu (style sourcil blanc) chez Simon & Schuster –, l'amour et le soutien d'Amanda D. M. Kuhn, Skoogy D, K Bear, Jo Mama Kuhn (championne des mamans), Ky, Mary B, Big Bri (*Ar dheis Dé go raibh a anam*), Suzie, Brad, Silver, Nixon et Kennedy (incarnations canines de la dualité), l'amour façon « A boy named Sue » et le soutien courageux de mon défunt père (je me suis endurci, papa), la tendresse de mes regrettées sœurs, les belles Tina et Kara Kuhn (merci à vous deux d'avoir fait de moi le tordu obsédé que je suis aujourd'hui). Je salue pour leur soutien professionnel et leur dévouement – et leur talent pour le karaoké – Ed Wood, Stephanie Abou, Kirsten Neuhaus, Rachel Hecht, Molly Lindley, Roberto de Vicq de Cumptich, Elina Vaysbeyn, Brad Pearson. Merci également à Simon & Schuster aux États-Unis, Sphere/Little, Brown au Royaume-Uni, Dumont en Allemagne, Sonatine en France, Pantagrel en Norvège et Alnari en Serbie. Un véritable disciple de la vie a de nombreuses divinités. Ce sont les miennes.

Mis en pages par DV Arts Graphiques à La Rochelle
Imprimé en France par Normandie Roto Impression s.a.s.
Dépôt légal : mars 2014
N° d'édition : 243 – N° d'impression : 1400421
ISBN 978-2-35584-243-6